The Road to Information Economy

通往信息经济之路

中国信息化百人会 编著

上海遠東出版社

图书在版编目(CIP)数据

通往信息经济之路/中国信息化百人会编著. —上海：上海远东出版社，2016

ISBN 978-7-5476-1081-7

Ⅰ. ①通… Ⅱ. ①中… Ⅲ. ①信息产业-产业发展-研究-中国 Ⅳ. ①F49

中国版本图书馆 CIP 数据核字(2016)第 057139 号

通往信息经济之路

中国信息化百人会 编著

责任编辑/李巧媚 装帧设计/李 廉

出版：上海世纪出版股份有限公司远东出版社

地址：中国上海市钦州南路 81 号

邮编：200235

网址：www.ydbook.com

发行：新华书店 上海远东出版社

上海世纪出版股份有限公司发行中心

制版：南京前锦排版服务有限公司

印刷：昆山亭林印刷责任有限公司

装订：昆山亭林印刷责任有限公司

开本：710×1000 1/16 印张：17.5 插页：1 字数：313 千字

2016 年 4 月第 1 版 2016 年 4 月第 1 次印刷

ISBN 978-7-5476-1081-7/F·568

定价：49.00 元

目录

序

与世界经济持续低迷的情形不同，2015年全球信息通信产业仍然保持了迅猛发展的势头，与各行各业的深入融合正在加速。

世界范围内，第三(四)次工业革命、工业4.0、机器人、分享经济、物联网(IoT)、万物互联(IoE)、5G、虚拟现实、人工智能等来自不同领域、不同层次的术语，被人们广泛地提及和应用，共同描绘的是人类对正在来临的万物互联、机器智能、人机一体时代的憧憬。

在汉语世界，在这些术语之外，中国还增加了“互联网+”“中国制造2025”等有中国特色的内容，以便能够更加准确地描述在信息通信技术飞速发展的全新技术条件下，中国现代化进程所面临的新机遇和新挑战。中国信息化和信息经济加速发展，与世界领先水平日益接近，这是十年前很少有人能够想到的。

2015年，也是《2006—2020国家信息化发展战略》实施的第10个年头。中国信息通信产业的发展规模、技术水平，对其他行业发展的支撑，全社会的信息化水平等，都达到了新的历史高度。当前全球最大的10家互联网公司中，中国占三到四家；全球最大的五家电信设备制造商中，中国占两家；最大的两家PC企业中，中国有其一；而表征时代发展的智能手机或智能终端领域，中国陆续有多家企业进入了前十名。中国除了有世界上最大的电信网络、最大手机用户群，还是世界上最早进入4G大规模应用时代的国家，仅智能手机用户数，就是美国总人口的2倍多；中国的超级计算机运算速度连续六年名列全球第一；中国企业所独创的微信模式，是一个服务全球6亿多人的完整社交媒体系统。而中国在乌镇举办的年度世界互联网大会，正成为全球信息通信领域最具影响的盛事，吸引全球各国政要、产业巨头、学界精英等出席，共商互联网全球治理的规则体系。在信息通信技术所代表的高技术领域，中国正在接近世界最前沿技术；中国产业与世界领先水平的差异，从来没有像现在的信息通信产业这么小！

在这种背景下，中国信息化百人会在2015年密切关注全球信息化趋势，深入研究中国信息化发展的重大前沿和战略问题，探讨中国信息化发展如何服务于改革开放，怎样支持经济社会转型。作为一个高端的民间智库，信息化百人会充分利用其会员及理事单位来自信息化各领域一线的优势，组织了一些重要课题研究，举办了一系列专题研讨会、公共政策闭门会议，并编辑出版了一系列内部和公开出版物，服务于会员和理事单位成员，向中央政府决策建言、为产业界发展献策、给学术界深入研究出题。

继2014年发布了中国第一份信息经济报告以后，中国信息化百人会于2015年发布了第二份中国信息经济发展报告，全面描绘了中国信息经济的发展现状，深入分析了发展面临的问题，并展望了发展的趋势。信息化百人会还组织了一系列专题讨论会，讨论了智慧医疗、智慧城市等对中国现代化发展有重要影响的重大问题；举办了多期政策问题闭门讨论会，就互联网金融、共享经济、能源互联网等重要政策议题，邀请与这些政策密切相关的政府部门官员、产业界人士和学术领域专家进行深入交流和坦诚对话，形成了可供决策者参考的内部报告。2015年的年会邀请了一批来自国际机构、跨国企业、世界顶尖智库和大学的专家学者，来自国内信息化领域重要部门、研究机构和企业的官员、学者和高管人士，同信息化百人会会员和业界人士进行了交流讨论。

本书是中国信息化百人会这一年来研究和交流活动部分成果的结集，是这些活动内容的一个缩影。大家从本书的内容可以看到，信息化百人会2015年的活动，主要围绕"十三五"时期中国经济社会发展面临的问题，讨论信息化面临的机遇和挑战。

"十三五"是中国全面建成小康社会的关键时期，在新中国成立以来的现代化进程中，对实现"两个百年"奋斗目标有着特殊的意义。在"十二五"期间，信息化对中国贯彻实施创新、协调、绿色、开放、共享的新发展理念，加快实施供给侧结构性改革，引领发展新常态方面具有基础性的作用。

无论从经济分析的逻辑，还是从各国经济发展的历史来看，信息化在提升要素质量、提高生产率、扩展交易范围和提升交易效率从而促进经济发展方面都发挥了革命性的作用。目前信息化进入了以云计算、物联网、移动互联网、大数据等新形态为表征的新时代，"互联网＋"不仅深入到传统的制造业，而且正重塑能源、交通、金融、教育、医疗等现代服务业，催生了智能机器人、智慧城市、产业互联网、工业4.0等新产品和应用领域。引领中国经济发展新常态，必将在信息化进入"互联网＋"阶段这一大的时代背景下展开。信息化将从各种渠道，以各种方式，推动中国供给侧结构改革，从而提高经济增长的质量和效率。

- 信息化改变了产业业态，降低了大众创业、万众创新的门槛，不但在信息通信技术和信息基础设施领域，而且在信息服务等领域创造更多新的投资机会,使投资继续对经济发展发挥关键作用。

- 信息化有助于生产者了解消费者多样化、个性化的需求,提供适销对路的产品,从而释放全社会的消费潜力,创造新的消费需求,扩大消费在推动经济发展中的作用。
- 信息化方便了商品的全球流动,拓展了中国商品的全球市场,使出口继续对经济增长发挥重要作用。
- 信息化提升了我国企业的管理水平,并改变了产业组织方式,这既提升了企业盈利能力,又促进了我国企业通过兼并重组做大做强,同时还催生了一批智能化、专业化的小微企业,形成大、中、小企业并存的产业生态,有力地推动了我国产业结构的优化升级。
- 信息化有助于提升劳动力素质,改进要素质量;同时加快信息流通和知识扩散,促进产业技术创新。这有利于增长动力的转换,使经济增长从要素驱动转向创新驱动。
- 信息化有助于规范市场秩序,扩大市场范围,形成统一透明、规范有序的市场环境,促进资源配置效率的迅速提高。
- 信息化有助于控制环境污染,实现节能减排,提高资源效率,从而缓解我国资源环境压力,实现可持续发展,建设美丽中国。
- 信息化有助于建设更加完善的风险应对体制。信息化有助于企业及时了解经营状况,有助于政府评估各类经济风险,能够及时采取应对措施,缓解和化解风险。
- 信息化有助于改善宏观调控。信息化有助于政府实时掌握经济运行状况,了解各类产能的总量、结构和分布,有利于在发挥市场配置资源的决定作用的同时,充分发挥政府作用,把握总供给需求关系,科学实现宏观调控。
- 信息化有助于生产者了解消费者多样化、个性化的消费需求,以提供适销对路的产品,从而释放全社会的消费潜力,创造新的消费需求,扩大消费在推动经济发展中的作用。

从上述多个方面我们可以看到,“十三五”期间,信息化发展将有助于推动供给侧结构性改革,引导企业适应新常态,同时在支撑政府引领新常态的过程中发挥重要的引领作用。“十三五”是全面建成小康社会的决胜阶段,中国将在创新、协调、绿色、开放、共享这五大发展理念的指导下,按照新型工业化、城镇化、信息化、农业现代化和绿色化“五化”同步的战略部署,动员全国人民的力量,完成中国共产党确定的“两个一百年”奋斗目标中的第一个百年奋斗目标。我们坚信,信息化将为中华民族伟大复兴征程的这一特殊阶段的发展做出独特贡献。

是为序！

高世楫

中国信息化百人会成员、执行委员

国务院发展研究中心资源与环境政策研究所所长、研究员

01

全球趋势：信息化与信息经济的未来

- 杨　学　山　信息经济的形态变迁
- 孔　瀚　宁　从工业 4.0 到智能服务的世界——数据驱动型经济转型
- 李　　　杰　工业大数据与 CPS：创新转型的新思维
- 赵　　　光　后移动时代的信息经济
- 《十方研究》　中美德产业互联网发展比较

信息经济的形态变迁[①]

杨学山

中国信息化百人会学术委员会主席

工业和信息化部原副部长

从经济形态的角度来看，信息经济是指人类社会经过农业经济、工业经济的发展，信息技术、信息网络、信息资源在各个经济领域、各个经济环节的作用和影响日益深化扩展，导致我们看到一个有别于工业经济的新的经济形态在向我们走来。经济形态的变迁包括很多内容，今天大体上从产品本身、产品生产过程、消费、流通交换、基础设施、就业这几个角度，看看我们的经济形态，在信息技术、信息网络和信息资源的渗透之下，在发生什么样的变化，我们会向什么方向走。

一、产品的变化

产品跟我们每个人更加直接相关。我们看经济形态的变化，首先可以从产品上感受到。由于信息技术、信息网络、信息资源的介入，我们看到的产品已经发生了重大变化，而这个变化正在呈现加速的趋势。

首先，产品的智能化。无论是消费品还是投资品，产品的智能化进程在这几年得到快速的推进，而且我相信在未来的5年、10年、20年，这个进程将持续加快。

产品的第二个特征是个性化。实现产品的个性化必须依靠信息网络，必须依靠信息技术支撑下的灵敏的、大家能用的平台——在这种情况下才能实现个性化。

产品的第三个特征是渐进式发展。比如计算机，计算机的操作系统在一代一代更新。产品还是产品本身，但它里面的操作系统变了。当智能化水平进一步提升，我们发现产品的功能是随着使用过程和时间在不断完善的。比如我们的语音服务、机器翻页，比如服务机器人，可以看到它是一个功能不断完善和发展的过程。所以这个产品从提交给你开始，到你使用的过程中，一直都在渐进式发展。

---

① 根据作者2015年2月7日于“中国信息经济年会暨中国信息化百人会2015年会”的现场发言整理。

产品的第四个特征是集成化。我们看到消费品和投资品的产品本身都在进一步集成化。从消费品来说,比如我们的家电原来是一个一个分散的产品,但是随着家庭网络的发展和智能化的要求,这些产品逐渐变成了一个整体。再加上下一步家庭会使用的服务机器人,更多的产品会在一个功能平台上发挥作用,所以说它会集成为一个产品。对于投资品来说,我们将会看到自动化的生产线与机器人合在一起,一个集成的投资品将是一个完整的车间、一个完整的工厂。

产品的第五个特征是产品和服务之间边界消失了。产品只是服务的一个载体,而实际上产品和服务连接在一起。大家熟悉的手机就是这样的。随着进一步发展,我们可以看到更多的产品将会依赖于一个载体,而我们使用的不是产品的物理载体具有的功能,而是服务发挥的作用。远程医疗、家庭养老、远程教育都会演变成这样的产品。当然,对信息经济来说,更具有特征的是非物质产品,我们使用的越来越多的非物质产品就是信息。网上阅读、浏览信息,以及我们其他一些研究和学习都在使用着非物质产品。对信息经济来说,不是说产生了非物质产品,而是说非物质的产品在人类的产品中占多大的份额,我相信这个份额一定会不断增加。

讲产品的时候,我们还会发现另外一个东西在出现很奇怪的变化:我们产生了非商品的产品。工业社会里通过社会分工、交换,使得越来越多的产品变成商品,并通过商品交换来实现经济活动的全过程。但是随着网络的产生,非物质产品的产生以及零边际成本产品的产生,非商品的产品正在增加,并发挥着更多的作用。在我们的消费过程中,它占的比重也会越来越大。

二、生产过程的变化

生产的过程也发生了重大变化。生产过程变化的第一个特征是智能化、无人化的生产比比皆是。

生产过程变化的第二个特征是生产的空间分布变化,体现为集中和分散两种特征。集中度可能会更加高,而分散分解将会小到我们今天所不能想象的程度。由于生产工艺的智能化、柔性化、灵活性增强了,生产力的布局越来越只需要满足物流和消费群体的优化,并按照这个优化来实现空间的分布。这个分散化一定会产生。

还有另外一种分解,就是自己生产。产品工艺和网络平台的发展使得很多个人具备了生产能力。若干年后,DIY 会扩展到很多领域。今天的 DIY 还很少,但是工艺的智能化、柔性化以及网络平台的支持,使得 DIY 领域在持续增长。所以在网络化生产时，会出现没有工厂的制造企业，这是因为整个生产流程在一步一步分解，而这样的分解也是基于网络和信息平台。生产过程还有很多新的特征，比如说非物质产品的生产，当然会和原来物质产品的生产有很大的不同。今天很多产品是属于物质和信息结合在一起的，它的生产过程就会展现出更多的特征。

三、消费、流通和交换过程的变化

就消费来说，产品生产的变化导致了消费者终于从被动走向了主动。以往都是消费者到店里面，有什么买什么，不管是网店还是实体店——到今天为止绝大部分的流程都是这样的。但是随着信息经济的发展，会有越来越多的产品起点是消费者需要什么，然后是设计生产，最后送到你的手里。消费者地位的改变，实际上导致了业态的重大变革。除此之外，物流是整个流通过程的主要环节。在大数据和信息网络的支持之下，精细的、优化的物流，将会在我们的社会产生，而今天我们还没有做到这一点。如果说这样的物流配送方式可以产生的话，第四方物流之上的第五方物流会成为物流成本大幅度降低的关键环节。

研究消费和产品的关系，不仅要研究物流，还要研究交换的过程。消费者和劳动者之间的关系正在发生一些变化。当非物质产品在生产和消费的时候，我们发现了奇怪的现象，即很多消费者在消费这一类产品的时候，同样也是这类产品的生产者。而且在产品的流通过程里没有货币交换交易的环节，所以说生产和消费之间产生了重大的变化。举一个大家都熟悉的例子，不管是百度还是高德地图，你在使用它们查询高速路路况的过程中，实际上你是消费者也是生产者——你贡献了你的信息，你也得到了路况。以后这样的变化会越来越多、越来越快。

信息经济的发展，不仅是信息技术、信息网络和信息资源的发展，还和我们面临的资源环境问题、正在日益增加的社会成员的分配问题和社会成员不断提升的文化水平以及不断变化的需求密切相关。这些东西和信息技术、信息网络、信息资源合在一起，推动着经济形态从工业经济走向信息经济。这个过程会影响到很多要素配置的模式甚至是资源本身。在生产各要素里劳动者是最主要的。那在信息经济里谁是劳动者？劳动者花多少时间劳动？

“谁是劳动者”，这是一个十分大的问题。当我们说无人生产的时候，生产物质产品的劳动者主要是机器人。服务型机器人能力不断提升的时候，家庭劳动的劳动者会逐渐变成机器人。劳动者主体的演变，其实不仅从经济理论上改变了资本的强度，还会影响到更多的问题。就业分配等将成为新的问题。产品、劳动形态、消费模式和流通模式的变化，都基于一个平台，这就是信息基础设施。当我们把信息基础设施类比为工业时代交通工具所需的道路时，信息基础设施对信息经济中各个活动的影响程度，已远远大于工业经济社会的道路和相应的工具。因为它已经嵌入了生产过程，嵌入了服务过程，嵌入了流通、交换和消费的过程。不仅对过程的渗透更强了，而且对时间的要求更加敏感了——如果没有网络的支持，机器人根本完不成它的任务，其功能也实现不了。所以说，从工业经济走向信息经济的过程中正在发生一系列的变化。这些形态变化的背后就是观念的变化、理论的变化、发展和增长路径的变化。这是我们研究信息经济的魅力所在、目的所在，也是让中国经济在走向信息经济的过程中能够实现弯道超车，实现我们伟大复兴的梦想的关键所在。

从工业 4.0 到智能服务的世界

——数据驱动型经济转型[①]

孔瀚宁
(Henning Kagermann)

中国信息化百人会国际学术顾问
德国国家科学与工程院院长

一、德国的数字化历程

德国总理默克尔非常重视德国经济数字化的转型,所以她给了我一个任务,就是要对德国的数字化进程进行研究。2006 年,我们引入了一个 IT 峰会机制。开始是 SAP 公司每年组织会议,其他公司相互交流经验、讨论观点。2009 年,德国政府和德国科学技术联盟要求我们拿出新的想法——事关德国未来的战略性想法。

我们感受到关于新的互联网和实体经济的想法在不断融合,也就是说,虚拟世界和现实世界正在不断地融合。在一些实体的事物上也会有一些虚拟的特点,它们之间的界限在逐渐模糊。当时我们研究院推出了一体化的研究项目,而且我们把重点放在了生产上,并将其命名为“工业 4.0”。

在德国,工业主要是指制造业。由于我们 70%的就业岗位都在服务行业,因此我们认为应该在第一个项目推出之后再推出第二个项目,而且将重点放在智能服务世界方面。也就是说,我们随后把重点放在了德国今天并不擅长的一些领域。

智能服务项目不仅是数据推动的创新,同时还会有社会推动创新的因素,最终它将给企业带来益处,也会给社会带来益处,这就是为什么“工业 4.0”项目这么受关注的原因。

总结一下,2011 年我们正式推出“工业 4.0”,有 50 个机构——包括科研部门

---

① 根据作者 2015 年 10 月 22 日于中国信息化百人会“工业 4.0 最新发展及公共政策研究”双周圆桌会议的现场发言整理。

和企业——和我们一起向政府提出了“工业 4.0”的建议；2013 年我们又做了一个第二版的报告；2014 年德国政府再抬高一个工作层级，让更多的部门、企业和行业协会参与进来；2015 年 3 月我们做了最新版的“工业 4.0”报告。

就这个计划本身而言，我们希望它能够在商业上有更强的关联性，能够以更快的速度推进。

同样也很重要的一点就是我们在科学上的支持。德国国家科学与工程院作为背后的一个支持力量，在推动整个工作向前发展。

二、展望“工业 4.0”

现在我们认为要有这样的工业革命。那么这种工业革命到底是什么技术引发的？为什么是这种技术呢？我认为有一些新的理由需要呈现给大家。当然还有一些过去的，也就是 10 到 20 年前的理由。把过去的理由和现在的新理由集中起来，就会发现确实是技术在推动。

第一，我已经提到的，也就是由数字化来推动的一些项目。第二就是无处不在的连接，我们称之为物联网，目前已经进入了工厂。第三我们称之为自动化系统，不仅仅是高度自动化的系统，还有一种越来越朝自动化系统发展的趋势。有了自动化系统，重点会逐渐转移到对环境的感觉和感知上。然后就是人工智能，这已经有了 10 年的开发历史，主要是通过机器学习，也就是通过感知来帮助我们获取大量新的数据。我们虽然有了很多数据，但到现在为止，很多数据都不是免费的。将来数据可能会变得越来越廉价，甚至是免费的。一旦有了数据，就会产生一些新的见解，作为新的分析工具，我们称之为人工智能。其实我们在 10 到 20 年前就应该达到这个地步，现在已经落后了。所以，我认为我们应该迎头赶上。

关于自动化系统，必须要采取行动。要能够主动地主导实体世界和虚拟网络世界。比如说，机器人或者光电技术、3D 打印等。大家知道，机器的标准最终还是要由软件来界定。自动化系统涉及不同的技术，也有很多的技术参数。如果我们能够共同谋求进展的话，就会产生大的突破。

在信息技术领域，过去我们更多的都是在谈软件，但现在的环境是服务化的，这些服务围绕着你。也就是说，从制造行业来讲，它本身也在和服务行业不断地融合，今后你可能分不清楚制造与服务这两者的区别。未来制造业的发展方向，是数据推动的商业模式的创新和转型。

那么，什么是“工业 4.0”？首先是高度灵活又高效能的生产，做到价值创造流程的按需优化和实时优化。现在德国各个不同制造行业的灵活度都达到了40%左右——可以随时消化吸收40%的订单下降，照样顺畅向前发展，就是说我们可以经受30%～40%的收缩打击。做到这一点离不开基础设施的升级、自动化程度和数字化程度的提高等等。

“工业4.0”还意味着环境友好的发展模式。你可以把工厂迁回城市，照样不会对环境造成很大影响——如果你采用环境友好的生产方式的话。

还有社会形态的改变。商业环境和社会环境将会越来越复杂，要掌握这个复杂的环境，我们必须拥有权力下放的和更加分散化的自我组织形式，也就是说企业职能从中央控制系统变成自组织平台。企业员工会更加朝着自我组织、自我约束来发展。我们最终将有一个更加灵活的生态系统，非常有动态性，这样它才能随时响应客户需求，实时地适应市场变化。现在这一点还做不到，但这种想法已经出现了。

当然，我们的最终目标是要做生意。“工业4.0”时代会有一个新颖且灵活的生态系统。这个系统具有高度的动态特性，能够很好地满足客户的实时需求。然而，现阶段这还只是一些想法，并不能真正实现。这也意味着我们需要不断地改进现在所做的工作，比如说改进我们的软件和解决方案。

具体来说，需要从三个维度加以解决：第一个维度就是做好横向的一体化。第二个维度就是实现纵向的一体化，这是10到15年前我们就讨论过的问题。现在，由于有各种不同的供应商，所以我们必须要无缝地实现横向和纵向的一体化。第三个维度就是生命周期的管理。在整个工程设计生命周期，我们必须要加以统一管理。虽然过去也有很多工具，但这些工具之间没有什么联系，它们的数据结构也不一样。总之，我们需要进一步改善这三个维度，进而实现目标。

下面看一看我们的工厂。制造业的核心就是工厂。因此，这个智能管理者非常重要。一个工厂并不是孤立地从事生产活动。它需要根据需求、物流和能源供给状况来实时决定自己的运行状态。也就是说，智能工厂要同智能电网、智能物流和智能楼宇建筑连接起来。如果再进一步拓展的话，今后各种不同的智能设备都要相互连接起来。显然，要做到互通互连是很不容易的。产品要越来越聪明，也就是说它们都知道怎么进行生产，不需要更多的ERP系统，机器也能变得更加智能化。它们相互之间完全可以自主地通过对话来控制产量。同时这也要求它们之间具有更好的交互性。因此不仅是在技术层面，它们也需要互相理解。

最后还有人的问题。我们提到了智能操作员，这些人会有各种不同的智能设备和数字设备来帮助他们。这是基本原则，也是我一开始所讲到的原则。

还有一个关键点。“工业 4.0”不仅仅是关于制造业的。这个项目是关于打造最为智能化的工厂，改善生产的效率，但这只是其中一个目的，还有一个很重要的部分就是要生产智能产品，也就是智能工厂所生产出来的产品。这些产品离开工厂后，也就是我们客户所使用的产品。这些智能产品在被使用以后，不应丧失自己的智能性，而应该不断地收集用户的数据，还有其他的相关数据，这是非常重要的。因为如果这些智能产品能够收集所有的数据，进而变成一个小平台并提供更多的服务，这就构成了大数据系统的一部分。如果把它用于实时分析，把它变成实时的智能数据，我们就可以进一步优化流程和业务模式，甚至可以给客户提供更多的服务。也就是说，你可以通过它进行客户管理和维护。

“工业 4.0”的好处太多了，我们创新的速度将非常快，客户在这个过程中也将不断受益。这方面有很多新标准，还有一些非常关键的技术。这些技术带来了大数据和智能数据。在很多系统中，可以看到人和技术的交互。这是未来一个非常重要的话题，也就是机器人和人之间的协作问题。

阿迪达斯的例子对此做了很好的诠释。阿迪达斯的服务工厂在 2015 年就已经将 3D 打印技术用于鞋的制造。这个做法没有导致成本过多增长，确实有很大的意义。德国就像美国一样，正在考虑把大量的生产转移到自己的国家。这样就可以把外包的线路缩短，这对今后的发展会产生重大影响。虽然我不太同意这个观点，但是我认为重新配置生产中心无疑是非常重要的。

显然，如果将一双跑鞋装上传感器，你就可以对所有的数据进行收集和衡量。这双鞋是怎么穿的？怎么用的？通过手机传输或者其他方式，服务工厂能够收集这些数据，然后基于这些数据可以对产品和流程进行深度的优化。这就是“工业 4.0”在工业上的应用。也就是说，如果走到最后一步，这么只需要调试一下就好，按照最后调试优化之后的版本来生产和销售即可。这样，你就可以做你自己的设计师，按照你自己的特殊要求来生产鞋子。这显然是对客户关系实现优化管理的一个典型案例。

三、智能服务的世界

在智能服务条件下，我们关注的不再是产品本身，而是利用数字化来发布产品，让它能够为用户带来更多更新的服务，进而创造新的商业模式。用户会有一些特殊的需求、意图和偏好，公司可以基于这种背景来启动并优化自己的商业模式，根据公司的情况和用户的偏好来进行整体优化。

同样一个人，他可以是客户，也可以是一个员工，还可以是一个旅行者，总之可以拥有不同的角色和身份。不管他是谁，不管他在哪里，他现在需要的是能够有效地使用智能数据。而对于一个用户来说，他有自己的偏好和习惯，而这些智能数据又非常多，此时该怎么做呢？世界上没有任何一个国家可以独自收集和分析所有的数据。因为每一个用户都不一样，而且他们的偏好和想法也在不断地发生变化。因此，从产品的角度出发，你需要有一个强劲的数字生态系统来帮助你做连接，帮助你将不同领域中的数据收集并传回进行分析。这就涉及一个交互性问题，你需要在平台上对这样的生态系统进行管理。

简单地说，从市场的角度来看，数据变成了一种产品，它本身蕴含着价值。从政府的角度来说，数据决策就变成了一种经济政策，需要解决谁拥有数据、谁保护数据和谁负责数据分享等问题。另外，数据驱动的商业模式可以为业界带来颠覆性的影响。"让一切都成为服务"，对于绝大部分公司而言，这都是可以做到的。

我们这些平台怎么做？平台的竞争力不再是地点之间的竞争问题。无论这个平台是在德国还是在其他什么地方都一样。也有可能说，这个平台在其他的地方设计、生产甚至出口是更好的选择。

接下来再说一说需求。如果大家看一下数字基础设施的话，实际上它和"工业4.0"是有关的。它的基础是要实现各种设备工具、机器之间的互联。以汽车行业为例，可能未来在所有的展览上，你都可以看到一些所谓的互联汽车或者自动驾驶汽车。它需要有智能的基础设施来支撑。一个汽车必须了解周围的环境才能自己驾驶。从这个角度出发，我们需要有基层的技术基础设施来支持，它的数据传输速度可能需要非常快——以毫秒来计算。如果想要做到这样的速度，它的数字基础设施就必须完备，比如5G网络。现在很多政府都在做智能交通管理，但不管是智能交通、智能灯光，还是智能交通控制，都需要有基层的智能基础设施作为支撑。

单从公司业务的角度看，我认为技术层仍然是非常重要的，而其中的关键是软件的虚拟化。比如说一条组装线上有来自不同生产商生产的机器设备，到最后需要所有这些来自不同厂商的机器设备之间能够互相匹配和协调，不管它是用于生产的机器设备，还是用于维护的机器设备。如果有一个数字化的模型可以用来控制所有的机器，那么你的客户就可以利用这个模型去模拟使用这些智能设备。这是一种虚拟化的做法。正是在软件虚拟化的基础上，我们才能够实现所有机器设备终端的互联以及智能的互联。我认为这是非常关键的。

如果要做生意，实现业务发展，就需要通过一个上层系统来管理你的服务平台乃至整个数字生态系统。所有的流程、所有的合同等等都涵盖在整个生态系统当中进行管理。作为管理者，需要对正在发生的事情无所不知。所有这些工作都是在这一层里面进行管理的，也就是所谓的端到端的关系管理。而要实现这个目标，则需要多个软件定义的系统来加以管理。

现在存在一些有争议的观点，就是所谓的平台中立化。因为有人担心平台可能会去除掉其他一些对手或者公司。这是大家争议的一点，但这一层肯定要有的。

最后我们需要的是什么呢？是一个开放的、中立的数字平台。比如说像西门子或者 SAP 提供的面向行业的专业解决方案。大家需要一个中立的数字平台，价格能够被接受，而且有值得信赖的端到端的云。不论是公有云还是私有云，都要保证系统的安全性。你还要在设计的时候确保能够把世界上所有的设备和机器联系起来，这一点很重要，也是终极的目标。

还有一点是即插即用。在最顶层，任何类型的服务都可以实施，可以有不同的市场，可以有不同类型的服务，可以有不同类型的社区，可以说是应有尽有。所以，我想这样一种平台应该会由一些专业性的、具有高度专业知识的公司来提供。这些公司也会把机会提供给中小型企业，使它们也有机会实现数字工厂。所以底层很复杂，很坚固，而顶层有很大的灵活性，而且简单易用。

最后一点就是移动性。我们在过去可以看到的是这样一种情景：比如说带有一定智能的互联汽车，如果你需要一个智能地图，比如谷歌地图。那么过去是什么情况呢？需要有几百几千辆汽车在路上行驶，共同收集数据来做地图、做测量。以后不会这样了。因为以后所有的汽车都会有更新。拿德国来说，所有新车都装有传感器，这就意味着将来收集数据的成本会大大降低。

接下来再讲另外两个观点。

一个是互联网经济或者说互联网经济学。在商业模式的创新上，现在可以以流量进行简单的收费或者付款。如果有一个平台，那么这个平台首先需要有很大的量，就是有很多设备和终端联系起来。这就蕴含着两方面的市场，一方面要有大量的供应商，另一方面又需要有大量的客户，所以这是双向市场。

如果认同这一点，那下一个问题就是想要去进军什么市场？在哪个层级来开展工作？对于工人来说这又意味着什么？过去我们优化的是流程，以后优化的是工作场所，是工作本身。说到这个工作场所的问题，德国现在有一些人，特别是员工代表，担心自己以后会没有工作。因为一旦所有的事情都实现自动化了，那么他们也就失业了。确实会存在这种情况，原来需要的一些工作以后可能会不存在，比如以前附加值低、低端的工作可能就会消失。但以后可能会有新的工作，比如说一些创造性的工作。

另一方面，好的消息是，你需要有新的能力。比如说一个控制机器的操作人员。工作会变得更加自动化，那就意味着控制这些机器的人需要更加灵活，他们也要有更强的自我组织的能力或者说更加多元化的技能。

现在不少研究显示会有一些工作将不复存在，但会产生新的工作加以补偿。比如说当你的销售扩大时，需要有更多的销售点，这个过程本身也可以带来就业机会。当然，你必须要让有这个能力的人去从事这种新产生的工作。所以要有相应的教育和培训，要不断提升工人的素质。比如参加与智能有关的课程，大幅度地提升工人的技能水平。而且这种培训可能不是大家坐在一起的大规模培训或者研讨会，而是每个人都可以通过灵活的方式来学习。

四、面临的四大挑战

我最后要讲的就是挑战是什么。首先，我们要建立一个数字平台，这本身就是挑战，尤其是建设有着统一标准的开放数字平台，这是非常困难的。这也是为什么我反复说我们需要有一些领军型的公司、核心的公司——它们先动起来，然后进行标准的协同化，开放式协同，再让中小型企业参与进来共同发展。

其次，我们还需要应对框架方面的挑战。比如说在法律上，要考虑对于数据的使用如何进行管控。把数据当成一种资产来进行管理和研究，这就需要有相应的法律框架来进行监管。同时，我们还需要有一个欧洲的统一的数字市场。

第三，从公司和工作本身来说，我们需要找到合适的方法来满足公司的所有者和公司雇员双方的要求。比如说在德国，需要考虑到工会的一些诉求。

最后，从社会的层面来说，关注的一个焦点就是数据的保护，比如隐私的保护。一些小公司可能由于能力不过关，造成数据的泄密和客户隐私暴露等问题，这需要引起高度的关注。再比如人机交互，如果要让机器人和人一起工作，就要让机器人不仅能够了解人的语言或者是肢体动作，甚至还要理解背后表达出的情绪，如此才能真正实现人和机器之间那种类似于人和人的无障碍交流。目前我们正在开展这方面的研究，但还需假以时日才能真正实现。

工业大数据与 CPS：创新转型的新思维①

李　杰

美国白宫信息物理系统专家组顾问

辛辛那提大学讲座教授

工业大数据这个领域在美国已经发展了大概 15 年，CPS（Cyber Physics System，信息物理系统）的提出还不到 10 年。任何一个国家要发展经济，工业是基础。未来商业发展要围绕工业进行，对中国来讲，工业尤其重要。

未来竞争力怎么比较？我们从比较有形的竞争力转变为比较无形的竞争力。我喜欢用蛋黄与蛋白的比喻来阐述这个道理。“蛋黄”代表了某种产品的现实功能，而“蛋白”则是通过服务所衍生的潜在、外围价值。核心产品与服务就像“蛋黄”和“蛋白”的关系，如同煎熟的蛋，每颗蛋黄其实都差不多，蛋白却大异其趣。以往企业只关注在核心产品方面的竞争，却忽略了“蛋白”部分的创新服务。对用户而言，“蛋黄”部分满足的是可见的需求，而“蛋白”部分却可以挖掘和服务用户不可见的需求。顾客通常只会想到要一个更大的“蛋黄”，但其实就连他们都没有意识到“蛋白”才更具价值。在产品差异不大的情况下，配套服务的差异才是制胜的关键。这就如同 iPhone 给手机业带来的颠覆——如果只是迎合消费者，那么乔布斯就该造出一台更好的通话机器，但 iPhone 却开创出一个巨大的移动互联网市场。

未来产品都会是“蛋黄”和“蛋白”的关系。过去的产品设计都是从“蛋黄”出发，但未来 10 年都将走“蛋白”路线。卖产品是“蛋黄”，卖服务是“蛋白”。机床、车子、轮胎、螺杆本身可以改进的余地已经不大了，但是我们加上了数据分析，提供了之前不可见的服务，既卖“蛋黄”，也卖“蛋白”，那么整个制造业的面貌就会有大的改观。这也正是工业 4.0 和 CPS 将要带来的。

预测式的工业大数据会改变很多。比如飞机发动机，如果能够把发动机的相关数据收集起来，协助航空公司减少不必要的故障，减少不必要的排程，减少不必

---

① 根据作者 2016 年 1 月 23 日于“中国信息化百人会 2016 年会”的现场发言整理。

要的废油，那将会省下一大笔钱——大约15年可以省下300亿美元。不过，发动机的相关数据分析出来之后，怎么让别人看得懂也是非常关键的。这就是我们做工业大数据的目的，不是单纯去计算，重点是算完之后让人能够看懂结果。

随着工业大数据与CPS的发展，未来引导产品创新的，不是通过去找需求，而是去找GAP（空缺）。通常来说，创新分三种。企业经常性地改进产品，把产品改得更受用户喜欢，这是第一种连续性的产品创新。第二种是非连续性的产品创新，目前大部分产业研究院都在做这种事情：一种新技术用上后，可以引出多项发明，改变了整个产品。这个就是所谓的研发。第三种是我一直讲的主控式创新（Dominant Innovation）。此种创新不直接面对消费者的需求，而是以情境模拟的方式，思考该赋予新产品哪些功能，并以突破性的创新研发技术完成该项新产品雏形，接着才将之推至消费市场。在情景模拟中发现产品的新功能，我称之为“发现GAP”。

通过“发现GAP”来推动的创新跟其他几种创新模式是不一样的。这种方式不是以人（消费者）的需要为出发点的，也不是都听顾客的。顾客一般都是追求更大的“蛋黄”，很少给你讲潜在的、外围的东西，很可能他们还没有这种意识或根本就不知道。就比如买车子的人更关心的是耗油情况，但很少人知道司机开车的习惯可能影响20%的油钱。所以这里的“GAP”不是车子，而是司机的开车习惯。如果仅仅按照顾客的需求来做车，那制造商会努力生产更省油、更舒适的汽车，在过去的汽车技术上不断精进。这是一种传统工业时代的思维方式。而采用GAP式创新，则是通过数据来模拟情景，不断发现顾客根本没有注意到的产品新功能。

我举一个中国的案例：有一家原先做家具设计销售的企业叫“尚品宅配”，几年前，这家企业的老总接受了我们有关创新创值的理念，企业逐渐从卖家具转向更注重消费者的居家感受。买家只要提供房型及一些个性化的要求，这家企业就能帮客户设计并定制适合的家具。宜家是它有什么你买什么；尚品宅配是你想要什么，它提供什么。他们现在在制造方面只是做了一些模板，让机器去配合，在选式样、颜色、性状方面已经实现了模组化。尚品宅配不是从家具出发，而是从居家的生活感受出发，如他们再能和制造系统匹配起来，就接近工业4.0前期了。

通过分析数据，预测需求、预测制造，这就是我们希望倡导的工业4.0的思维。现在大家都在谈大数据，但大数据本身不是一个问题，而是一个看问题的方式。大数据本身不重要，信息量和创造价值的过程才是真正重要的。大数据只是一个现象，只有真正分析利用了，才会有价值。

未来工业大数据的目的就是把看不见的世界变得有逻辑，把看不到的问题分析出来，再利用数据分析找出还未发生的问题，提前避免它、预防它。

再比如机床。我们不是卖机床，而是卖生产力。机床运行过程中所产生的不必要变数看不到。但如果你能解决这个问题，那你的机床就相当值钱了。比如某个机床的刀总坏，但是不知道原因。经过了解，你建立了模型，之后根据数据分析，知道了为什么刀会磨坏。再当别人问你为什么这个刀会磨坏的时候，他就必须靠你了。所以说卖机床不值钱，真正值钱的是生产力。再比如船。航行过程中如果有一个系统能够帮助船省油，它的价值就会很高，但如果只是卖船就不值钱了。

现在只要进入手机 App，我从远程就可以直接连接到任何机器。我可以找到这个机器哪个地方有问题。这种情况下，未来每一个产品，包括汽车、电梯等，每个人都看得到，因为根本就是透明的，作弊也作不了。所以，未来中国转型就是要创造价值。中国产品做得很好，量很大，但价值一定要高才行。美国也需要更多的价值，这是工业大国都需要的东西。

因此，卖产品是“蛋黄”，卖服务是“蛋白”。企业要转型，必须要从可见到不可见的地方，找到自己市场的竞争力。此外，必须要以替顾客着想的方式来呈现。数据不会说话，结果会说话；产品本身利润不高，但价值的利润高。

后移动时代的信息经济[①]

赵 光

Gartner 公司全球高管合伙人

最近 Gartner 公司做了一项研究，把很多公司按照托宾 Q 指数——一个公司的市值和它资产重置所需成本的比例——做了分类。按这个比例我们把大大小小很多知名的公司，包括苹果、谷歌等，做了非常完整的分析，最后把它们划为三类。

第一类公司比较传统，这个指数超过 1.1。如果说这个公司在华尔街上市，其市值和其资产重置的值一样，那么这个公司是赚钱的。比较好的公司比如苹果、福特，有很多创意，有很多信息类产品，其指数在二点几。最好的公司就是谷歌和雅虎，还有一些金融信息服务公司。凡是那些以信息或者说信息产品为核心的企业，好像华尔街对它们的关照更多，它们获得的利润也更多，这是一个现象（见图 1）。

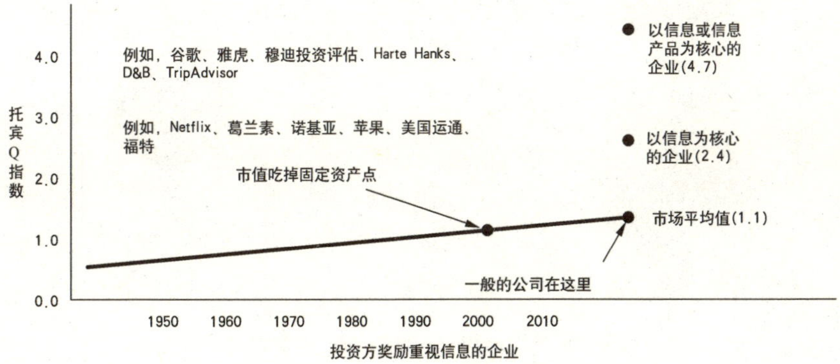

图 1　以信息或者信息产品为核心的企业获利更高

资料来源：Gartner

“9·11”以后，很多公司寻求保险公司的保险理赔。当时有很多公司在申请时没有申请它的软资产理赔——比如客户的信息，以及自身一些数据和信息资产。

---

① 根据作者 2015 年 2 月 7 日于“中国信息经济年会暨中国信息化百人会 2015 年会”的现场发言整理。

结果到保险公司理赔的时候,保险公司只赔了什么桌椅板凳,赔了人寿,赔了一些可以看得见、摸得着的固定资产。就是说,一个企业如果不把自己的信息和以信息为核心的产品创意量化,就存在非常大的危险。最近,很多国际组织对信息作为非固定资产、不可见资产的保护规定,包括财务设计都有了一些新的反馈。

每年 Gartner 都会做一个预测,即战略技术趋势预测。2015 年的预测分三大部分,共 10 项(见图 2)。战略技术趋势是指那些会对企业、对社会产生战略影响且发生的变化不可忽视的技术。这 10 项,从上往下,一环扣一环,都是有逻辑关系的。第一项是计算无处不在,背后的声音是后移动时代。企业也好,公司也好,个人也好,在关注某台手机的时候,并不在关注这个设备,而是关注设备后面的那个人,而且不是当作客户的概念,而是人本的概念,比如人的位置、人的交易、人的行为,包括人的情绪,以及在线上其他的一些统计数据。后移动时代的一个特征就是把手机作为通用的接口,将线上线下的位置、情感、情景的数据融合在一起,产生分析技术,也产生了情景丰富的多种系统。在这个大背景之下,人们自然会想到智能化和机器人等。2015 年不谈大数据而谈数据,关注的是数据背后的分析。

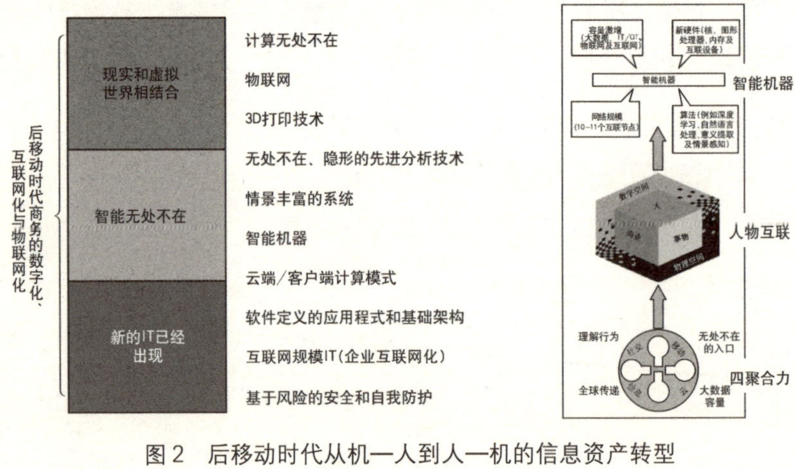

图 2　后移动时代从机—人到人—机的信息资产转型

资料来源：Gartner

另外,在后移动时代,如果说一个创业公司或者一个企业,现在还在关注移动电商的移动平台,那么它已经过时了,一定要关注移动装置平台背后的那个人。从 IT 角度来讲,Gartner 认为不管是软件定义的基础设施,还是互联网 IT 或者说企业互联网化,比较关键的一个概念就是企业在虚拟化以后,尤其是在互联网化以后,它的业务实际上是很脆弱的。

前一段时间，我们有一个小型的研讨会。会上BAT（百度、阿里巴巴、腾讯）三家的老总谈到虚拟经济、虚拟企业的时候，说别以为虚拟化以后就有若干个优势，万一你的竞争对手雇了一群黑客，把你的网站、手机的平台阻止两天，你的损失就超过三四百万。就是说信息经济完全是一把双刃剑。在这种大环境之下，我们做了一个调查，2015年底大概90%的企业领导已经认为信息是战略资产，但只有10%的领导将其实际量化，大部分企业不知道信息资产值多少钱。另外，到2016年底，30%的企业会直接通过交换的方式把信息的价值变现。

后移动时代，信息经济的基本问题包括三个：第一，信息是企业的资产吗？第二，如何评估信息资产？如何提高企业的信息核心化？第三，怎样成为信息核心化的企业？

关于资产的定义很简单，大家基本上有三个共识：第一是可以持有和控制的，第二是可以交易的，第三是可以投放未来换钱的。在某种情况下，对某些企业来讲，信息作为战略资产非常重要。

后移动时代，企业的核心资产应该既包括内部和外部的，又包括结构的和非结构的。很多资产应该和市场及内部数据结合起来（见图3）。信息价值怎么衡量？信息的价值分两部分，一部分是传出去分享的价值，另外一部分是作为企业我不让别人知道，我自己独享的价值，从信息安全和信息控制的角度来讲这是我的武器，不能给你。当然，有很多不同的测量方法，不过其中很多还没有得到大家公认。但是Gartner从信息经济的角度把信息分为两部分，一部分可以交换，可以连接；另外一块则是独享的，像阿里和百度就不会把客户的信息给你，因为那是战略资产。

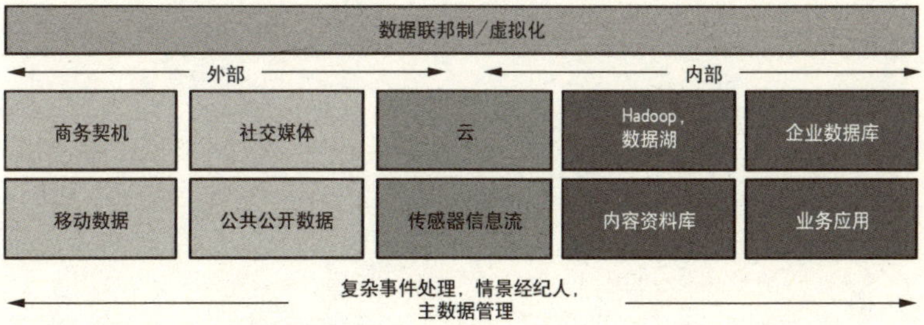

图3 后移动时代企业的核心资产：融合的企业内外数据

资料来源：Gartner

怎样让企业面对信息核心化？这里有很多的实践，但最主要的一点就是技术部门摆脱成本中心的定位，变成创新中心，帮助企业轻资产化，帮助企业从不觉醒的企业变成一个觉醒的企业。SKF是瑞典轴承机械制造公司，它们在1987年只是一个蓝领型公司。最初觉得生产这么大的轴泵不赚钱，于是开始为用户安装一些小的传感器，搜集一些信息，把轴承变成了载体。后来它觉得这项业务不错，于是逐渐转型为以知识、信息为核心的企业。

从企业的角度看，企业需要信息核心化这个途径；从政府和国家的角度看，信息/知识核心化对于提升核心竞争力同样重要。最后一个问题就是，战略性的技术和信息真的会提高国家地位和竞争优势吗？举一个例子，今天国际前十大的电子生产商有华为，有联想。但在信息产业发展浪潮中的最近十年，日本的国力是不是下降了？这是未来我们需要思考的问题。

中美德产业互联网发展比较[①]

一、全球产业互联网发展的整体趋势

（一）全球掀起新一轮科技革命和产业变革

当前，全球科技创新呈现出新的发展态势和特征，以信息技术为代表的新一轮科技革命带动很多领域发生了产业变革。欧、美、日等世界主要国家纷纷将创新上升为国家战略，密集出台了一系列创新发展战略，着力壮大新能源、下一代网络、生物工程、新医药、新材料等新兴产业，尤其是将信息通信技术产业作为重要的发展方向。从历史上来看，中国已错失了前几次科技革命和产业变革的时机，面对新一轮科技革命和产业变革，中国正做出顺应潮流、符合国情的战略选择。2013 年 9 月 30 日，习近平总书记在中共中央政治局第九次集体学习时，旗帜鲜明地提出一个重大判断——“新一轮科技革命和产业变革正在孕育兴起”。之后他提出明确要求，“我们不能在这场科技创新的大赛场上落伍，必须迎头赶上、奋起直追、力争超越”。

（二）互联网正在成为产业升级和变革的力量

互联网在 20 世纪 90 年代开始逐步应用于电子商务、社交网络等生活服务，近年来伴随着云计算、大数据、物联网等技术的快速发展，互联网越来越多地渗透到生产服务中，引发了深刻的产业变革。一方面，互联网推动通信业、计算机产业等 ICT（信息通信技术）自身融合、变革；另一方面，互联网快速推动其他行业转型升级和变革，产业互联网化趋势明显。互联网已经且正在全球范围内，以

① 本文为中国信息化百人会《十方研究》报告，根据“中国信息经济年会暨中国信息化百人会 2015 年会”会议成果整理。

不可逆转的趋势改变媒体、商贸、金融、旅游、教育、医疗等产业。作为一个互联网大国，作为正处于加速产业转型升级、提质增效的发展中国家，中国产业互联网化的趋势十分明显。2014 年 7 月，麦肯锡全球研究院发布《中国的数字化转型：互联网对生产力与增长的影响》指出，中国正在从消费者主导型互联网转化为企业主导型互联网。

（三）互联网与制造业的融合变革已经开始

从历史上来看，每一次信息通信技术的重大创新都会为制造业带来新的变革。从计算机诞生到半导体逻辑元件诞生，ICT 主要使计算机成为制造业的辅助工具，使制造业内产生了数控系统和 PLC（可编程控制器）。从 20 世纪 60～70 年代的计算机图形软件的商品化到 90 年代互联网的迅速发展，在制造业领域内也相应出现了 CAD（计算机辅助技术）技术、工业以太网标准、工业现场总线、ERP、MES（制造执行系统）系统软件等创新。在这个阶段，计算机、软件、通信、网络与制造技术相集成，生产自动化程度不断提升。从 2004 年进入 Web2.0 时代到 2010 年左右，云计算、大数据、物联网、移动互联网加快发展，工业领域内相继出现了众包、网络营销、B2B、CPS 系统、工业互联网（CPS）、智能制造等，ICT 在制造业全产业链全面融合渗透，产品个性化、制造服务化、过程虚拟化、组织分散化、制造资源云化的特征明显，制造的外延和生产模式发生全面变革。

二、中美德产业互联网发展的路径选择

在全球产业互联网发展的大潮中，美国大力发展先进制造和工业互联网，德国将工业 4.0 提升到国家战略的高度，中国正不遗余力地推行工业化和信息化深度融合，三个国家各自做出了适合本国国情的路径选择。

（一）美国工业互联网

1. 工业互联网的进展

2011 年，美国提出先进制造战略，其目的是结合美国在各个领域基础科学研究和产业技术的优势，强化未来制造发展所需要的基础要素，重点突破技术含量和产业附加值最高的制造业尖端领域，打造整体性、系统性、复合型制造业竞争优势。美国第一步提出了战略方向，推动各界合作；第二步搭建基础创新网络，明确 12 个关键技术；第三步是聚焦三大技术，优先突破。

2012 年，通用电气提出了工业互联网，并以工业互联网络为基础，通过软件控制应用和软件定义机器的紧密联动，促进机器间、机器与控制平台间、企业上下游间的实时连接和智能交互，最终形成以信息数据链为驱动、以模型和高级分析为核心、以开放和智能为特征的工业系统（见图 1）。

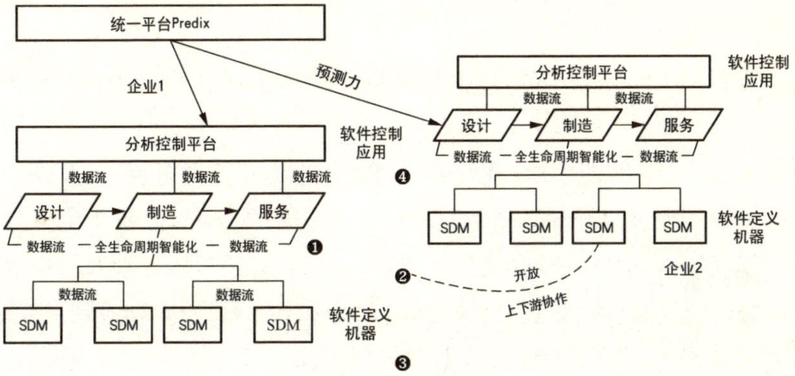

图 1　通用电气的 Predix 工业互联网平台

2013 年，NIST（美国国家标准与技术研究院）将工业互联网纳入国家智能制造和 CPS 专项，并联合通用电气等企业，加快推进标准框架制订工作。同年，ASCPM 技术规划中强调建立制造技术测试床，工业互联网成为其重要组成部分。

2014 年，通用电气、思科、IBM、AT&T、英特尔等成立工业互联网联盟，其目的旨在加快互联机器与设备的开发、采纳和广泛使用，促进智能分析，并提供帮助，目前成员达 135 家。

2. 工业互联网的关键要素

信息数据链：一系列数据和信息，包括设计参数、物料供应、机器运行、控制决策、服务信息等，在全生命周期各环节间的顺畅流动。

工业互联网络：包括工厂内的信息网络和与外部大系统连接的信息网络。

软件定义机器（SDM）：对工业系统底层单元的软硬件智能化改造，实现可基于软件定义的机器功能，灵活调整机器设备运转参数和生产线组织方式。

软件应用和平台：包括控制智能机器的操作系统，基于工业大数据的处理、建模和高级开发的软件控制应用，以及集成化的统一平台。

(二) 德国工业 4.0

1. 工业 4.0 的基本理念

工业 4.0 的概念源于 2011 年德国汉诺威工业博览会，由德国联邦教研部与联邦经济技术部联手资助，在德国工程院、弗劳恩霍夫协会、西门子公司等德国学术界和产业界的建议和推动下形成，并已上升为国家级战略。德国联邦政府投入达 2 亿欧元。

一个目标：以 CPS 为基础，使生产设备获得智慧，使工厂成为自律分散式智能工厂。

两大主题：一是智能生产，重点研究智能化生产系统及过程，以及网络化分布式生产设施的实现，包括产品、物料、设备、人有机联系一起，使各个生产环节数据共享，实现产品全生命周期的智能化生产。二是智慧工厂，主要涉及围绕企业的横向和纵向的价值链整合，以适应网络化经济（Networked Economy）到来。

三大集成：一是纵向集成，是工厂内的集成，信息可从工厂 IT 系统连接到每一个具体的设备节点，传感器、执行器所反映出的设备、环境等信息能够经过工厂不同层面直达企业管理层，同时实现网络的自组织、制造系统的可重构（即灵活且可重新组合的制造系统），从而实现大规模定制生产。二是横向集成，在价值网络内实现企业间的网络化无缝信息传输，最大程度减少信息不对称和协调成本。三是端到端集成，通过产品全生命周期的数据连接，即产品的设计开发端、生产规划端、生产工程端、输出端、服务端各不同环节间的数字化衔接，达到产品、设备以及人的集成，实现产品全生命周期的管理和服务。

2. 工业 4.0 的核心要素

互联网络：将设备、生产线、工厂、供应商、产品、客户紧密地连接在一起，最终形成深度融合计算、通信和控制能力的可控可信可扩展的网络化物理设备系统。

智能机器：工业设备与智能的传感器、嵌入式芯片和软件的结合，可在更大范围被识别、进行智能交互和精确控制，实现自适应、自组织、自学习和自协调。

工业大数据应用：通过数据模型来分析和管理数据，为跨设备、跨系统、跨企业的高级分析和控制提供手段。其中，数据模型分为规划模型和解释模型，规划模型把基于产品的设计、工艺、制造、维护的流程固化，从而建立复杂系统；解释模型通过智能的仿真等分析方法，拟定最佳参数，优化控制决策、能耗管理等。

(三) 中国“两化”深度融合

2011 年，为大力推进信息化与工业化深度融合，走中国特色新型工业化道路，促进经济发展方式转变和工业转型升级，工业和信息化部、科学技术部、财政部、商务部、国有资产监督管理委员会联合印发了《关于加快推进信息化与工业化深度融合的若干意见》。

2013 年，工业和信息化部印发《信息化和工业化深度融合专项行动计划(2013—2018 年)》，提出“企业两化融合管理体系”标准建设和推广行动、企业两化深度融合示范推广行动、中小企业两化融合能力提升行动、电子商务和物流信息化集成创新行动、重点领域智能化水平提升行动、智能制造生产模式培育行动、互联网与工业融合创新行动、信息产业支撑服务能力提升行动等八大行动计划。

2014 年，为推进互联网与工业创新融合行动计划，在工业和信息化部指导下，由中国信息通信研究院(工业和信息化部电信研究院)、中国互联网协会、中国电子学会、工业和信息化部电子科学技术情报研究所、北京机械工业自动化研究所、北京大学国家竞争力研究院等 6 家单位联合发起成立“中国互联网与工业融合创新联盟”，大唐集团、国电集团、伊利、海尔、京东、腾讯、百度、阿里巴巴等来自工业和互联网行业的代表性企业纷纷加入。

三、中美德产业互联网发展的异同

总体来看，中美德顺应时代潮流，大力发展产业互联网，特别是聚焦智能制造，朝向的目标是一致的；但是三国结合自身优势，又具有不同的发展特征。

(一) 共同点

中美德发展产业互联网，共同点在于均瞄准了智能制造，打造智能机器、操作系统、工业 App 和新的“云管端”生态系统。一方面推动机器、车间、工厂、信息系统、劳动者乃至产业链价值链各环节的全面深度互联；另一方面致力于打通端到端数据链，实现从单个企业到产品全生命周期，乃至整个社会生产制造活动的实时数据感知、传送、分析和处理，实现动态资源配置和智能化的决策，创造出更大的价值(见图 2)。

(二) 差异

美国充分利用其在基础科学、工业和 ICT 软硬件产业体系的绝对综合优势，

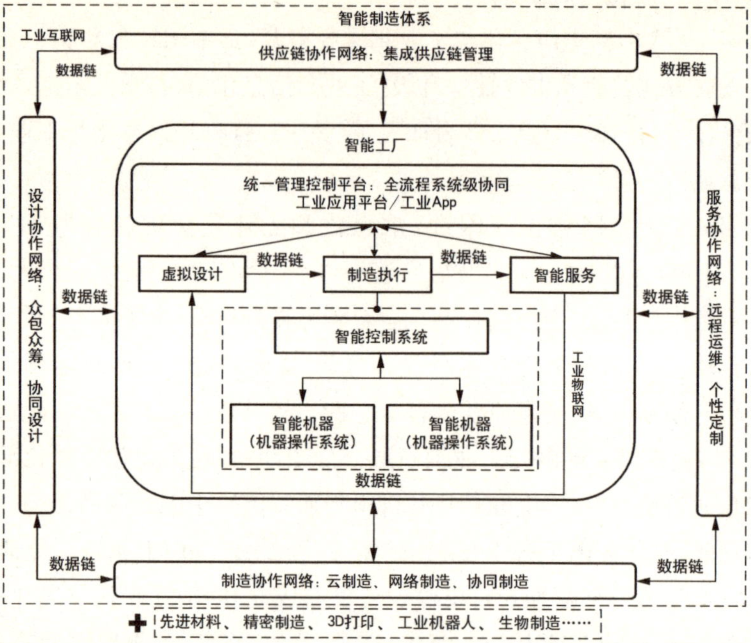

图2　智能制造体系

将其先进制造战略目标聚焦在打造整体性、复合型竞争优势，抢占高端，并注重利用“软服务”和互联网开放理念打造产业生态系统，掌控操作系统和平台软件等关键控制点，把握智能制造的发展方向和主导权。

德国充分发挥其在数控机床、机器人等领域的制造优势和工业软件优势，战略重点聚焦于利用新一代信息技术强化其在整体工业中的“硬制造”优势和工业自动化领域的龙头地位，并注重政府、企业、中介机构、学界间的协同，发挥各类行业协会的作用，谋求在智能制造的变革中始终把握全球制造的主导权。

中国具有全面的制造业和ICT体系，机械产业高速增长，有世界上最完整的供应链；同时中国还拥有全球第二的互联网产业和越来越强的互联网创新能力，并得到政府的大力扶植，正努力争取在新一轮的产业竞争中实现弯道超车。

在产业互联网发展方面，三个国家的战略设计和实践出现了相互借鉴、相互参考的情况。美国近期的行动更加注重对“硬制造”的部署，德国也更加注重互联网所带来的产业生态系统和新模式，中国也在积极借鉴工业4.0、工业互联网的经验（见图3）。

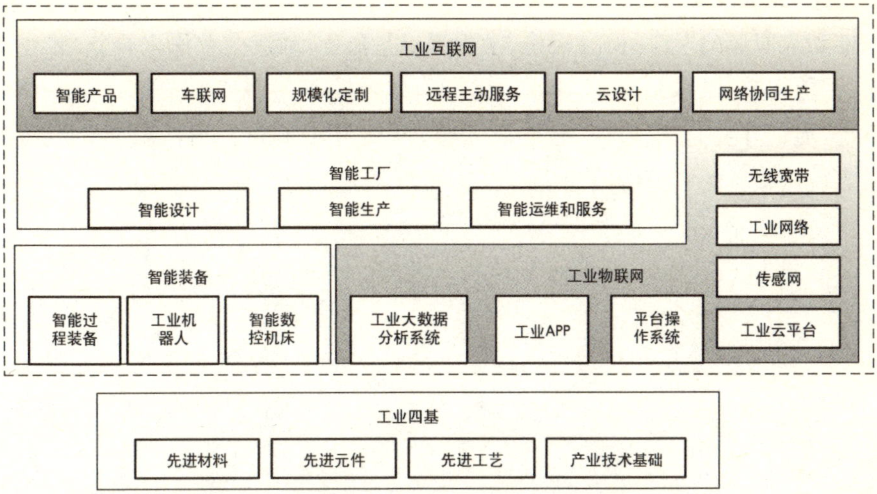

图3　互联网驱动的新产品、新业态和新模式

四、中国产业互联网发展的建议

2015年3月9日，李克强总理在做2015年政府工作报告时指出，“制定‘互联网+’行动计划，推动移动互联网、云计算、大数据、物联网等与现代制造业结合，促进电子商务、工业互联网和互联网金融健康发展，引导互联网企业拓展国际市场”，为中国产业互联网的未来发展指明了方向。在新一轮科技革命和产业变革的大潮下，中国应充分发挥自身比较优势，积极应对美国工业互联网、德国工业4.0的挑战，努力抢占产业互联网的制高点。

（一）推进智能制造

中国发展产业互联网必须抓住重点，要大力发展智能制造和工业互联网，大力发展智能过程装备、工业机器人、智能数控机床等智能装备，打造设计、生产、运维和服务智能化的智能工厂，并通过互联网驱动产品、业态和模式创新。

（二）强化工业基础

发展工业互联网对于中国是机遇也是挑战。按照德国的工业1.0到工业4.0的划分标准，中国还没有完成3.0，不能急于求成，必须加快补课，重点要强化关键基础材料、核心基础零部件（元器件）、先进基础工艺、产业技术基础等工业“四基”。

(三) 完善生态系统

推动政府部门及学/协会机构、学术界、IT 企业、制造企业深入合作,推动移动网络、智能终端、操作系统、应用平台等的有效对接,构造集“云、管、端”于一体的生态系统,促进开发商、供应商、服务商联盟,推动 ICT 硬件、软件在制造业、服务业等众多行业领域的广泛应用。

02

中国选择：全面融合与加速创新

供给侧结构性改革与信息化[①]

吴敬琏

中国信息化百人会顾问

国务院发展研究中心研究员

2015 年 11 月，党中央有一个很重要的决策，就是要求着力进行供给侧的结构性改革。这是一个非常重要的决策。当前或者甚至更早一点，对于当前我们面临的整体经济环境，党中央一直说这么一句话，就是“一方面仍然处在重要的战略机遇期，同时又面临着严峻的挑战”。怎么应对这个挑战，是我们会在相当长时期内讨论的一个问题。而到了 2015 年 11 月，最后把它凝聚成一句话，叫作“着力于供给侧的结构性改革”。

一、我们曾长期从需求侧分析问题和寻求对策

当前我们面临什么样的挑战？概括起来说就是党中央在大概两年多以前所说的一句话，就是“三期叠加”。第一是所谓增长速度下行期，叫换挡，就是说增速下行期；第二是结构调整阵痛期；第三是前期刺激政策的消化期，就是要消化和解决前期我们在采用刺激政策或者说扩需求保增长这一过程中带来的一些问题。

其实，最突出的核心问题就是增速下降。增速下降其实不是这几年的事情，大致在 21 世纪初就开始出现。我们的潜在增长率大概在 2003 年、2004 年开始下降，所以应对挑战首先就是应对增速下降的挑战。为了应对这个挑战，我们长期采用的分析方法或者分析框架是从需求侧出发的。为什么增速下降，是因为需求不足，就是通常说的“三驾马车”的力度不够了。要解决这个问题，根据这种分析得出来的应对的方略就是扩需求保增长。

这种分析方法和对策在经济学界是有争论的，相当一部分经济学家是不大同意的。因为这种分析框架实际上是从凯恩斯主义短期分析框架[$Y=C+I+(Ex-Im)$

① 根据作者 2016 年 1 月 23 日于“中国信息化百人会 2016 年会”的现场发言整理。

+(G—T)]演变出来的。关于这个理论对不对、政策对不对本身就有争论,它的本意是对付短期问题,而我们现在把它用来分析长期问题,在理论上就有点问题了。

运用这种方法就是要增加需求来应对增速下降,需求包括通常所说的“三驾马车”——投资需求、消费需求、进出口需求(即出超的需求)。这三个东西算来算去最后就是投资。因为消费要增长,首先收入要增长。另外进出口也有两个问题:一个就是我们的贸易对象国有这个需要,有缺口;第二个是我们要有竞争力。就是蛋糕足够大,另外我们切蛋糕的能力又比较强,这个从实践看很难做到。最后就是投资,这个是政府很善于做的。从 2009 年所谓 10 万亿、实际上将近 30 万亿的投资开始,以后几乎是每年都会来一次。连续搞了这么多年以后,我们发现出现了两个问题:一个是投资的回报率越来越低,也就是说用投资去拉动增长的效果越来越差(见图 1)。

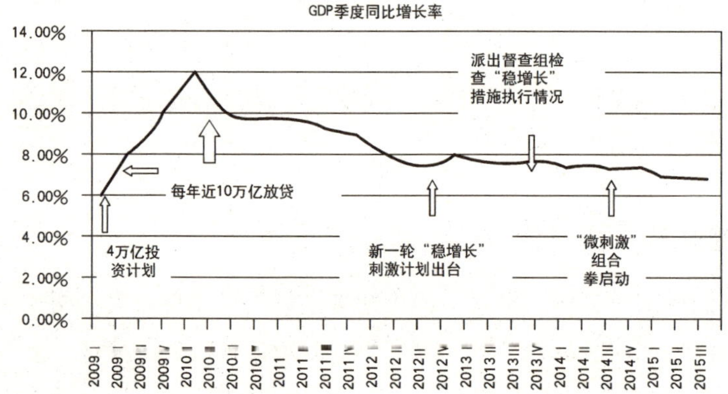

图 1　增加投资的收效递减

数据来源:国家统计局网站、新华网

另外一个问题就是债台高筑。国家资产负债表有三个部分:居民的资产负债表、企业的资产负债表和各级政府的资产负债表。总的资产负债表中的债务越来越高,就是说债务相对于 GDP 的比例越来越高。根据各种研究,大概到 2015 年 6 月的时候,总的杠杆率是 290 到 300 之间(见图 2)。这一比例高了就有发生系统性危机的风险,在某些环节上会出现资金链断裂,就是“跑路”。当然也有人说问题不大,比如日本的杠杆率是 400 左右。但日本的杠杆率主要是政府的,而且是中央政府的,而我们负债最严重的却是企业。

2015 年 2 月按照欧盟的标准,企业杠杆率的警戒线是 90,我们现在是在 120 到 150 之间,于是就不断地出现局部性的困难和“跑路”。这种现象如果继续积累,

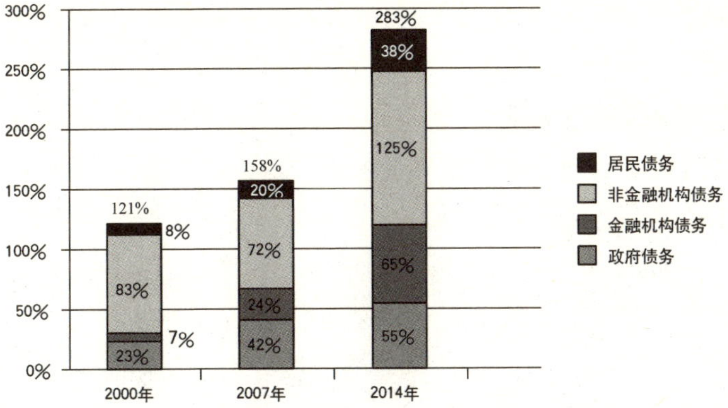

图 2　杠杆率(债务对 GDP 比率)加速提高

数据来源：Mckinsey Global Institute；Debt and (not much) Deleveraging，2015. 2

就容易产生系统性风险，这是一定要避免的。

这样一来再继续用这个办法看来不大可行——虽然有些人希望继续用这个办法，因为这个办法比较简单。不过许多经济学家认为，分析长期问题不能做需求侧的分析，而是要做供给侧的分析。

二、从供给侧分析问题和寻求对策的意义

从供给侧分析问题并寻找对策，分析框架是：$Y = A \cdot K^{\beta} \cdot L^{1-\beta}$。这一分析框架对于中国过去的高速增长和目前的增速下降都有很强的解释力。结论就是只能依靠经济增长的动力转换来防止增速下降，从增加投资转向增加索洛余值(Solow Residual)A，即提高供给的效率(TFP)。

从供给侧进行分析，说明经济增速下降是因为供给侧出了问题，主要涉及三个因素：资本、劳动和经济学中的索洛余值。就是说资本和劳动都解释不了的，还有第三样东西，因为是索洛最先提出的，所以叫索洛余值。对索洛余值 A 的内容，索洛、库兹涅茨(Kuznets)、舒尔茨(Schultz)有不同界定。

总之，根据这一思路分析得出的结论就是：中国要应对挑战，就得要依靠创新提高效率。这就是从供给侧分析得出的结论。当然信息产业的发展正好在创新和提高效率的中心环节，因此，这个决策对我们来说具有非常重要的指导意义。

三、供给侧结构性改革＝提高供给质量＋结构性改革

就我的理解而言，供给侧结构性改革主要包括两个部分：一个重点是供给侧，

就是说要提高供给侧的质量，就是提高效率；另外一个就是结构性改革。

（一）如何提高供给质量？

中央经济工作会议上强调的是要着重提高供给的质量，而不是着重于扩大供给的数量。什么叫供给的质量，在我看来就是提高索洛余值。通常说GDP的增量是由三个部分组成的：资本增量、新增劳动力和效率提高。提高索洛余值就是要提高效率在增长中的贡献。21世纪初以来，我们的全效率生产率贡献出现下降的趋势，这是非常大的问题。其实这个问题不是最近才提出来的，实质就是转变经济增长方式或者叫转变经济发展方式，核心就是由投资驱动（或者叫资源驱动）转化为创新和效率驱动。

说到创新，信息化可以说是主力。特别是在现代经济里面，总交易成本的核心是信息成本，并且其占总成本的比重越来越大。信息化最重要的功能就是降低信息成本。所以说信息化对转变经济增长方式有重要意义。1995年我国制定第九个五年计划的时候提出来要转变经济增长方式，就是要从投资驱动转到效率驱动，但是20年没能解决这个问题。为什么没有解决？在它提出10年以后，制定“十一五”规划的时候，曾经做过总结，说是因为存在体制性障碍。这个体制性障碍当时列了好几条，总结起来就是一条：政府在资源配置中起决定性作用，这是它的体制性障碍。这个问题没有解决好，所以转变经济增长方式的任务没有完成。

（二）如何进行结构性改革？

今天我们要想真正做到提高供给侧的效率，就要通过改革铲除体制性障碍。建立一个好的体制才能提高经济运行效率。这里就说到结构性改革这个提法。结构性改革这个提法过去我们很少用，欧洲人比较喜欢用这个词。我也翻了一些文献，据说国际货币基金组织（IMF）也给英国提出过类似建议，《经济学人》杂志对于全球金融危机以后的发展对策，强调的也是进行结构性改革。他们说的结构性改革用我们的话来说就是体制改革，特别强调的是政府与市场的关系、政府与企业的关系的改革。我认为现在我们也可以这样“结构性改革”。

推进发展模式或者说增长模式转型的关键就在于建立新的体制机制，就是要通过改革来建立这样的体制和机制。从十八届三中全会有关精神来看，改革要达到的目的主要是两条：一是使市场在资源配置中起决定性作用，第二就是要更好地发挥政府的作用。我们建立一个十八届三中全会所讲的统一开放、竞争有序的市场体系，要做什么呢？重点是两件事情：一件事就是有效配置资源，通过这样的市场体系来有效配置和再配置资源。我们要重点推进的“去产能、去库存、补短板”，这三项任务用经济学的话来说其实就是实现资源的再配置，就是使得资源从那些无效的部门、过剩的部门转到短板部门，截长板补短板，这样整个水桶的容量就大了。另外剥夺那些低效企业浪费社会资源的权利，让那些更有效率的企业来使用这些资源，就是通过市场机制来实现资源的再配置，这样就能够提高效率。第二件事就是通过市场建立正向的激励机制，依靠市场机制实现优胜劣汰，实现结构的优化。目前看这方面的问题很大：一个原因是官员的懒政，另外就是企业家缺乏信心，导致他们缺乏投资和参与的积极性。其根源就在于激励机制有问题，我们要通过改革把激励机制建立起来。

（三）怎样更好地发挥政府的作用？

接下来讲通过改革更好地发挥政府的作用。过去政府从宏观到微观干预过多，所以所谓更好地发挥政府的作用，并不是说在一切领域都更大地发挥政府的作用。政府主要不是直接用行政手段去调结构，而是提供公共品。从大的方面来说，改革要靠政府推动，当然也需要公众从下到上地帮助建立这个体制。政府要下定决心，用更大的政治勇气和艺术去建立能够激励创新和创业的体制，这是政府的首要任务。

政府要做的第二件事，就是需要用有效的社会政策为改革“托底”。改革是一个利益结构大调整的过程，会引发许多社会矛盾。比如说“去产能”就可能有大量老企业的职工下岗，政府需要有相应的政策“托底”。

政府要做的第三件事是要对有关产业发展提供指导和帮助，比如信息化和信息产业的发展。但是如何支持是一个非常大的问题。我们在相当大的程度上还是比较习惯于苏联式的那种推动技术进步的办法。那种办法改革开放以前不用说了，改革开放以后看起来效果也并不好。所以怎么建立一个好的国家创新体系，这是一个需要我们认真研究、不断总结经验来解决的问题。

最后，政府还需要有提供公共品的功能。比如说科研，因为基础性研究的外部性很大，因此是政府和社会需要承担的主要功能。应用研究可能政府、学校、研究机构和企业都可以做，各自有所分工。开发性的研究一般来说应该是企业的事情，而且它的激励机制也是从市场来的。再比如说教育体系，特别是基础教育有很大外部性，这个职能政府应该履行好。另外创造发明也是如此，某些创造发明的初始投资比较大，也具有外部性，所以政府需要提供必要的帮助。但是怎么帮助确实是需要研究的问题。通常采用的做法一个是竞争前的补助，这种做法的副作用比较小。而进入竞争阶段后，对一个企业的帮助就等于对其他企业的打击。还有就是所谓补供应方还是补需求方，我们常常补供应方，这个办法很不好。诸如此类问题都需要我们去研究。

“十三五”中国的经济发展形势和投资环境[①]

白重恩

中国信息化百人会执委

清华大学经济管理学院副院长

信息经济是整体经济的一部分，所以要考虑信息经济发展就要将其放到整体经济的背景之下去分析。我主要考虑三个问题。第一个问题是：“十三五”规划中可能会设置增长高于6.5%这样一个目标，这个目标是否现实可行？第二个问题是：如何实现这个目标？第三个问题是：信息经济在实现这个目标的过程中怎样发挥更好的作用？

一、中国经济增长潜力

确定目标定得是不是切实可行，可以根据经济增长的潜力来判断。一个通常的做法就是看历史上其他国家在类似的经济发展阶段能做到什么，然后再看我们能做到什么。

每个国家都有自己的特色，所以简单和其他国家做比较也是有问题的。所以为了尽量做有意义的比较，需要看国家与国家之间在经济发展过程中有哪些共同特征，根据这些共同特征可以帮助我们做一些预测。除了这些共同特征以外，每个国家每个经济体都有自己的一些经济特点，如果把这些特点和共同特征结合起来，可能会让我们对未来的经济增长有比较全面的认识。

请大家看图1。左图横轴是某一年某个国家相对于美国的平均GDP。比如说中国是这里的某一点，中国的人均GDP除以美国的就是横轴，底下这些看不清楚的灰色的点，是经济增长不太好的国家；经济增长比较快的国家或地区就在前沿上，靠近上面边界。可以看到这个边界很有规律。这里我们计算的是40年的平均数（做平均的原因是要把短期的波动滤掉），可以看到经济增长很有规律。当一个

① 根据作者2016年1月23日于“中国信息化百人会2016年会”的现场发言整理。

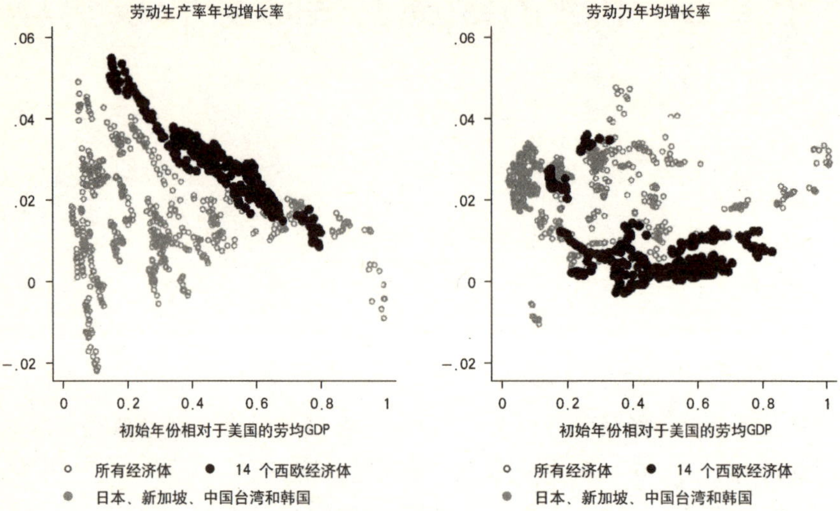

图 1　经济增长"收敛"分解：劳动生产率与劳动力

数据来源：Maddison；GDP 计价单位：1990 年不变价国际元

国家或地区离前沿越接近(我们把美国定义成前沿)，即它的人均 GDP 和美国越接近，它增长的速度也会越慢。非常集中的这些点说明这是一个非常明显的规律。右图是不同国家或地区劳动力的增长速度，这些国家或地区的劳动力增长率看不出那么强的规律。我们的做法是用左边这个图，把中国的情况和其他国家的情况相比较，看一下在类似于中国的经济发展阶段，东亚和西欧国家当时的劳动生产率是怎么增长的。

右图可以看出，不同国家或地区的劳动力增长速度不一样。我们要关注中国未来五年劳动力的增长速度，可以用这个进行预测。比如 2008 年之后我国的人口抚养比在上升，而当日本和中国 2008 年情况比较相似的阶段，也就是说日本的劳动生产力和中国劳动生产力相对于美国的水平比较相似时，他们的人口抚养比是急剧下降的，韩国也是这样的。那些国家在相应的发展阶段都享受了人口红利，而中国的人口红利已经过去了(见图 2)。

还有很多特点，都是中国现在和其他国家当时不同的地方。考虑这些因素以后，就可以预测中国未来的潜在增长。要注意的问题是我们会看到不同的数据，最后我们采取的办法是对不同数据得到的结果进行平均。为了检验我们的预测是不是有一定的道理，我们从 2008 年开始检验，再用 2008 年之前的数据预测后面的，看 2008 年的预测和现实是不是比较接近。其实不完全一样，主要是 2009、2010、

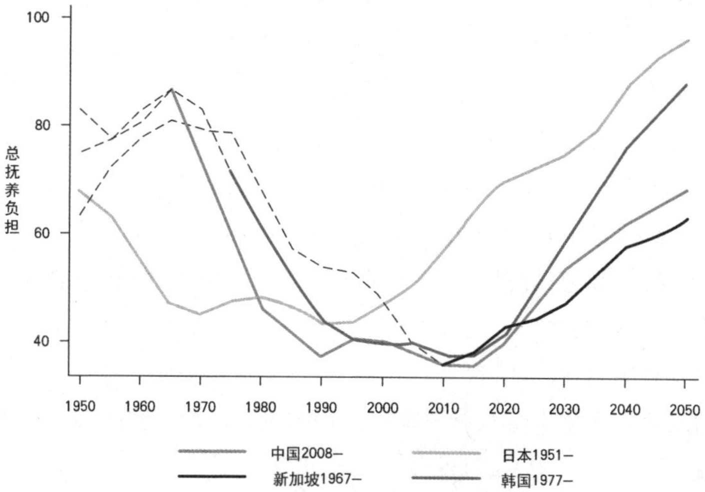

图 2 各国各阶段人口抚养比

2011 这三年的预测结果低于实际增长率，之后预测情况和实际的情况就比较接近了。如果相信这样的预测方法，可以把前两列（见表 1）做一个平均和第三列相比较。按照这样的预测方法，中国在未来五年的增长率大致是 6.65%。用不同的时间起点会得到不同的结果，一个很重要的原因是，中国在 2008 年的时候相对于美国的劳动生产率和日本 1950 年的时候大致是一样的。

表 1 中国潜在增长率（%）

	Maddison	PWT8.1	二者平均
2015	6.84	7.77	7.31
2016—2020	6.23	7.06	6.65
2021—2025	5.48	6.16	5.82
2026—2030	4.8	5.37	5.09
2031—2035	3.92	4.42	4.17
2036—2040	3.24	3.68	3.46
2041—2045	3.27	3.67	3.47
2046—2050	2.82	3.19	3.01

1950 年正好是日本二战以后发展非常快速的一个阶段。如果把那个阶段忽

略，从2014年的数据看，就会得到稍微不同的增长率，2016年到2020年我们的增长率就是6.36%。我们现在定6.5%不是完全不可能，还是有一定的可能性。但是我们要做非常非常大的努力，才能做得到。

根据过去的经济增长情况看，要达到这样的增长率非常困难。我们分析了一下过去增长的情况，把增长分解成几个不同的因素：2008年到2013年之间的增长，很大程度上来自资本投入的增加；和2007年之前相比，全要素生产率的增长是大幅下降的。我们知道经济增长的长期动力来自效率的改善，来自全要素生产率的增长。如果持续过去的模式，很难保证我们在未来五年得到6.5%的增长率，所以我们必须要有所改变。

重要的改变是希望更快改善效率。我们发现，在高投资的同时，全要素生产率增长在下降。这两者是相关的，投资率的增加造成了全要素生产率的下降。如我们未来希望有一个更好的增长质量，那么可以降低投资率，调整投资结构。

未来怎么让投资结构更加合理？怎么能让全要素生产率提高得更快？我们需要有一些对策，其中一个就是要适应比较低的增长速度，不能再追求过高的增长速度，特别重要的是要创造有利于技术进步的环境。

二、如何创造有利于信息经济发展的环境？

我想从政府政策讲政府应该做什么，主要有以下这些方面：

第一是提供基础设施。所有的信息技术、信息的创新都基于我们要有快速的数据传输速度，而这个数据传输速度不是某一家企业能做到的，需要政府在其中起很重要的作用。所以基础设施的建设让我们更快，成本更低，这非常重要。尽管前面我说基础设施建设投资太多可能会影响全要素生产率的发展，但是那种基础设施跟这种不一样，我觉得这种基础设施需要我们做大力的投资，来不断改善投资质量。

第二是处理好监管和创新的关系，要有适度的监管。适度的监管在信息经济中特别重要，因为信息经济有网络外部性，往往会带来赢家通吃的情况，在信息行业会造成高度的市场集中。这种情况下，垄断就会成为一个潜在的风险。那么怎样平衡网络外部性带来的产业整合和平等之间这种潜在的矛盾，就是监管中要特别注意的问题。可能有很多中国创业者在抱怨说中国一些行业里的老大非常强势，我们做点什么，马上就被他踩死了。这也是一个需要考虑的问题。如何来平衡产业整合与平等竞争之间的矛盾，这是政策制定者需要考虑的问题。第二个问题是监管中对消费者利益以及隐私的保护。中国人用电脑都有深刻的体会，有一些软件实在太恶劣，它们强制叫你装一些你不想要的东西，而且装上以后想卸都卸不掉。这种情况需要政府一定的监管，使得这种产品在垄断的情况下，还能够保护消费者的利益，我觉得这是非常重要的。第三就是行业标准，专家讲到物联网要机器跟机器之间交互信息。如果没有很好的行业标准，机器和机器就很难交换信息。我认为很多地方需要有比较好的行业标准，才能让信息经济得到好的发展，这是监管与创新之间的关系。

同样跟监管相关的还有信息安全。信息安全当然很重要，但是信息安全和创新之间怎么来平衡，也是一个需要考虑的问题。我们有时候对某些服务不是很满意——如果把我们的某些服务和国际上通行的服务相比会发现，我们的某些服务质量非常差。那么到底信息安全和创新之间、和竞争之间、和对外开放之间如何保持平衡，才能让消费者得到更好的服务，让我们的创新有更好的基础，我觉得这也是需要考虑的问题。

还有，政府要带头让自己适应信息化的发展。比如政务信息化，包括利用信息技术改善公共产品和公益产品提供的效率；比如教育，如何让信息技术改善教育的质量，提高教育的效率？又比如医疗卫生领域，等等。因为这些行业不能完全靠市场，因此政府在教育、医疗等方面应发挥很重要的作用。所以要推动这些行业的信息化，就必须发挥政府的作用，这是很重要的。

信息化、信息经济的发展，会给整个经济带来好处，会给很多人带来好处，也会使某些人受到负面的影响。要发展信息经济，就必须要考虑社会中有哪些人的生计受到了负面的影响。要使信息经济的发展得到全体人民的拥护和支持，就必须考虑其潜在的负面影响。所以应对信息化给就业可能带来的影响，也是政府政策制定者必须考虑的。另外通过教育培养人们使用信息技术和防范信息风险的能力，也是我们政府需要做的。

“十三五”时期中国应在信息化方面取得四大突破[①]

郑新立

中共中央政策研究室原副主任

中国国际经济交流中心副理事长

中国城镇化促进会常务副会长

当前的经济运行从短期来看面临着三大突出问题：第一是产能过剩，第二是经济下行，第三是通货紧缩。

信息化的推进能发挥不可替代的作用。“十三五”时期应当是中国信息化进一步加快推进的时期。目前看我们的信息化有了很大的发展，信息产业占 GDP 的比重已经很大了，发展速度也很快。但是跟美国比还有很大的增长空间。“十三五”时期我认为应当重点解决好四个方面的问题。

一、重点突破芯片等关键元器件的自主制造

我们现在一年进口芯片要花 2 000 多亿美元。过去我们多次努力想实现自主创新，在拥有自主产权的基础上实现自主制造。但是一次次努力的效果总是不令人满意。我觉得在“十三五”这个条件成熟了，我们特别要通过企业的力量，让民营企业在创新方面的投入与政府的支持结合起来，以民间投入为主实现芯片的突破。

为什么说有这个可能？2015 年华为公司的销售额是 3 900 亿元，而研发投入超过 500 亿元。一个企业的研发投入可能比我们发改委、科技部掌握的资金总量都要多，一个企业的研发投入比我们 A 股市场前 200 名企业研发投入的总和还要多。

像这种企业的涌现真叫人高兴。2015 年华为申请国际专利 1 600 项，在全世界企业中排第一，累计的发明专利已经达到 70 000 多项。类似这样的企业，我觉

① 根据作者 2016 年 1 月 23 日于“中国信息化百人会 2016 年会”的现场发言整理。

得如果担当芯片创新的任务，有可能在“十三五”会取得突破。在“九五”的时候，国家曾经制定计划，搞了华虹 909 工程，后来又搞了扶持京东方等，花了不少钱，最后都没有取得预期的效果。

芯片的研发是需要大规模投入的。我记得 20 世纪 90 年代后期，江泽民同志曾带队到韩国去考察，看了三星电子，看了现代汽车——因为他当过原来的电子工业部部长，又在汽车厂干过，是行家。回来以后他非常感慨，当时我们正在搞“九五”计划，他说三星当时搞芯片的研发投入是 70 亿美元，我们研究来研究去，芯片投入十几亿美元都拿不出来。他非常感慨我们这么大的国家，搞芯片投资不如人家一个公司。今天来看，由于在研发上的突破，三星现在已经成为电子领域的巨无霸。三星电子 2015 年的销售额是 4 000 多亿美元，三星化工是4 000多亿美元。一个公司销售额达 8 000 多亿美元，创造的价值比我们一个河北省还要多。

所以在芯片上要适当投入。而且我们提出协同创新，单个公司的力量可能不行，能不能以某个公司为主，其他几个公司参与，大家凑钱来做。现在中国的钱多得是，我想搞芯片投 100 亿美元，中国也拿得出来。大家能不能研究研究，怎么在芯片等关键的元器件方面实现自主技术和自主生产。

二、建立覆盖全国城乡的超级 WiFi 网

李克强总理曾提出一个任务：上网要提速降费。现在老百姓不管到哪儿去都会问问有没有无线网，有无线网会赶紧把 WiFi 打开，因为这儿上网免费。现在流量费收得很高，老百姓用不起。但是如果有超级 WiFi 网，特别是覆盖全国的网络，信息的普及就可以大大加快。

现在美国的谷歌、日本的软银在技术上可以把 WiFi 技术做到通信级，可以解决保密问题。如果我们利用白色频道，利用我们的自主技术，建立覆盖全国城乡的超级 WiFi 网，中国的信息基础设施就能像高铁一样，成为第二件值得中国人骄傲的事情。

三、建立拥有自主知识产权和管理权限的安全、开放、共享的信息网络

互联网是美国人发明的，是克林顿政府时期实施的工程，也叫信息高速公路工程。我当时专门到美国去考察过，问对方投资机制是怎么样的，对方说不是政府投资的，都是民间投的。人家创造了一个因特网，全世界人受益，中国人也跟着受益。现在人们生活离不开网络了，但是网络已经饱和了，需要增加服务的内容，要运用

IPv6(下一代互联网协议)新的技术、新的平台。那么能不能借助这个机会,建立一个具有自主知识产权的中国的网络体系?这个体系要做到开放共享,能够跟现有的因特网互联互通;同时也能够保护个人的隐私,实现信息网络的安全。

四、加快信息化向经济社会全面渗透,全面提升信息化水平

要全面提升我们的信息化水平,加快信息化向经济社会的全面渗透,特别要建立覆盖农村的信息网络,实施信息扶贫,促进信息共享。2020 年要实现全面小康,关键在农村,而且关键在贫困的偏远地区。要让这些地区的经济发展起来,信息扶贫应放在第一位,这需要先把网络覆盖了。另外我们还要加快工业化与信息化的融合,实现制造业的升级,如期实现制造业 2025 的目标。

最近我去看了看航空工业,觉得航空工业在两化融合方面走在了各行业的最前面。现在我们搞一款新型飞机一两年就可以搞出来,而过去需要 10 年甚至 20 年。为什么进度加快了?就因为两化融合。好多设计、实验、试飞等等都可以在电脑上进行,做到无纸化生产、无纸化设计。这也大大提升了我们的研发和新产品设计投产的进程。我觉得航空工业两化融合的经验要在其他各个制造行业里推广。

另外我们要推进信息化向服务业全面渗透,包括网店、网银。我去腾讯考察,他们搞微众银行,专门给小微企业提供贷款,贷款额度 20 万元以下,现在总共贷出去五六十个亿了。克强总理看了很高兴,说“网上一小步,金融业一大步”。给小微企业提供贷款,贷款的成本只有传统贷款方式的 1/6,具有很强的竞争力,而且没有不良资产。我们长期以来头疼的事儿,就是农民贷款难、小微企业贷款难,现在都可能通过这个方式解决了。

另外,还要推进信息化向医疗、养老、政务、教育这些领域进军,让大数据、物联网向社会各个领域渗透,全面提升全社会的信息化水平。

信息化与中国产业升级①

路　风

中国信息化百人会成员

北京大学政府管理学院教授

首先看图 1。这是世界银行数据库算出的世界工业增加值的分布。2011 年是非常重要的一年，这一年中国的工业增加值超过了美国，这在历史上是第一次。随着中国还有其他新兴国家的崛起，整个发达国家的比例在下降，这其实是非常有历史意义的转折。

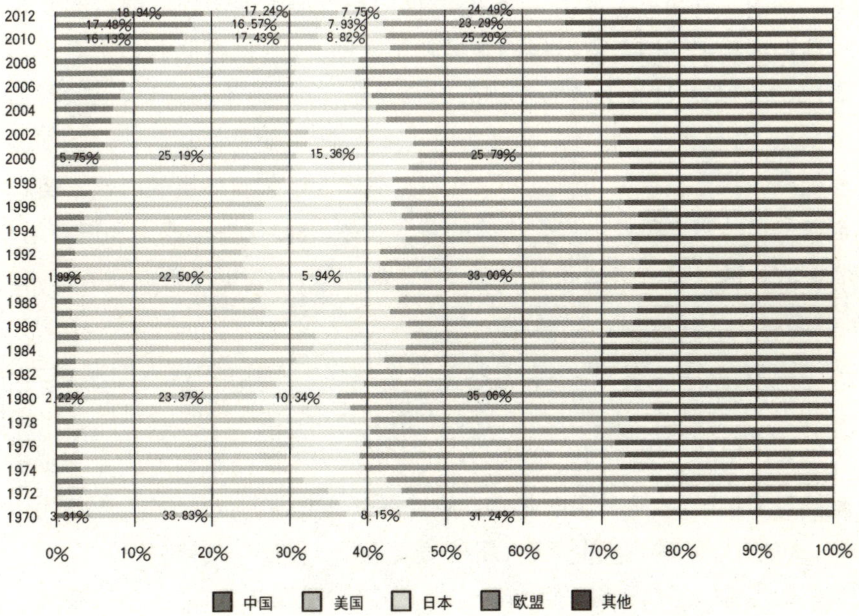

图 1　1970—2012 年世界主要经济体工业增加值

① 根据作者 2015 年 2 月 7 日于“中国信息经济年会暨中国信息化百人会 2015 年会”的现场发言整理。

现在讲新技术革命也好,工业 4.0 也好,都得放在这个背景里面讲。没有人无缘无故地做事。德国工业 4.0 也有它的问题,就是在互联网上完全是落后的。虽然其传统制造业很强,但是整体份额在下降,那么怎么能保证未来它的工业竞争力?为了解决这个问题,德国提出了工业 4.0,其"表"就是智能生产通过信息物理系统打通所有生产环节的数据壁垒,这是最基本的东西。但是"里"还是传统的:不断改进生产系统、降低库存,更好地满足市场需求。最本质的东西就是要始终坚持脚踏实地,解决我们实际过程中遇到的问题,而不是被其他一些东西左右。

2014 年美国学者在《哈佛商业评论》上说,2010 年德国制造业雇用了 22%的劳动者,对 GDP 的贡献是 21%,工人的工资和福利待遇高出美国 66%。原因就是德国的制造业对提高就业率和实际收入水平贡献巨大。德国深知创新引起生产力提高,这种提高是一种普遍的提高,而不是集中在高科技产业。因此,德国并不仅仅寻求新的产业发展,还致力于进行现有产业与新思想、新技术的融合。德国有公共的研究院系统,帮助重组企业和改变观念,缩小了研发和中小企业日常工作之间的差距。德国的劳动者经常接受培训,使他们能以最多样化和最创新的方式利用技术革新的成果。德国创新的目的是增强工人的技能,提高他们的生产率。反过来看美国,美国拥有世界上最为先进的融资系统、支持创新的思想,也取得了令人瞩目的成果,但没有通过新技术和创新使老工业复苏,而是任其消亡。美国关注的是那些能减少甚至摆脱工人的技术。现在是美国改革创新体系的时候。美国人认识到创新的目的不仅是提供广受追捧的网络服务,还要保持生产力和就业增长,以保证实际收入的提高。美国和中国都有自己的问题,不管提出什么新方针,是需要解决问题的。

对中国来说,在过去 30 多年的改革发展过程中,有一个庞大的制造业部门。我们有几十年基础——有改革开放后新发展起来的,也有跨国公司设在中国的组装厂。现在中国的出发点到底是什么?我自己认为发展高新技术产业和传统工业升级是同时需要的,一定要联系起来。从经济意义上讲,高新技术工业替代不了传统工业;从技术创新的意义上来讲,新技术离不开产业链的支持。

我们知道中国手机工业的发展经过两个波峰(见图 2)。2003 年达到第一个高峰,第一轮的代表厂商如波导、TCL、康佳等等,凭借外观设计和营销渠道创新,曾经占了一半的份额。但是很快就掉下去了,主要原因是技术不行。随后中国手机工业经历了一个波谷,而这个波谷正好是山寨机的阶段。不要低估山寨机这个阶段,它又带来一次波峰——尽管有很多缺点,如盈利性不强。但以什么来解释这两

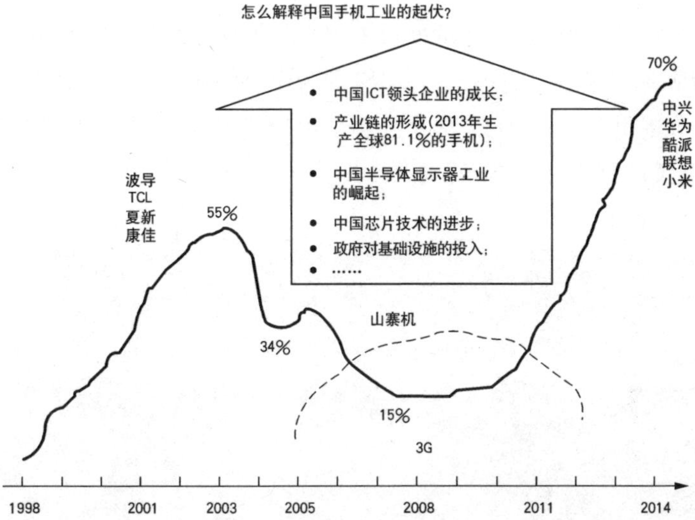

图2　中国手机工业的发展

个波峰？我自己觉得用政策和体制都没有办法解释，因为都发生在以深圳为中心的珠三角，代表厂商从来都不是以国有企业为主的。唯一的解释就是在这两个波峰之间，产业基础发生了变化。

产业基础有什么变化呢？第一是中国ICT企业的成长，第二个波峰就是中兴、华为和小米等出现的时期。这个阶段这些企业都是越做越大的，所以说它们的能力变强。以深圳为中心的珠三角产业链的形成，其实山寨机是功不可没的，它们使得全球的手机生产都离不开那个地方。从中国半导体显示(也就是我们说的平板显示)工业崛起来说，我们知道小米用夏普生产的屏，夏普原来不对外供屏，为什么给小米生产屏，因为它自己活不下去了，活不下去的原因是因为中国的工业发展起来了。中国工业的逐步发展使中国手机厂商不受“卡”了。还有中国芯片技术的进步以及中国政府对基础设施大规模的投入，尤其是从3G应用以来的投入。从这些因素看，这一时期中国的产业基础变化非常大。

我举一个例子。我刚从深圳回来，图3显示的就是中国制造的一个代表——大疆科技。其实按照我的理解，它是做了一个空中摄影系统，找到了一个应用点。这样的无人机多旋翼概念是公开的。这个企业的创始人是20世纪80年代出生的，企业现在已经做得很大了，占全球70%的市场份额。还有另外一家企业，它是把所有创客的主意变成现实的一个企业，会帮你把样机做出来。它的客户95%是国外客户。全球再也找不到珠三角这种产业链那么完整的地方了，所以硅谷有什么创意都要跑到那儿去把它变成一个产品。这个企业是开源的,各种模块和电路板都准备好了,一次就可以给你把样机做出来。把样机做出来后干什么呢,图 4 就是它提供给所有创客客户的,告诉你以深圳为中心的珠三角都有什么厂,这个样机做出来可以在哪儿生产。所以说制造业是不会离开中国的。我最近老想着这件事,我想重振美国制造业很难了。

图 3　大疆科技的无人机

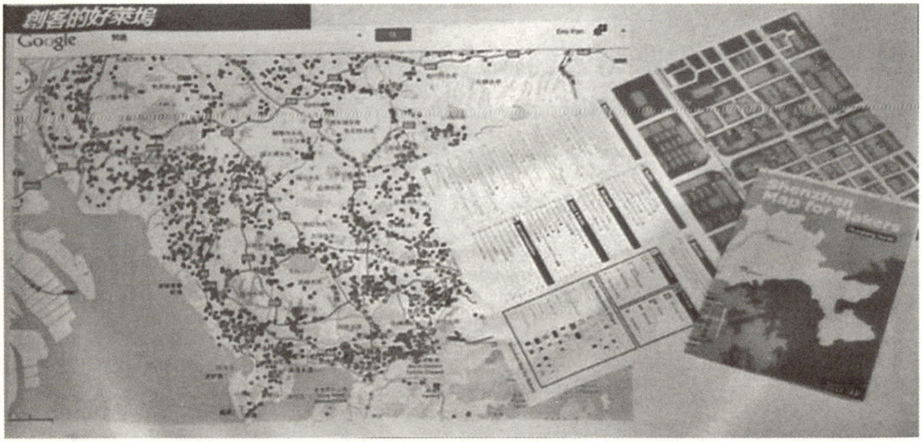

图 4　深圳创客地图

“美国的创新精神在需要的时候就会体现出来”这种想法,本身忽略了一个基本的事实:一个创意发展成为产品的过程不是在真空中进行的。美国的先进技术和工业基础一旦被全球的竞争者抢占,短时间可以替代的新技术将会很少,并且未来的技术以今天的技术为基础，不是凭空出现的。中国改革开放建立的产业基础可以发挥优势，但是千万不要去伤害、失去它。我们总说是信息化带动了什么，我从这里看到的是一项新技术带动了信息化。在这里信息化不是源头。

图 5 是深圳一家公司做的。这家公司做了一个“云端号”，就是飞艇式充气球——一根光缆接上去就可以传输数据，能解决 1 000 平方公里内互联网的问题。

图 5　光启科学设计的“云端号”飞艇式氦气球

这项技术最开始在刚果(金)应用，现在其他一些地区也在应用，这就是“云端号”WiFi 覆盖方案。所有的关键就是材料技术。这个主意谁都可以有，但是你就是做不出这个飞艇的材料来。这个材料只有这家企业可以做，它本来就是一个做材料的公司，企业创始人是 1984 年生的。所以，回到最根本、最基本的东西，还是技术进步和自主创新。

中国智能制造的目标和路径是什么？[1]

余晓晖

中国信息化百人会成员

中国信息通信研究院总工程师

一、中国智能制造的目标和任务

我们最近一年多在研究工业互联网智能制造，也在研究德国工业 4.0 和美国工业互联网，并有一个基本的认识：关于这个发展方向，美国和德国的看法本质是一致的，是基于信息物理系统（CPS）的数据驱动的智能制造。当然从美国的角度来说，它不仅仅关注制造，而且覆盖了更大的产业概念；但其基本内核是一致的，技术基础也是完全相同的。

就中国来说，中国智能制造的目标是什么？我们研究后认为，智能制造包括几个方面：个性化定制、智能化生产、网络化协同和服务化转型。智能制造的变革根本是基于数据驱动的智能，但这里面有一个问题，就是中国的制造业发展非常不平衡，那么在很多企业工业 2.0、3.0 还没有做到的情况下，如何实现 4.0 的目标？

我们认为中国制造业智能化有两个任务要完成：

第一是自动化、数字化和单点单系统的智能化，也就是说，我们还需要关注数控机床、机器人、工业控制系统、基础材料、基础工业，还有新的 3D 打印。这是构成中国制造必要的基础条件，没有这些就不可能谈到数据驱动的智能。

第二，除了单点单系统单环节的智能或者实现自动化数字化以外，还需要实现基于数据驱动的系统性智能，这是基于 CPS 的全系统、全流程、全产业链、全生命周期的智能。这是目前美国和德国所做的重点，而这个工作中国也需要做。中国有一些企业已经在这个位置上，有条件去朝这个方向努力。

---

① 根据作者 2015 年 10 月 22 日于中国信息化百人会“工业 4.0 最新发展及公共政策研究”双周圆桌会议的现场发言整理。

我们的团队跟工厂沟通的时候，也会遇到这样的问题。有的工厂会认同数据驱动的智能是很重要的一个核心，但是也有很多工厂认为数据目前跟我没有关系，我的企业要生存，要先解决基本问题——自动化、数字化尚未完成，数据驱动的智能化似乎是很遥远的事。这种发展状况的不平衡性，也就意味着智能制造在中国的实施也是不平衡的，不同的企业有不同的路径，这也就是所谓的 2.0、3.0 和 4.0 的统筹推进。

二、智能制造的体系架构和关键环节

实现智能制造的技术基础是工业 CPS，扩大一点就是工业互联网，而其体系架构对智能制造的发展非常关键。我个人觉得有两点是需要关注的：

一是这样一个体系的实现基础是什么。我们认为是能够实现工业系统中各个设备、系统、流程间的互连接、互感知、互操作。其中有三个方面当前需要重点考虑：第一是网络的连接，包括工厂内、工厂外如何实现安全高效的优质连接，这里面有哪些技术可以实施。我们的研判结果和德国的分析有很多是一致的——比如我们认为 5G 是一个解决技术，还有工业以太网、软件定义网络（SDN）等也是很重要的方面。第二是数据的连接，这一点在中国谈得比较少，在国际上谈得比较多。实际上，仅把网络和设备连起来是没有用的，因为设备之间互相不能理解对方所说的话，设备和控制系统之间、不同厂家的控制系统之间没有办法互通，语法不同，语义也不同。现在国际上做的很重要的工作，就是要打通从工厂机器、控制系统、云平台到工业应用间的数据连接，从而实现充分的信息流动、交换并以此为基础实现仿真建模、决策控制等。而如何将数据连接、如何互相认识、怎么互相知道语义，这是非常重要的工作。现在国际上比较大的企业也都在做这件事，要真正打通这个体系，这是工业互联网和智能制造的基础。第三是基础标识，即通过什么方式来标识各种物体和设备，怎样解析以实现全球的互联互通，这个到现在仍然没有解决。工业 4.0 下一步的优先工作中，标识是其中之一，这也是我们目前一个重点研究的问题。

还有就是这个体系的核心环节是什么。我们认为是平台。这个平台是什么？有什么作用？目前看，这个平台是一个以数据为核心的云计算和物联网的 PASS 平台。这是承上启下的平台，往下能够连接机器设备和生产系统，连接控制系统，能够把数据集聚在这个平台上；往上能连接工业的应用。平台集聚了各种工业数据，还可包括生产制造和运营管理模型、各行业的工业经验、通过平台可实现的基于建模的智能化生产控制和运营决策。同时这个平台是开放的,会开放给开发者来共同实现对制造业各个方面的应用和决策。通用电气、微软、IBM还有一些大的企业都在做同样的事情,只不过每个企业竞争力不同,侧重点因而有所不同,但指向是非常一致的。我们也认为这个平台是实现工业4.0或者智能制造里面很核心的环节,当然无疑也是这个产业竞争的一个关键点。比较遗憾的是,我们还没有看到中国企业在这方面有所作为或有所动作。

三、智能制造的比较优势和生态体系

智能制造或者工业4.0涉及的利益相关者非常多。要纵向打通、横向打通,还要实现"端到端"的产品全生命周期打通,这就要和包括产业链和价值链上的各个合作伙伴乃至用户的利益相关者构建生态体系。在这个生态体系构建过程中会有很多的问题。比如,什么是生态体系构建的原则?什么是你的比较优势?目前看,美国工业互联网的发展是工业界来牵头的,由像通用电气这样的公司牵头,但最主要的驱动者似乎还不是通用电气等工业企业,而更多的是IT公司。我们看到英特尔、IBM、思科、微软等,有做芯片、做软件、做系统的,还有做数据的,基本上都是最重要的驱动力,在写各种各样的文档和技术路线。但是在美国没有太多的互联网企业参与,一个原因是互联网企业模式太过颠覆,工业企业难以承受。但也存在互联网企业主导的模式,比如说谷歌做的无人驾驶汽车等。这样实际形成了不同的阵营,两条腿走路。而德国则比较单一,主要是以工业企业、软件企业以及行业协会和研究机构等作为主要的驱动者,来推进工业4.0。相比之下,德国的互联网企业比较弱,在其中发挥的作用不明显。

回头来看中国。一方面中国的工业很大、体系很全,工业的门类非常多;另一方面中国的ICT企业也比较强,互联网企业非常有活力,尤其在模式创新方面很强。中国的比较优势可以是工业体系加传统的信息通信产业体系再加互联网体系,这样三位一体,形成中国智能制造的综合优势,使中国可以走出和美国和德国不一样的道路来。

讲到生态体系还有国际生态体系。现在德国是一套体系,美国是一套体系,但目前看已有一个趋同的方向。最近德国工业4.0的主导企业专门跑到美国工业互联网联盟去做对接,他们把德国工业4.0的体系架构和美国的工业互联网体系架构做了一一对接。德国工业4.0体系架构侧重于制造业;美国的实际是一个产业互联网,包括但不限于制造业,还包括能源、医疗等等。两个体系架构的核心部分对接上了，还有一些没有完全对接上，在关注点和细节方面还有差异；但双方都认为虽然没有完全对接上，但两个阵营的方向是一致的，核心环节也是一致的。为什么要对接？一个很重要的原因，可能是双方都觉得既然是共同的方向，是不是一定做出不同的体系？能否可以合作并避免碎片化？目前看两大阵营有一个趋同的态势，下一步可能有更紧密的合作，并因此构成全球性的新体系。这是我们的初步判断，可能随着时间变化还会有新的情况。

在这些生态体系里面，中国要做什么？我们的声音是什么？我们选择的路线是什么？还有很多问题需要思考，但我们希望这个体系是一个标准化和开放性的平台，这对中国是非常有用的。因为现在的工业体系与信息产业体系是很不同的，是高度封闭和分割的体系。比如工业网络里有 20 多种国际标准，中国作为后发者进入一直遇到壁垒。我觉得，对中国而言，应该推动这样一个全球性标准化和开放化的平台。当然其中很关键的一点是如何整合中国在工业、信息产业和互联网领域的综合优势，并在智能制造和工业互联网的体系架构、技术路线、标准化等方面发挥自己的影响力。

“互联网＋”的行动原则[①]

郭凯天

中国信息化百人会成员

腾讯高级副总裁、腾讯研究院院长

针对“互联网＋”，李克强总理说要制定行动计划而非探讨概念。每一个行业、垂直市场都会有自己的特点，同时在横向地域方面也有不同的特点。所以很难谈到政策上的细节，这里更侧重从一线企业的合作等方面来讲，政府在制定政策上应该把握什么样的方向。

从总理讲了“互联网＋”以后，我觉得这是一件划时代的事情。在2014年腾讯已经在做大量的“互联网＋”，包括金融、支付、微信都在尝试和医院、教育、基础民生等相结合，在尝试怎么去“＋”。不管怎样，都只是以企业、产品的角度去做。总理在两会上提出来以后，可以很明显地感觉到整个中国在“互联网＋”上的全面提速。

一、怎么看待“互联网＋”？

我们原来一直理解的“互联网＋”很简单，可以从两个方面来说。

第一种“互联网＋”，很多年前就在做了，并不是移动互联网时代才开始做的。最典型的例子就是媒体，过去讲互联网新媒体怎么颠覆传统媒体，实际上就是“互联网＋媒体”。只不过和移动终端时代的应用不一样。正如银行在很早以前就已经开通网银了，网银是不是“互联网＋”？新媒体又是不是？

过去只把互联网作为一个工具。网银实际上是银行窗口在网上延伸了一步。传统媒体会觉得有了互联网，应该在主阵地之外的互联网上有一个窗口。大家都只把互联网当成了一个工具，并没有当作本身经营的一种能力和基础条件。互联

---

① 根据作者2015年4月21日于中国信息化百人会“影响‘互联网＋’的主要问题和障碍”公共政策双周圆桌会议的现场发言整理。

网新媒体是怎么做的？它并不是采集内容去发布，而是以网络、网民创造内容，通过社交、互动来让内容不断演化发展。它本身的商业模式和逻辑与传统媒体的记者采编非常不同。只把互联网作为工具，将内容在网站上展示一下，这并不是“互联网＋”。

今天的“互联网＋”，不能仅仅理解为一个产品、一个高新技术产品。虽然很多企业会向政府申请说自己是软件企业，是高新技术企业，但实际上互联网不是一个产品，而应是一种基础设施。

互联网类似于“电”。没有“电”之前，证券交易所、市场交易、采矿业、运输业、媒体都存在。有了“电”以后，它融入了所有的行业，成为基础来推动别的行业来发展。在用“电”的情况下，商业模式、技术模式、生产方式都会发生变化，而并不是简单地将“电”作为简单技术对工厂进行照明。“电”的加入会对业务流程和技术结构产生影响。“互联网＋”对行业的改变也应该是类似的改变。

二、“互联网＋”怎么“＋”？

要融入行业本身，而不是简单地“＋”在一起。在这段时间的热潮里，我从另一个角度看到的是“互联网＋”带来的恐慌。很多传统企业会很恐慌，觉得我还没触网，竞争对手触网了，我很危险。或者别的行业触网了，我的行业没触网，整个行业都可能被颠覆。怎么“＋”既包括技术上和商业模式上的考虑，实际上也包括一个时间和时机的问题。

教育和医疗行业实际上是最典型的。“互联网＋教育”是未来，是很富的金矿，所以资本会去投。“互联网＋教育”其实也不是 2015 年提出来的，而是在互联网兴起的时候就提出来了。我们看到的情况是，已经谈了 10 年“互联网＋教育”，然而 10 年间，没有人看到在中国有成功的“互联网＋教育”的模式。

“互联网＋医疗”也类似。现在大家讲“互联网＋医疗”，只是说怎么解决挂号问题，怎么解决排队问题。在未来也许能衍生很多模式。卫生部门提出，希望未来每个家庭都有家庭医生，一个家庭医生负责 2 000 人、600 个家庭等一系列的计划。然而只有往医疗技术方向去走，才会真正到“互联网＋医疗”。

也就是说，有些东西、有些行业看上去一定是未来，但是未来的门还没有打开。大家都在试，资本也在投，但到今天，还没有一种“互联网＋医疗”“互联网＋教育”的模式是在市场上得到一致认可并成功的。从这个角度上来讲，“互联网＋”不应该是一热起来，大家就同时冲进去。我们也看到在“互联网＋”的热潮下，有人已经提出了有没有泡沫、会不会过热等问题。在这个热潮下冷思考是很必要的。

这个也会影响到政府制定“互联网＋”的政策，如是不是应该所有政府部门，或者所有产业都去试。我们觉得确实不应该这样。“互联网＋”一定是未来，但是某一个行业、某一个具体的业务在什么时候“＋”，既不是现在口号倡导的，也不是政府规划出来的，而是真正由互联网在那个领域逐步创造出商业模式，即最终还是由商业来判定的。就像一些成功的领域都不是规划出来的，而是商业模式创造出来以后再来应用的。

反过来说，假如是刚才这种说法，“互联网＋医疗”现在要不要加？我觉得可能会从解决挂号、排队、看病难等问题入手，是一个慢慢的过程。先“＋”某些点，在这里寻找机会，再创造成功的商业模式。最后可以自然识别出哪些“＋”的方式是对的，哪些“＋”的方式是不对的。

第二个方面，“互联网＋”的全面渗透。大家都非常认同“互联网＋”已经不只是加一个产业、生意、垂直服务领域。“互联网＋”是全社会在加，这是由政府引导和提出的。“互联网＋”不仅加了餐饮、地理信息、用户数据，整个未来的发展趋势是还要把政府、政策，甚至法制、政府的管理机制、社会的管理机制都进行“互联网＋”改造，才有可能配合产业发展。如果单纯将其作为一个业务或者一种产品形态，或者一个行业的形态来看“互联网＋”，未来一定解决不了“互联网＋”的问题。

微信现在有 7 亿活跃用户，QQ 也有 7 亿活跃用户，但它们是有差异的：微信侧重于发达地区，而四五线乃至农村等地区，反而 QQ 的用户多过微信。叠加起来，我们估计中国有 7 亿～8 亿的互联网活跃用户，已经覆盖了相当多的人群。未来，产业加上来以后会涉及整个社会的协调机制。政府、政策和法制等一起协调，才有可能配合所有的产业和所有的社会人口在互联网上的生活。

三、“互联网＋”行动计划制定的原则

目前来看，以下几个方面是政府在制定“互联网＋”的行动计划上应该重点关注的。

“互联网＋”的变化过程里，政府应该干什么，不应该干什么？哪些应该是企业干的，哪些应该是政府干的？“互联网＋”一热起来，腾讯跟几个省进行了深入探讨，他们都很关注一个问题，就是腾讯能不能建一个创新创业的平台，他们再把上游的融资、辅导培训、上市都整合进来，腾讯在平台上推动；这几个省有场地，能给资金，能吸引互联网开发者。实际上，这种思路还是站在政府传统招商引资的基础

上，“互联网＋”不应是这样的。

政府存在要不要投资、要不要直接介入的问题。而我们觉得需要考虑清楚一个问题，即哪些是市场可以做的。比如融资、创业方面，实际上，企业有比较成熟的创业平台，而且在融资、上市等领域有完整的配套体系。目前热钱已经很多了，政府在这里做是没有价值的。

有些政府希望他们的开发者在腾讯平台上能获得更多的支持力度和优惠，并询问腾讯能否进行投资鼓励。但对于 BAT 这些互联网企业而言，从商业上是没有必要做这些事情的，因为整个互联网都是一个开放的创业平台，所有的人都有机会。一家企业不需要培育一批人、一个创新基地，来从里面抓未来的苗子。因为在整个国际范围内，谁的“互联网＋”业务和技术发展最快，完全可以直接用资本收购它。我可以把最好的拿过来，为什么要先去种地呢？而且在最终“互联网＋”的胜出市场上，也可以看出谁的菜种得最好，而不用去管我怎么在哪一块儿地上种菜，我只需要看最后的结果。政府也应该采用这种方式。

有四个方面是政府应该特别关注并着力去做的：

第一，政策的调整和制定。第二，治理模式的优化和改善。这两点我们如今都很有共识，所有的人都在谈这些。第三，政府应该去推动“互联网＋”的基础设施建设。这里说的基础设施，除了云计算、带宽、鼓励创业等，还有一个是很重要的，即对数据的使用和整合能力。国内不同的城市在这方面的能力差异是很大的。比如一些政府，很难找到相应的部门掌握着这个城市所有的权威数据。我们的研究发现，有些省份虽然很偏远，但是政府一直在收集数据、采集数据、整合数据上做工作，反而数据的整合能力更强。比如宁夏，他们有 10 个领域的业务是可以直接上“互联网＋”的。相比之下，另一些地方政府拿不出可以直接用的数据，需要半年左右的时间去整合、协调再应用。所以，在基础设施上，政府除了硬件、带宽等建设外，还应该特别关注大数据的采集、使用和整合。

在基础建设方面，我们也看到“一带一路”的情况。很多人在讲“一带一路”的基础建设，但好像没有人把“一带一路”和“互联网＋”放在一起。腾讯在和“一带一路”涉及城市的沟通过程中，发现大家基本上还是谈交通设施怎么样，没有一个城市谈到怎么用数据去解决“丝绸之路”的问题。从山东开一列火车到欧洲是 100 年前就可以做的事情，甚至古代用马匹都能走出这条线路。在“移动互联网＋”时代，整合数据、使用数据应在“一带一路”计划中起到更核心的纽带作用，是打通中国和中亚、欧洲更重要的线路。政府应该在这些基础建设上有更超前的做法。

最后一个就是政府的先行先试。“互联网＋”有很多方面是需要去引导的，尤其在政府和民生领域。一方面是商业领域，创新商业模式，带动“互联网＋”；另一方面，作为基础建设的一部分，政府应该率先在民生领域，在政务领域使用“互联网＋”。

这四点是建议政府在制定行动计划时应着重去做的。其他的应该尽量交给市场、交给商业模式去创新。

在治理模式上，我们认为应该用“包容性的治理模式”来看待“互联网＋”的问题。结合第一方面，政府应该特别关注政策问题。我们看到目前政策的冲击非常多，未来还会层出不穷。最典型的像互联网金融的问题，如远程能不能办证、能不能开户的问题。腾讯的微众银行也在摸索互联网金融到底怎么做。一个定位是微众银行要做中国第一个不设实体网点的银行。这就面临一个问题：开户要用资料进行身份认证等，技术完全可行但政策上还有问题。这些应该尽快打通。还有一个是微众银行准备发行无实体的信用卡，这又跟现有的政策和法规冲突。这些法规容不容易打通？坦白来讲是容易打通的，但政府的行动有多坚决、有多快才是重点。

还有税收和发票的问题，这些都是在制定“互联网＋”政策时亟须解决的。另外就是隐私安全的问题，和政府、商业对数据的应用。“互联网＋”里有个很重要的问题是对数据的收集、整合以及运用和开放。政府应该把数据开放，但开放了以后就会面临安全和隐私的问题。这些问题应该怎么解决，也需要政策和法律去明确。另外像进出口、加工制造等，未来可能很难认定整个生产是在同一个地方完成的。

在政策和治理模式上，应该用“互联网＋”产生的内生治理作为政府的治理模式。什么叫“内生治理”？我们认为，是在商业模式里创造出来的，为了完善这个商业模式而做的管理机制。最典型的就是现在冲突比较明显的出租车问题。出租车行业改造既有存量的改革也有增量的机会，但就因为存量的矛盾而不敢去动、不敢给新的增量机会。这里面就有几种说法：第一，说管得不好；第二，存在偷税漏税。实际上恰恰这个问题的产生就是因为传统体制管得太窄了，才会有黑车，才会有偷税漏税。出租车的管理存在什么问题呢？原来为了管得好，政府要发牌照认定。现在所有专车司机的个人情况、家庭情况和认证情况，不仅专车运营公司会掌握，在网上打车时也可以随时看到这个司机的情况，包括信用基础和别人的打分等。在整个打车的过程中，车走在哪里、多少钱，在网上完全是有即时的反映和记录的。假如担心安全问题，你的家人可以随时看到这辆车走到哪里。这种内生的商业机制的管理比原来的行政管理更直观、更有效率，而且保障得更严密。这种内生的管理，怎样变成政府对新的“互联网＋行业”的治理模式，怎么把商业的转成政府的治理模式是非常重要的。

要想让未来“互联网＋”对中国的经济体量发生作用，就必须要有大块的业务、大批的领域进入“互联网＋”，比如交通、医疗、教育、农业和生产。以交通、教育、医疗为例，我们也看到政府在变。比如在医疗方面是比较积极的，甚至是比较细节的，包括怎么去看病，怎么做家庭医生，怎么用互联网等。我们的看法是这种方式效率很低，成功概率也不高。医疗的问题也应该让商业、让市场去尝试，包括医疗机构和互联网行业。在尝试的过程中，当有像滴滴打车这样的商业模式和管理方法时，政府要做的就是怎么去对接、去过渡、去放行。也就是说，政府在制定政策、治理模式的时候，以接入为考虑点，以放行为方法。在商业环境中，不成功或者得不到验证，就必然会死掉。已经成功了、被市场接受了就意味着存在商业价值。这种模式比政府直接去制定怎么“＋”、怎么开放要有用、有效率得多。

互联网金融对于金融体系不是颠覆而是补充[①]

唐　宁

宜信公司创始人兼 CEO

我觉得《关于促进互联网金融健康发展的指导意见》的出台是非常适时的。宜信公司作为中国第一家 P2P 服务平台，从 2006 年成立至今已经有 9 年多的发展，也取得了长足的进步。今天中国有着世界最大的 P2P 平台的市场，同时也孕育了宜信公司这样大型的 P2P 平台。在过去几年的发展过程当中，我们也有很多感受和体会。

一个重要的体会是，其实互联网金融 P2P 对于整个金融体系来讲，并不是取代和颠覆，而是一种有益的补充。从客群定位来讲，我们主要定位为小额与微额需求的客户。2014 年我们平台上促成了 600 亿的借贷，平均每一笔是 5 万元，对于农村来讲甚至额度更小，只有几千元、小几万元。所以我们是面向小额微额的资金用户。信用的建立，使得金融体系的毛细血管能够把资金输送到最需要的这几千万小微企业主以及几亿活跃在经济领域的农户手里。通过这种模式和技术创新，互联网金融使得我们的金融体系更加完善，能够触及最后一米，真正可以有效地支持大众创业、万众创新。

在这个过程中，我们体会到技术其实起到了非常重要的作用，可以分为两类：一类我们称之为技术支持或者技术支撑，就是过往已经存在的金融产品和服务，通过技术可以经由更多的渠道送达客户，可以把过往的这些产品和服务做得更好。另外一类我们称之为技术引领，就是说如果没有这些新技术，有一些金融产品和服务是不可能存在的。举个例子来讲，我们在开展农村金融创新工作过程中，发明了一种创新模式叫小微租赁。过去租赁都是租大东西，如大轮船、大飞机，但是农村地区是缺少 10 万、20 万、30 万购买农机具，而拖拉机、收割机等不需要多少钱，就

---

① 根据作者 2015 年 9 月 12 日于中国信息化百人会“《关于促进互联网金融健康发展的指导意见》政策解读与影响研究”公共政策双周圆桌会议的现场发言整理。

是小几十万的额度，但是农户买不起。我们于是请他用租赁的方式获取农机具。但是以往存在很多信息不对称，使风险管控的问题解决不了。我们怎么解决呢？我们把传感器装在农机具上，这样拖拉机开到什么地方、走什么路线等信息都可以实时传导到我们的大数据平台之上，我们就可以做风控分析。比如在烘干塔上装传感器，就可知道它的作业情况如何，是不是在烘干粮食，它的作业量多少等等，都可以实时获取并加以分析。类似例子说明，信息技术让过去不太可能的金融产品和服务变得可能了。

另外，我们近期做了一些创新，也是中国第一例，叫"活体租赁"——帮助农户租奶牛。现在在我们的团队之中，除了"牛人"之外，还有200头牛，也相当于我们的团队成员。我们把它租给农户，可以让他以很低的成本改善生产生活的条件。我想互联网金融对科技金融和金融体系来说，都是非常有效的补充。

另外一个认识是传统金融和互联网金融之间的合作空间其实是非常巨大的。这一次关于互联网金融发展的指导意见的出台，指出我们可以和银行类机构合作进行资金存管，其实这是解决P2P"跑路"现象非常重要的一个措施。我们也研究了过去几百例"跑路"情况，其实绝大多数是在利用创新模式进行违法犯罪的道德风险的体现。而通过和银行类机构进行交易资金的存管、托管，可以做到人跑了钱跑不了。我们从2014年年底、2015年年初开始，和中信、广发银行等机构进行类似合作，进行交易资金存管托管。另外国际类似平台上，不仅仅可以是P2P、个人对个人，其实银行类的机构也可以利用平台提供各种服务，作为出借人开展业务，这些都是很好的合作点。所以我们认为未来的合作空间是非常巨大的。

《指导意见》还为征信体系建设指出了很好的方向。随着互联网金融、普惠金融事业的发展，也产生了由于信息数据没有打通导致的"一人多贷"问题。现在一个借款人可以在很短的时间内从多家机构获得小额的借款，造成债台高筑的问题。我们认为，解决方法还是需要打通机构之间的信息壁垒。比如如果能和央行征信中心的系统打通，将会非常有帮助：一方面可以获取央行征信中心数据，同时也可以把我们业务开展过程中生成的重要数据反馈到征信体系当中。也有其他的创新模式，比如互联网金融从业机构之间进行的数据整合与分享，等等。

宜信公司在这方面也做出了自己的努力。几周之前我们推出了一款信用数据分享的产品，把自己九年多来积累的、在市场上规模最大的小微农户的客群信息拿出来，在客户同意并授权的前提之下，完全与行业分享。这就可以实时知道这些客户在宜信平台之上是不是有借款，是不是有违约等情况。希望通过信息共享、信息查询能够很好地解决"一人多贷"的问题。

还有一点体会：《指导意见》指出通过全方位组合拳去建立一个多元化的创新监管体系，我觉得是非常好的一个精神。无论是中央、地方的监管部门，行业自律组织，行业协会，还是媒体、智库，等等，包括消费者、投资人，大家需要共同打造创新监管的体系，而不是把它当成具体哪家机构、哪个部门的事情，而是需要大家一起行动起来。

城市数码政府服务的香港经验①

赖锡璋

香港理工大学计算机应用教授

香港政府前资讯科技总监

香港的数码化蓝图叫“数码 21”。在 ICT 领域,香港的水平也比较高。香港从 20 世纪 60 年代开始做互联网方面的工作。从第一代 ESDlife 开始,积累了很多经验,并依据这个经验产生了香港政府一站通。我们将全部数码化服务放在一个平台,这个平台现在已经能提供 600 多种不同的服务,最重要的一点就是根据不同对象提供“以人为本”的公共服务。还有我们能将所有服务按不同的领域进行分类,从而使人们能够更容易地找到所需要的服务(见图 1)。

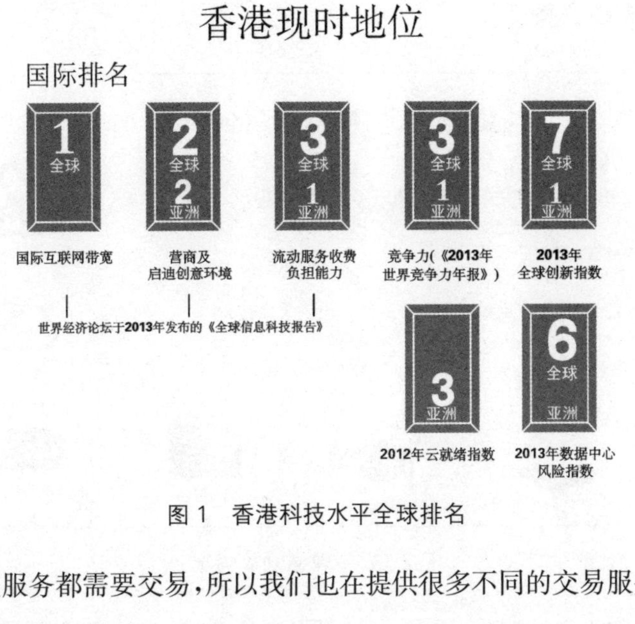

图 1　香港科技水平全球排名

很多网上服务都需要交易,所以我们也在提供很多不同的交易服务。比如图书

① 根据作者 2016 年 1 月 23 日于“中国信息化百人会 2016 年会”的现场发言整理。

馆、多媒体图书、数码公共房屋以及报税都能在网上做。我们也推出了电子路径，在网上找两点之间不同的公共交通路线，可以节省很多时间，还能够带来一些经济效益。我们还提供一些主要道路的即时交通信息，并以公开数据的方式与商界分享。

因为香港差不多每个人都有移动电话，所以政府也将很多服务放在移动平台上，如提供一站通等移动 App。现在已经有差不多 100 个这样的应用，让市民更容易找到他所需要的服务。比如，我们在交通、食物、旅游方面都能提供相应的服务。

还有邮件的追踪服务。如果是挂号邮件，在网上能查到这个信件到哪里了。还有流动应用 1823 电话中心公共服务。另外，我们在差不多十多年前就开始提供数码身份证，提供电子健康记录服务，并在政府的支持下让其发挥有效的作用，所以很多电子记录是具有法律效力的。另外我们也有电子身份证，可以在出入境的时候采用 e 通道的服务，用拇指即可完成，不用人工检查。2015 年香港开发和推出了电子健康记录互通系统，能为每一个公民提供健康记录服务，包括他们在公营和私营机构的所有有关记录，有效帮助医疗人员更好地服务病人，这个对全香港人民都是非常重要的。

另外，政府不断推动数据开放。为了提供更好更方便的服务，同时激发创意，我们开发了 70 多个应用，现在可以通过电子方法发送不同领域的 20 多种数据和 5 000多种数据集（见图 2）。

图 2　香港数据开放情况

在数码钱包方面，到过香港的人一定用过八达通，这个不是政府开发的，是一个公众机构——香港开路 MTR 开发的，政府是他的大股东。八达通现在已经发放了超过 2 500 万张卡。随着政府不断推出电子化公共服务，越来越觉得数字包容是非常重要的。不但为了某些人，而是为每一位在香港的人都能享受到 ICT 的好处。因此政府非常重视把 ICT 作为支持弱势群体的工具，照顾到不同的人士，如一些来自低收入家庭的学生。在推进数字包容方面，政府要发挥带头作用，同时还要不断提高公众认知，并提供必要的资源。在应用方面，政府要不断鼓励不同的机构采用 AA 级 2.0 应用，为此我们也推出一些奖励措施，努力使不同的人士都能在网上获取服务。

还有信息技术的讲解传播方面。5 年前我们做过统计，讲解之后只有少部分人懂怎么去用电脑。之后通过不同措施，比如一些有效的宣传和应激性计划，现在其中一些讲解已经达到听完之后 25％的人都能使用计算机和互联网。

我再快速谈一下科技的趋势。这是我从不同的机构拿到的可穿戴设备，比如智能机器，包括机器人、无人驾驶、3D 打印，预计 2016 年将会增长一倍；还有大数据、物联网等。

最后谈一下中国信息化的程度，我觉得有六方面在未来几年可以发展：第一个是数字医疗，我们可以运用不同的科技和一些不同的数字化工具来提升医疗服务。还有用大数据来做一些疾病的预防和分析。

第二方面是数据开放，能够使一些公众的数据得到重用，尤其是政府方面有很多数据对城市发展是非常有用的。我觉得可以提高政府透明度，也可以让第三方拿数据开发应用，满足不同的需求。一些国家和地区已经开放了很多数据，香港也公开了很多方面的数据，也有很多案例。

第三方面是工业 4.0，尤其是有中国特色的工业 4.0，很多不同科技结合起来，推动工业化与跟城市化结合。

第四方面是大数据。中国有能力开发一个可扩展性更高、绩效更好的系统，让不同的机构都能采用，用来做他们的数据分析。

第五方面就是智慧城市。因为推动智慧城市建设让我们能在很多方面完善城市管理，改善环境，提升生活的素质，提高商业的效率。当然我们也会有一些标准和配合，尤其是在交通管理方面，如果有更好的智能交通管理会更好。另外物联网跟 RFID(射频识别)在很多城市可以采用，免费的 WiFi 现在看来已经是一种必需的服务。

最后一点，在教育方面，可以大力推进智能教室、电子教学与知识管理等方面的应用。还有，我现在正在推动的一件事，就是将电子运算式思维与编码带到小学内，希望能培养小学生的思维，这对一个地方将来的 ICT 发展是非常有用的。

03

企业战略：新工业革命时代何去何从？

信息时代的企业转型：理论与实践[①]

导读

中国信息化百人会举办的首届信息战略论坛以“思考与建立信息时代的企业发展战略”为主题，于 2014 年 12 月 6 日在深圳华为基地开幕。此次论坛由华为技术有限公司协办，华为首次自我剖析 20 年信息化建设历程、战略转变与企业文化建设精髓，分享未来信息化发展战略。同时，本次论坛特邀埃森哲分享其最新研究成果，邀请用友、金蝶、航天信息、徐工集团、中石油等单位的董事长与 CIO（首席信息官），共同分享与探讨企业信息化的最新趋势。

论坛系统梳理了企业变革实践，为推动创新型企业的群体成长与突破，帮助中国企业未来发展成为国家核心竞争力的基石，提供了有益的经验和启示。本报告基于此次论坛的观点和内容，总结了企业转型的背景、理论和实践经验。

一、企业转型的时代背景

随着云计算、大数据、移动互联网、物联网技术的发展与成熟，企业的信息化手段更加丰富，而利用信息管理参与企业决策的趋势开始显现。在产业转型、信息流动和技术演进的过程中，都出现了推动企业转型的新形势和新动力。

（一）产业转型：从消费互联网到产业互联网

新一轮以移动互联、云计算、大数据为代表的技术革命正在开启新的信息时代，这是一个从改变消费者个体行为到变革各行业乃至社会生活方式的新时代。

---

① 本文为中国信息化百人会《十方研究》报告，根据“中国信息化百人会首届信息战略论坛”成果整理。

信息时代对企业转型发展具有重要影响，不论是互联网的技术、商业模式还是组织方式，都可能成为各个行业的标准配置。传统企业普遍在深入思考如何实现新的发展，如何在网络社会中转型为生产服务型企业，如何在原料采购、生产销售服务等产品生命周期中进行新的战略规划；而ICT企业又在思考如何抓住产业互联网转型的大机遇。

在消费互联网向产业互联网转型的大背景下，所有行业和领域都在进行或正面临业务转型，亟待加强对产业互联网的深入研究。通过对产业互联网趋势与实践的研究，系统梳理企业变革实践，推动创新型企业的群体成长与突破，帮助中国企业未来发展成为国家核心竞争力的基石，为中国企业提供有益的经验和启示，可以助力我国产业转型升级。

（二）信息流动：从垂直、平行到交互式

信息技术使用的不同阶段使得信息流动的方式发生不同变化。信息技术首先经历了一个独立的使用阶段。在这个阶段，使用信息技术的是电脑，电脑帮助我们提高了思考、学习、研究的效率；但在这个阶段，信息设备是独立的。这是最开始的时候信息技术对我们的影响。之后，我们的电脑互相连接起来形成了互联网，这是信息革命的第一个阶段。在这个阶段，信息流动的方式是自上而下的，由新闻媒体等很少的主体创造信息，我们通过互联网获得信息。信息的获取呈现大众化的趋势，电子化的图书和资料由比较集中的地方分散到很多不同的地方。

随着信息技术的发展和扩散，信息流逐渐变成平行的。每一个信息终端的使用者都成为信息的创造者，同时也是信息的接受者。比如朋友之间、同事之间通过电子邮件或微信等社交软件交流，信息流都是平行的。

那么第三个阶段是什么呢？信息流是自下而上的。原有的企业战略呈现三角模型，即顶端的战略影响下层的所有活动。而在新的时代，当信息可以自下而上，从分散的来源集中起来，战略变成由下层的研发、供应链、零售、销售等方面汇集信息，然后向中间集中而形成。这是信息流的第三个方面，即从自上而下到平行的流动，然后到自下而上。需要关注的是，自下而上的信息流不限于企业内部，众筹或众包等新的商业模式都来自企业外部，即不仅可以通过企业内部的资源来实现目标，也可以发动社会帮助实现。在这个过程中，我们将分散的信息集中起来，更好地加工、利用，这也是下一代信息技术的重要发展方向。

（三）技术演进：移动云技术成为信息化的核心技术

云计算成为信息化发展的最重要技术趋势之一。据市场咨询机构 Gartner 预计，2015 年，巨头们仍将重视公共云和商业云的布局，移动云技术有望快速提升（见表 1）。

表 1　2015 年十大 IT 技术趋势

发展方向	技术趋势	技 术 内 涵
真实与虚拟世界的融合	无处不在的计算	计算环境不断扩大，消费电子产品、联网屏幕、手机、可穿戴式设备等都成为重要内容。因移动用户的需求而有所变化，需注重用户体验设计。
	物联网	将各种事物数字化以便结合数据流与服务，创造出四种基本使用模式：管理、获利、运营和扩张。
	3D 打印	2015 年全球 3D 打印机出货量可望增长 98%，到 2016 年出货量更将翻倍。
实现智能无处不在	无所不在却又隐于无形的先进分析技术	随着嵌入式系统所产生的数据不断增加，分析技术将成为市场焦点，企业内外各种结构与非结构的数据都可以拿来分析。
	充分掌握情境的系统	无所不在的嵌入式智能设置与信息分析相结合，将催生出具备周遭环境感应与回应能力的系统。
	智能机器	环境感知技术加上深度的信息分析，为智能机器世界提供了所需的先决条件。
技术对数字化商业转变的影响	云计算/端计算	云和移动计算的汇流将使得可传递至任何设备的中央协调式应用程序持续增长。
	软件定义的应用程序和基础架构	从应用程序到基础架构的敏捷式开发方法，是企业提供数字化商务所需运行弹性的必要基础。
	网络规模 IT	“网络规模 IT（Web - scale IT）”是一种在企业 IT 环境当中提供大型云端服务供应商能力的全球级计算模式。
	基于风险的安全与自我防卫	企业将逐渐认识到要提供一个百分之百安全的环境是不可能的。一旦企业承认这点，就会开始采用一些较为复杂的风险评估与缓解工具。

资料来源：Gartner

云计算移动虚拟化的重要趋势是将虚拟化技术应用于手机和平板，便于移动 3G 设备终端（平板或手机）使用企业应用系统的资源。随着信息化的移动云服务快速普及,移动云相关技术也在引起各企业的重视。

2015 年,将互联网上所有的终端、服务器统一在一个安全可控的统一架构下运作,来解决第三方开发者开发、运营、推广和变现方面难题的移动云技术将取得大的进展。在此形势下,移动互联与固定网络之间的互联与互通,云端与移动端、桌面端的连接,以及移动智能终端设备在这些过程中起到的连接作用,成为值得关注的技术发展方向。

二、互联网时代的企业转型:大爆炸式颠覆理论

埃森哲卓越绩效研究院通过对全球客户的深入研究分析,提出了新的企业发展与产业变革发展理论——大爆炸式颠覆理论。

(一)大爆炸式颠覆的背景:第三代竞争模式的建立

随着信息技术不断变更和企业运作方式演进,我们已经全面进入了互联网时代。中国是这场变革的重要参与者。如今,中国的互联网发展水平处于全球前沿,互联网已经成为中国社会运行的基本要素和基础支撑,已全面渗透到社会生活的各个领域,为各领域带来了改变甚至是彻底的转变,构成了生活方式的转变、信息传播的质变以及产业形态和社会生态的变化。

当前,IT 技术进入了第三代竞争模式。20 世纪 60—70 年代,由日渐强大的机器计算能力驱动的第一代竞争模式,使得价值链上许多需人工操作的活动可以通过自动化手段实现。20 世纪 80—90 年代,在由新兴的互联网驱动的第二代竞争模式中,技术进步使得个人行为的协同和整合成为可能。而现在,由嵌入式传感器及产品互联驱动的第三代竞争模式正在建立,产品使用得以优化,从而导致更多的创新、更高的生产效率,乃至经济的增长。我们将 IT 驱动竞争模式对企业竞争、产业增长和社会发展带来的变化称之为"大爆炸式颠覆"。

(二)大爆炸式颠覆理论:价廉物美的创新颠覆

得益于 IT 和开发平台的进步,创新成本显著降低。一方面,摩尔定律导致核心技术、采购、制造、分销、销售和服务等领域的价值不断下降;另一方面,由于众包、开源社区、开放式创新、开放市场、众筹以及不间断、无缝渠道等方式,不断降低组件的生产和运送成本,使得单位创新成本始终低于预期的交付成本。因此,技术降低了创新的成本,价廉物美成为可能。我们可以看到,现在市场上出现了层出不

穷的产品，但是新产品的价格并没有像往常一样高企，而是进一步地降低。

大爆炸式颠覆是企业转型发展的趋势。大爆炸式颠覆理论认为，企业的发展不再延续过去对称的正弦曲线，而是在短期内爆发式激增与潜在的骤亡。过去，受到技术手段的限制，地理、群体的差异将延缓信息传递；因此，企业产品与产业呈现出平缓发展与有序迭代更新的态势。而在大爆炸式"颠覆区域"，企业的生命周期阶段性循环缩短，企业命运的转变在瞬息之间。跨越"猝死线"，快速跳跃至下一个"S"循环底端，成为企业的生存法则，也是推动产业快速、颠覆式升级的必经之路。互联网中的信息技术带来了对传统企业的重构，以及对各个产业的颠覆性推进。大爆炸式创新将经历奇点、大爆炸、大挤压、熵的四个阶段，四个必不可少的战略步骤分别是：高瞻远瞩、规模管理、资产自由、完结（见图 1）。

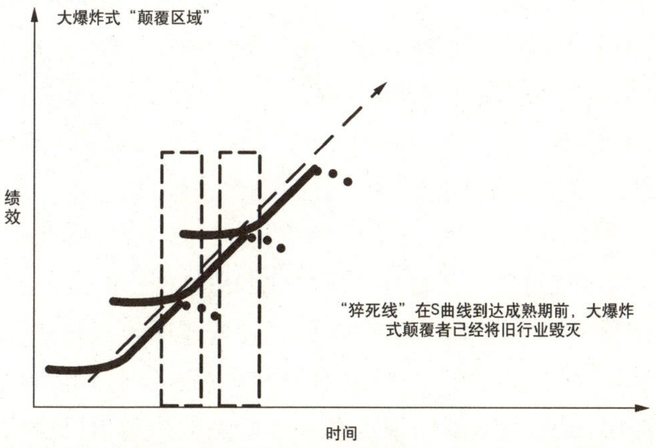

图 1　行业变革的新模型

资料来源：《大爆炸式创新》

通过对大爆炸式颠覆的案例及可预见未来的行业应用展望，无章可循的战略、无法控制的增长、无可阻挡的发展的"三无"特征，已经在新的商业环境中初露端倪，并无疑将在产业变革、商业创新的前沿领域更为明显。在战略原则方面，传统思维方式下，企业一次只关注一个战略层面或基本竞争战略，即低成本、溢价产品或客户亲密度；而在大爆炸式思维下，企业将同时在三个战略层面进行竞争，以质量更优、价格更低而且定制化程度更高的产品进军市场，并不断进行创新。在市场营销方面，传统思维方式下，企业首先瞄准一小批早期客户，随后打入主流市场；而在大爆炸式思维下，企业立即针对所有消费者群体全面出击，并且时刻准备扩大规模或退出。在创新方法方面，传统思维方式下，企业通过低成本和一般性科技来满足低端客户群体的需求；而在大爆炸式思维下，企业直接在市场上进行低成本的试验，综合利用可重复使用的零部件，而非从零开始重新设计。

因此，对于现有特别是在位企业来说，大爆炸式颠覆的“三无”特征实际上对企业的战略及整个运营管理体系提出了更为开放且敏捷、全面且专注、有效且高效的新要求。企业应主动进行战略与运营管理体系的结构性调整，即不再是单一的战略和运营策略转型，而是更大规模、更高层次、更具整合性，映射到各个职能的全方位转变，并从各项职能上强化开放且敏捷、全面且专注、有效且高效三大特点。

(三) 大爆炸式颠覆实践：颠覆正向更广泛领域延伸

在个人导航设备领域，美国的谷歌地图实现了大爆炸式颠覆。2007 年，谷歌推出了地图应用，即谷歌地图导航系统。当谷歌推出终身免费的谷歌地图时，像往常一样，公司只是希望通过整合更多数字化信息来吸引眼球，从而进行广告推广。但从一开始，这款应用就在各个战略层面超越了昂贵的 GPS 设备。它不但更加便宜(干脆免费)，还能提供实时更新。更棒的是，它还可以同其他的智能手机应用——如搜索结果、地图、邮件和联系人等关联在一起，提供了一套能提高客户亲密度的完整解决方案。果不其然，谷歌地图上市仅 18 个月，就夺走 GPS 设备 2.5 亿用户，即 85%的市场份额。这就是大爆炸式颠覆性创新的力量。

在社交通信领域，中国的微信正在对运营商构成颠覆式挑战。微信利用运营商宽带网络发展在线文字通信，直接面向用户提供服务，替代传统短信，使运营商无法从此类业务中获得利润，即出现运营商哑管道化。微信已经构成对基础通信服务明显的替代——微信日均文本信息量接近三家运营商日均短信量，图片量远超三家运营商彩信总和，微信用户月均短信量下降 14%。各大运营商作为在位企业，意识到危机来临，主动率先退场，积极与腾讯合作，力求在流量业务中寻找新的赢利点。比如广州联通与微信合作推出专属定制套餐及“微信沃卡”；广东电信推出“微信+微博”专属流量，每月仅需 6 元，便可应用定向流量；香港 PCCW(电讯盈科)和微信达成合作，推出了微信月费 8 港元、不限流量的定向套餐。

大爆炸式颠覆的效应仍将继续发酵。随着下游应用数据的丰富，在健康、金融、零售、公共服务、消费品等等行业中，尤其在终端消费者环节上，行业的大爆炸式颠覆或将不期而至。比如，在健康、医疗领域，生物传感器解释了医学的萨满教神话；在金融领域，金钱成为信息的另外一种形式；在零售领域，共享经济产生了破坏力；在制造业领域，物联网从底部驱动了供应链；在政府服务方面，公共服务产品得到市场定价；在消费品领域，由市场领导的营销取代了传统销售方式；在教育领域，“慕课”等大规模公开课程这种虚拟象牙塔改变了学习方式；在公用事业领域，便携式发电、网络镜像、无线通信正在颠覆行业；在制药领域，根据每个人的DNA定制药物的趋势显现。

三、互联网时代的企业转型：华为20年实践样本

本次论坛，华为首次回顾20年信息化历程，剖析与分享华为信息化的过去、现在与未来。在当前信息化发展的新阶段即“IT 2.0”阶段，华为提出八大战略和八大部署，并进行了一系列的实践。

（一）华为信息化提升的五个阶段

华为信息化经历了五个阶段：

1988—1997年，华为信息化处于分散阶段。这个阶段主要通过分散的组织、功能型流程，实现了办公自动化、MRPII系统上线、全国DDN(数字数据网)。

1998—2002年，华为引入IBM做顾问，开始实现集中化。流程集中管控、IPD(集成产品开发)变革、财务四统一、PDM(产品数据管理)平台、IT战略规划、IT基础设施整合和企业数据中心搭建，成为这一阶段的主要特征。

2003—2007年，华为通过ISC变革、ERP全球覆盖、PO贯通、全球协同办公、企业Web平台、安全架构与实施、全球网络、RDC/IT全球运维，逐步实现国际化。

2008—2013年，华为通过集成财务IFS变革、LTCT 2E打通变革、全球移动办公、企业集成ESB(企业服务总线)推广、主数据管治、端管云IT安全体系、业务连续与容灾、IT云战略等一系列举措实现全球化。

2014年以来，通过五个“1”战略、从经营视角驱动、公司全数字化、办公全移动化、国际企业安全管理等等，华为正式进入“IT 2.0”时代。

（二）华为“IT 2.0”的理念

华为“IT2.0”通过IT技术与平台八大“数字化”战略来实现，支撑企业数字化，实现生产、经营的流程与业务活动可视。具体来说，一是云化，包括自建IT应用SOA(面向服务架构)服务化、软件包服务云化、BIModal及开源服务、流程服务云化BPaaS(业务流程即服务)；二是移动化，包括办公应用移动化、业务应用移动化、供应商伙伴协同移动化；三是大数据化，包括内存计算、流计算、大规模分布式云计算；四是社交化，包括应用社交内置，通信、业务协作、社交融合等；五是Web-scale

化，包括去中心化、自动伸缩、应用云端开发；六是 DevOps（开发和运维）一体化，包括开发、测试、部署、运维一体化，Infrastructure as Code（基础设施即代码）、敏捷 App 交付；七是机器智能化；八是安全内置化，包括 Web、业务逻辑、数据层主动安全、日志分析层主动安全、代码注入层主动安全。

华为“IT 2.0”的主体思路是：在移动社交云时代，基于互联网技术打造下一代 IT，最终实现云端共享、连接一切。具体而言，“IT 2.0”由三部分实现，即由云资源管理和云服务平台、SDC/SDS/SDN、云数据中心构成的基础设施服务，由 PaaS 云、大数据云、软件包云、应用云等构成的技术服务，以及由一线蜂群作战服务、通用办公服务、研发服务构成的基于角色和场景的服务。

（三）华为“IT 2.0”的实践

华为通过 IT 技术与平台 Tobe 架构蓝图，即构建全面云化、开放、灵活的 IT 架构。华为支持跨全球数据中心，快速构建、部署业务应用。具体而言，最底层是基础设施云/云数据中心；之上是集装箱机房、模块化机房和 Micro DC；其次是物理层的服务器虚拟化、存储虚拟化、网络虚拟化；而后是平台云/公共服务云，由公有 SaaS（软件即服务）云、集成云、中间件云、HAE 云、大数据/BI、数据库云、软件包服务云等专有云和 EBS、PLM（产品生命周期管理）、CRM（客户关系管理）等 On-premises[①] 构成；最上层为 Salesforce 等公有云，以及由专用云、办公云、研发七朵云等构成的应用服务云。具体而言，华为通过以下部署实现 IT 2.0：

一是云数据中心。华为基于 SDI（串行数字接口）架构构建面向互联网时代的下一代云数据中心，即 DC as a service。具体由全球云数据中心、SDC/SDS/SDN、HiCloud 云管理（H. I. E）以及云服务、云运维、云运营等构成。

二是 PaaS 云平台 H. A. E。华为以开源架构为基础，通过云化、服务化、移动化、安全内置化的云平台，驱动应用实施敏捷、快速、低成本交付，从而实现应用弹性伸缩 Scale。这些在华为的供应链架构中已经全部实现，并已实现开发蓝领化。

三是全球应用去中心化分布式部署。华为面向一线的 Web 应用及移动应用，大幅提升应用的全球访问性能，提升用户体验。

四是应用层 SaaS。华为按“前轻后重”进行构建，在前端以人为中心构建便捷、易用、协同、高效的体系，在后端以流程和服务为中心，基于各种云服务持续进行系统整合。

---

① On-premises 指的是运行在用户或组织所在的经营场所计算机中的软件。——编者注

五是大数据和实时计算。华为基于 Fusion 系列产品，构建大数据和实时计算能力，支撑业务智能、信息透明可视，实现实时供应链和实时交付。

六是安全大数据智能分析平台。基于 FusionInsight，以大数据分析为核心，聚焦关键业务，构建智能、互联、可视化的下一代安全智能防御体系。

七是研发 IT 2.0。华为通过 R&D@Cloud&Mobility，基于华为研发 IT“七朵云”，实现计算集约化、数据集中化、接入自由化、终端多样化，从而提升全球研发协同能力和灵活性。

八是办公 IT2.0。通过与华为各产品线合作，共同打造云化、社交化的移动办公 Workplace（工作场所），从而实现办公高效协同，全面提升办公效率。

四、企业信息化的技术趋势展望

面向未来企业的 IT 系统将从支撑系统转变为生产系统。如图 2 所示，企业信息化经历了支撑阶段、固化阶段、提升阶段、独特价值阶段、创新转型阶段等五个阶段，在推动企业从成本中心向价值中心、利润中心的转变中起到越来越重要的作用，未来将成为企业创新转型的核心竞争力。未来企业的 IT 系统不仅仅面向企业内部的员工，更将直接面向企业的所有客户、合作伙伴，需要实现与企业的工业系统之间的深度融合。

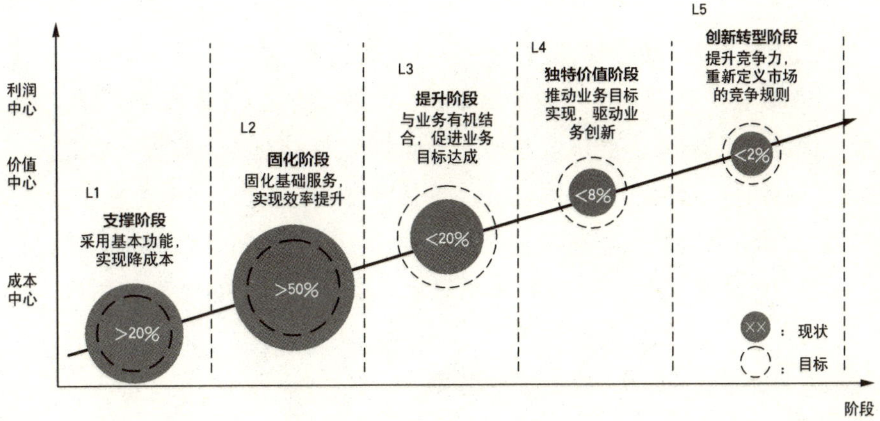

图 2　企业信息化的五个阶段

资料来源：华为集团

目前，企业的 IT 架构都不能满足这样的需求。需要充分探索云计算、物联网和大数据技术的发展趋势，实现企业信息化系统从支撑系统向生产系统的转变。在支撑企业发展与创新的信息技术趋势方面，华为认为有六大趋势值得持续关注。

（一）用户流量向互联网快速转移

伴随着移动社交化趋势，企业 BYOD（自带设备办公）应用逐步普及，更多流量从企业专线向互联网转移。这主要表现在：移动互联网化使企业更加开放，互联网的可用性和性能保障更高，外网访问内网、消费应用等并存时的安全挑战，等等。

（二）全球本地化、数据贴近用户

即保证不同地理位置的用户都能获得一致的服务体验。通过全球本地化，能够满足 170 多个国家的服务需求；通过开启“班长的战争”，实现一线呼唤服务；通过实施贴近业务，实现服务“零等待”；通过数据全球同步，实现服务全球共享。

（三）集成、整合、云化

随着业务增长和创新，海量数据将进入数据中心。具体方向有：业务、流程、数据、应用集成，产业链集合，业务连续性保障，快速提供 ICT 基础设施服务，以及消灭断点，数据梳理，根据第三、四层流程检测软件包。

（四）传统平台、私有云、混合云、公有云长期共存

企业部署云计算服务有三类主要模式：一是公有云，允许任何人通过授权接入，最大优势就是规模大，经济效益高。二是私有云，存在于企业防火墙之内，只为企业内部服务，安全性好，但成本较高。三是混合云，通过公有模块和私有模块实现公有云与私有云的嫁接。在未来一段时间内，公有云、私有云、混合云将与传统平台长期共存、优势互补，面向不同的信息化需求，服务于不同的企业用户。

（五）分布式、多层次、动态安全防御

云和移动办公的普及，对企业安全提出了更高的要求。具体方向有：企业 IT 边界控制被打破，需新建端、管、云立体安全防御体系；中西合璧，需要进一步健全安全管理体系；基于 Kill Chain（杀戮链），建立逆系统、1～4 阶段、行为模型等安全技术防护体系；基于大数据分析，建立安全运营体系。

（六）信息化向服务转型，为物业创造价值

要让 ITaaS（信息技术即服务）成为常态。具体表现有：自建自维与购买 IT 服务，传统 IT 运维模式向基于 ITIL（信息技术基础架构库）3.0 业务服务模式转型的私有云，支持中小企业、大型企业非核心业务的公有云，以及适应“走出去”的大型企业的 ITaaS。

五、信息时代企业转型的思考与探讨

此次信息战略论坛特别邀请了用友、金蝶、徐工、中石油和航天信息的高层管理人员，针对信息时代下的互联网企业和传统企业进行广泛的探讨，并交流了各自企业在信息化方面的最新实践。

（一）中国信息化百人会成员、用友软件董事长王文京：对企业互联网化的认识

互联网的应用正在从消费互联网转向产业互联网/企业互联网，企业正在广泛进入以互联网化为核心的信息化建设新阶段。用友认为，当前新的计算技术模式和新的商业理念的结合，将形成新的企业运维模式，再形成价值模式。

首先，新的计算技术模式主要表现在三个方面：一是计算架构从之前的 BS 架构转向云架构，二是计算终端从原来 PC 终端转向各种移动终端，三是计算范围从原来的企业计算拓展到供应链计算乃至社会阶段。在这个阶段，企业信息化系统的对象扩张到全社会范围，企业可以参与全球范围的资源配置，企业对社会产生巨大的改变和促进。

第二，技术发展一定要跟商业模式改变对接起来。对外以客户为中心，对内要发挥基层员工的能动作用，这成为新时代的商业理念创新的两个核心。由于互联网、云计算和移动互联网等技术的进步，为客户主导和员工能动的实现提供了新的手段和方式，因此这两个重要的商业理念再次成为焦点。

第三，新的计算模式和商业理念模式结合，形成了新的运营模式。新的企业运营模式有两个新的特点：一是数据驱动。原来的企业信息化系统主要是以流程为核心的，即流程驱动的模式。而新的阶段以数据取代流程，并成为驱动企业信息化建设更重要的力量。二是实时企业。原来很多企业运营都是延时的方式，而现在越来越变成实时企业。

第四，企业互联网化要实现两大价值目标。一是敏捷经营，二是智能管理。一

方面，数据驱动与实时企业都有利于敏捷商道的实现；另一方面，原来只有丰富管理经验丰富的主管才能够实现的管理行为，现在都可以通过智能化的系统来实现。这些都会给企业带来重要的价值。

在实践方面，用友一直在针对企业信息化推出创新的服务和解决方案，其中有两个方面的解决方案相对突出。一是 O2O 营销的解决方案，用友已经在与美的合作。二是社交化的协同工作服务平台。

（二）中国信息化百人会成员、金蝶软件董事局主席徐少春：传统企业的信息化转型

在移动互联网引领的这个急剧变化的时代，传统企业如何转型？金蝶的观点是：一是要和外部连接。要将具有巨大流量的互联网公司嵌入到企业里来。二是和内部连接。要将员工与信息化系统连接起来，员工不能一直在外部网站上，而应在企业内部成为一种生产力。三是 ERP 仍然是企业的支撑系统。在云计算浪潮中，ERP 要与时俱进，逐步移到云端上，并且去积累企业的大数据。

在移动互联网浪潮来临的时候，传统企业应该用创新迎接挑战。阿里巴巴在美国的上市，标志着 B2C 的市场到了顶峰，而下一步就是企业互联网的发展，这是传统企业和互联网结合的最佳时期。

这几年来，金蝶也一直在转型，我们不仅要在 ERP 这个领域持续创新，也希望在互联网这个领域有更多的颠覆性创新。我们也诞生了拥有 1 亿用户的随手记个人理财软件、中国最大的快递查询服务平台，我们的业务在不断地向云转型。当然，我们相信还有很多其他的商业模式，金蝶也将持续不断地探索与实践。

（三）徐工集团 CIO 张启亮：信息时代的 CIO 职能转型

CIO 职能正在发生根本性的变化，未来的 CIO 可能变成 CEO。原来 CIO 的职能是支撑业务、支撑企业运营、支撑流程变化，但是未来的职能应该是引领创新，引领企业模式、运营模式、产品模式乃至福祉模式的创新。我的切身感受就是，自 2014 年下半年来，CEO 在探讨未来的装备制造业怎么借助互联网、大数据、物联网等方式发展时，经常咨询 CIO 的意见。具体有四点感受：

第一点感受是未来的信息技术和制造业会深入融合。企业信息化原来只是做好企业的“硬件＋软件”，而未来的方向应该是“云计算＋大数据＋互联网”。徐工正在将产品、设备、资源与人、服务等联结在一起，成为以企业为价值链的新的社交媒体，这是一种新型的业态。

第二点感受是未来制造模式将发生两大转变。一是大批量同质化的制造将转化为大批量定制化的制造。二是从单一集中式的制造转化成协同或异地的制造。徐工正考虑在巴西、德国、俄罗斯建造协同生产基地。

第三点感受是未来企业的运营和管理将实现在线管理。现代企业的运营和管理是延时的，但是未来企业的运营和管理会变成在线的管理。通过信息化系统可以直接实现在线的管理。

第四点感受是企业组织架构可能发生很大的变化和调整。徐工集团可能在15年内将整个组织架构调整到网络架构上来，并让一线的员工来参与企业决策。

数字化新技术催生企业全渠道架构[①]

宋旭军

德勤战略与运营咨询总监

一、数字化驱动全渠道融合

个人消费电子产品和互联科技正在被加速普及。以近15年来一些主流电子产品的普及情况为例。2000年代初期，iPod、黑莓手机等大约用一年的时间达到一百万台的销售量。到2007年，iPhone只用75天就达到了同一销售量。到2015年，Apple Watch智能手表在美国首发当天即达到一百万台的预定量。

这背后有几个原因。第一个原因是电子产品价格在快速地下降，第二个原因是各种产品的移动性、便捷性越来越好。第三个原因是产品的可用性越来越好。第四个原因是各种产品的互联功能越来越好。

在技术的推动下，消费模式不断数字化。消费者典型的购买流程分为购买前、购买中和购买后几个环节。根据我们的研究，在这个过程中，包括建立购买标准、进行产品比价以及执行具体的购买行为，也包括在社交媒体和朋友分享使用心得，建立产品的忠诚度。这些方面的数字化程度已经非常高，很多活动都在网上进行。针对美国市场的研究发现，80%到90%的消费者在走进商场购买具体产品之前，已经通过其他的渠道对产品有所了解(见图1)。

在消费者和技术共同推动下，零售业出现了一系列数字化转型的趋势。

第一个趋势是移动。电子商务变得越来越普及，移动电子商务更是其中的主流。2015年的双十一，天猫900多亿元的销售额当中，约70%是来自手机端的交易，这个比例是非常大的，而且发展速度非常快。在这个过程中，不管是零售商还

---

① 根据作者2015年11月21日于“中国信息化百人会第二届信息战略论坛”的现场发言整理。

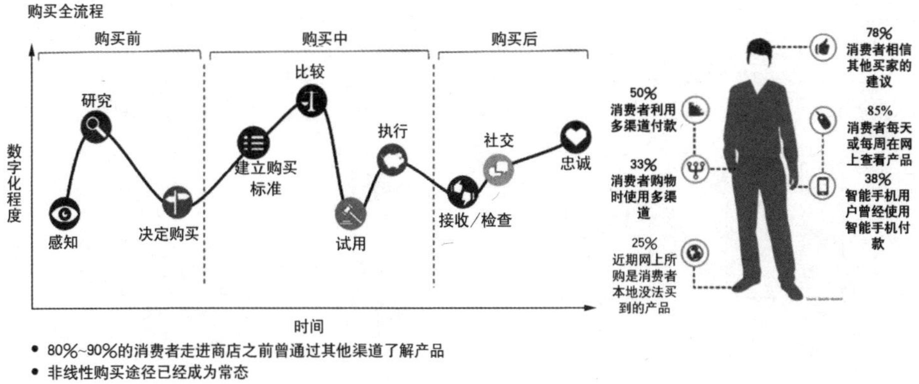

图 1　技术驱动下,消费模式不断数字化

是制造商,相关的移动电商、移动支付,以及为了配合移动支付提供的安全交易环境,就变得非常重要。

第二个趋势是快捷。现在年轻一代已经不愿意等待,不愿再等上几天才拿到订购的商品。这对零售商提出了更多的要求,产品需要更快推向市场、更快配送。

第三个趋势是体验。消费者希望按照他们喜欢的时间、地点、渠道去订购、收货和退货,希望在所有渠道获得一致的体验。

第四个趋势是创新。不仅仅是产品的创新、服务的创新,也体现在渠道的创新,以及营销和交付模式的创新。

目前,转型正在全球范围内快速发生,传统渠道和在线渠道出现了明显的此消彼长的格局。根据安装在美国主流商场和大型零售商的 60 000 个跟踪设备的跟踪显示,在过去几年中,光顾实体渠道的消费者人数在飞速下降——以平均每年 20%的速度在下降,这是非常惊人的。与此同时,更多的制造商希望把他们的产品放在网上,直接销售给消费者。根据经济学人智库最近做的调查,41%的受访制造业企业表示未来 12 个月里会直接将产品卖给消费者,目前这个比例为 24%。在未来仅仅 12 个月的时间内,有在线直销意愿的企业比例增长将近一倍,可以说非常惊人(见图 2)。

所有这些变化带来的结果,从消费端看,消费者与产品/商家的交互渠道较之前极大丰富。不光有传统的百货商店、购物中心、大型超市,也有新兴的各类电子商务平台,有社交媒体平台。甚至消费者在一次交易活动中,希望能够跟多个媒体、多个渠道接触。举一个例子。一个消费者在社交媒体上发现了一个商品的信息,把它加入到自己的收藏单中去,之后在电商网站获得报价,然后到实体店购买。

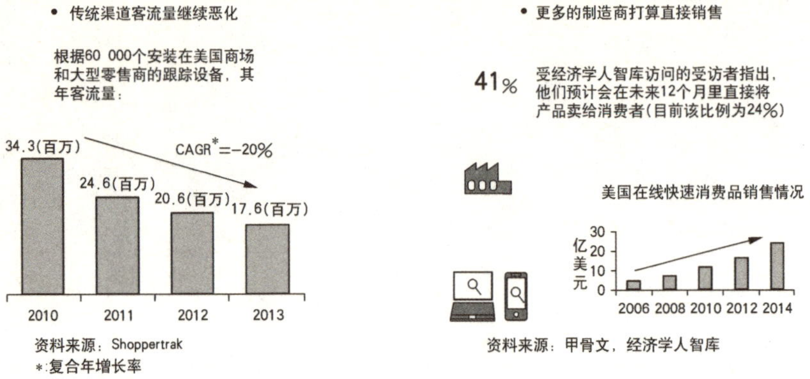

图2　转型正在快速发生，传统渠道和在线渠道出现明显的此消彼长

这是一个路径。也可能是在手机终端上订货，之后到实体商店取货。或者反之，在实体商店下订单，之后通过快递方式送货上门。

目前，很多制造业、零售业企业都实现了多渠道方案。但对大部分企业来说，各个渠道是彼此分裂的，传统渠道有自己独立的运营系统、管理团队，电子商务的渠道也多是独立运营。可以说，目前的多渠道模式在内部是严重缺乏整合和互通的，这就带来很多问题。

第一个问题，从客户角度来讲，很难获得一致的客户体验，客户的满意度因此会受到影响。第二个问题，企业的运营成本很高，也降低了整体运营效率。

目前，领先企业通过建立集成全渠道架构，在管理体系和IT基础架构上进行无缝、实时的对接。一方面，在客户侧提供包括电子商务、移动电商、社交媒体等尽可能多的客户入口；另一方面，在自己的内部运营平台上，包括战略、营销体系、供应链体系、组织流程等方面，进行充分整合，提供统一的解决方案。

在全渠道的框架下，领先企业正加速部署各类颠覆性的科技（见图3）。第一个方面是新的客户接触点。比如在机场、地铁等一些非常方便接触消费者的地方，部署自己的产品展示屏、直接的数字式交互交易终端。

第二个方面是新的转化策略。怎么把一个潜在的消费者变成真正的客户，其中一些新兴的科技手段可以广泛应用。比如物联网设备帮助更便捷的转化（智能冰箱、智能购物车），创新的数字化功能改进数字购物体验（增强现实技术、3D打印、可穿戴设备）等。

第三个方面是新的配送方式。在欧美一些国家已经出现了靠近上下班路上的“免下车取货点”，消费者开车驶入即可以不下车取快递包裹。一些企业也在不断

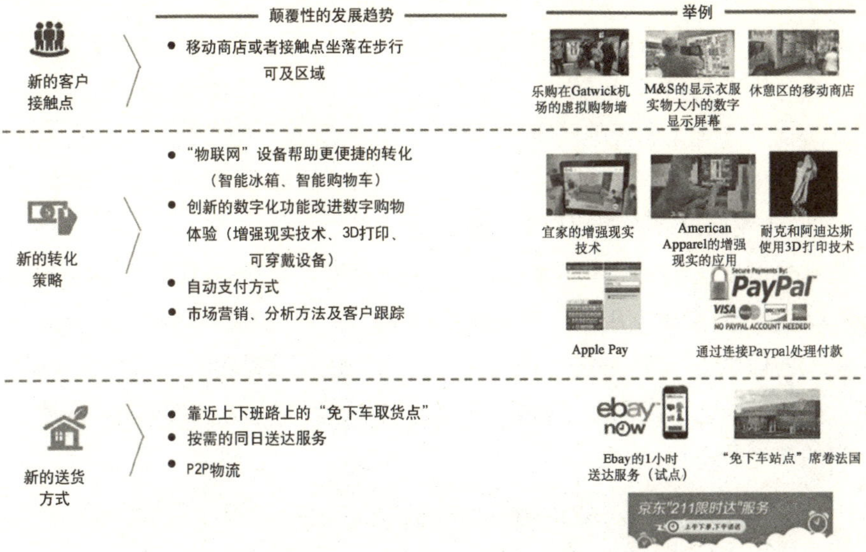

图3　在全渠道框架下，领先企业正加速部署各类颠覆性科技

地试验更快更准的配送方式，包括 1 小时送达服务、P2P 物流等方式。当日送货很快将成为电子商务非常主流的方式。

二、大数据商业分析

大数据这个概念大家提得很多，能否落地是关键。麻省理工学院 2010 年做的一项调查显示，领先企业正大规模采用数据分析方法优化决策并提升业绩，它们在日常运营和决策过程中对数据分析方法的运用是运营欠佳企业的近三倍。传统认为，首先采用大量数据分析的是财务领域，这也是国内企业应用比较多的。但欧美领先企业，在战略、运营、市场营销、产品营销、顾客服务等很多方面都会进行数据分析，应用数据挖掘技术，提升管理和服务。应用数据比较丰富的企业，它们的业绩比数据分析少的企业高很多。麻省理工的调研显示，分析"行家"的利润率是信息"新手"的三倍。

数据分析应用的不断增长，实际上是由多股力量共同推动的。第一是数据量的增加：2011 年一年就产生了 1.8 ZB 的数据，足以装满 575 亿个 32 GB 的 iPad。其原因是企业大规模实施 ERP 系统，同时互联网、物联网快速发展，包括消费者、行业、产品、交易等的数据都在快速生成。第二是数据存储变得越来越便宜：2008 年储存 1 MB 数据的价格是 2000 年的 1%。第三是处理器速度越来越快：自 2000

年以来，其处理速度快了 256 倍。第四是全球范围的连接，在任何地方都可以执行相关分析的工作。第五是更好的工具。国内企业应用 ERP 比较多，但是很多新兴的大数据分析工具（有些比较小众），正在被欧美企业界广泛应用。最后一个是可视化分析技术。对企业管理层来讲，很多时候，一些直观的数据展示非常重要。得益于图形技术、计算机处理能力和存储能力等因素的推动，可视化技术得到了非常好的发展，使我们得以直观地理解海量数据。

数据分析方法不是一个新概念，而是几个经过不断发展，能实现更深入见解的领域：数据管理、量化方法及可视化技术（见图 4）。过去很多时候企业的决策者需要在模糊的信息、模糊的环境下做出决策。因此有人说管理是一门科学，也是一门艺术。但科学与艺术之间的平衡，正逐渐偏向于科学一端。很多决策，将越来越依赖科学的数据分析。

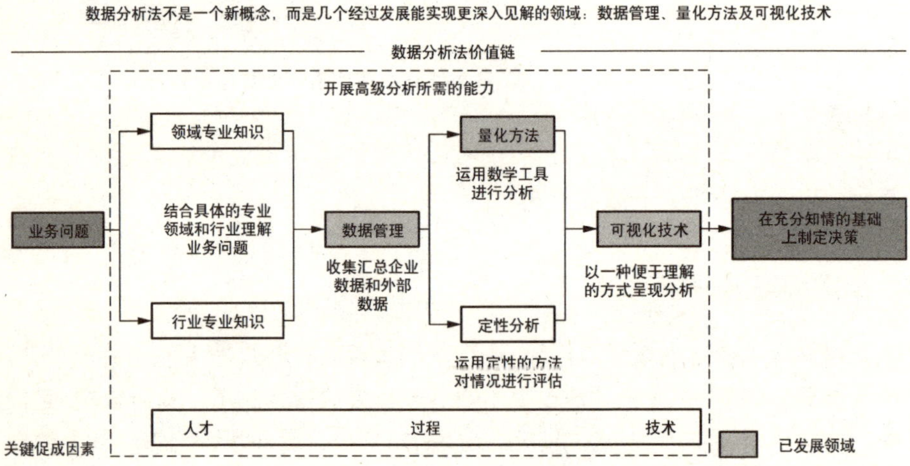

图 4　数据分析法价值链

在数据分析领域，传统上更多是总结性和描述性的应用，例如业绩总结、问题的描述和诊断。比如说营销报告、财务报告，每个季度出一次财务报告，每个月出一个经营分析的报告。所有这些更多是事后的总结，具有很大的延时性。未来，更有价值的是更具有前瞻性、更具有预测性的、发掘深度规律的分析。例如库存优化、配送网络优化、需求预测、竞争仿真等。在高级需求预测中，基于 POS 数据的应用，基于消费者的大数据，基于事件的分析，甚至基于对天气数据的分析，来对需求数据进行准确把握。

在采用数据分析的过程中，相关经验值得大家借鉴。第一是数据即王道。企业平时应该注重积累数据，不管是经营还是跟客户交流的数据。在这个过程中，应不断对数据进行积累，通过多种渠道进行收集整合是非常关键的。

第二，尽早使用可视化技术。尤其是在跟管理层沟通的时候，如果有可视化手段，对信息系统的价值体现是有很大的帮助的。

第三，学会跑之前先学会爬和走。在采取更高级的预测性解决方案前，提高描述性分析能力就已经可以产生巨大的价值。

第四，人员配备是关键。建议企业成立专门的数据分析队伍，承担相应的数据分析职责，安排合适的人才进行持续性分析，这是维持成功的必要条件。

三、新技术和未来供应链

物联网、人工智能、3D 打印、工业 4.0 等新技术正在对供应链产生革命性影响。

在 2015 年针对美国制造业领先企业的最新调研中，我们按照相关技术在供应链领域应用的成熟度，把相关新技术分成比较成熟的技术领域、正在增长的领域以及新兴的领域。从调研来看，库存和网络优化技术、感应器及自动识别、云计算储存、机器人及自动化这几个方面的技术相对成熟，已经覆盖了 35%～40%的被调研企业。一些正在增长的领域包括预测分析、可穿戴技术以及移动技术。新兴领域包括 3D 打印以及无人机等。

智能数据是所有新技术的支柱。我们以生产运营体系优化为例。传统的方法是通过观察一个生产单位的历史业绩去发现问题，之后成立专门的工作小组，去制订解决方案，并部署改进的措施。但是在智能数据的支撑下，所有这些都可以实时做出，比如说对特定工厂的相关指标进行实时的监控和实时的调整。

物联网颠覆了很多的环节，包括产品研发、生产、供应链、人力管理、资源管理等。以供应链为例，针对美国企业的一项调研显示，有超过 30%的公司已经或者计划在未来一两年中，在货物跟踪和供应链监控等领域使用传感器和自动识别技术。

可穿戴设备也广泛应用在供应链领域。举一个工人佩戴智能眼镜进行现场维修的例子。现场的技术工人在接触故障设备的时候，通过智能眼镜上显示的信息可获得相关的维修指示。当遇到特殊问题时，可以呼唤远程的专家。远程专家根据智能眼镜传来的实时现场图像对工人进行远程指导。这种方式可以让现场工人技能得到大大增强，同时可以把少量专家资源集中部署，提高了专家的效率。

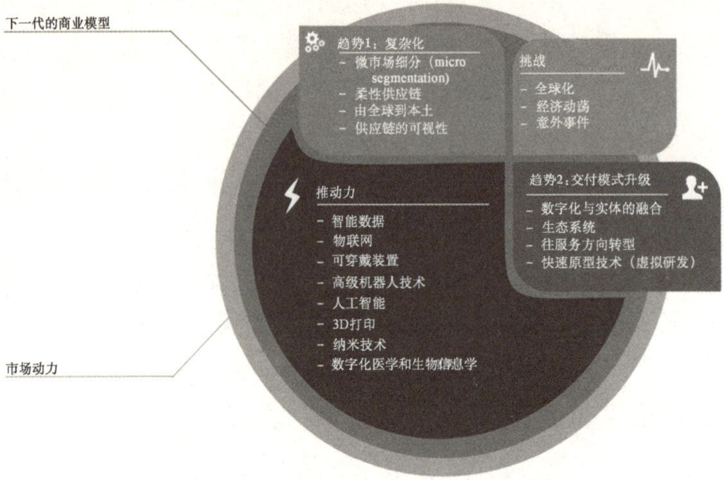

图5　下一代的商业模型——推动力、挑战和趋势总结

资料来源：Deloitte. Frost & Sullivan. Supplv Chain Management Review(July/August 2013)

3D 打印技术相对比较新兴，目前在企业界应用较少。调研数据显示，3D 打印主要应用在新产品的样品制作，以及小批量零部件的制作。但是我们相信，3D 打印未来很快会对产品研发生产以及物流配送产生直接的影响。

新技术给企业供应链转型和商业模式转型提供了一种可能。与此同时，企业所面临的巨大供应链挑战也使得转型变得很迫切。目前企业界共同面临的供应链挑战主要有三个方面：第一个挑战是供应链的全球化。区域贸易协定的不断变化和调整，全球经济重心的不断转移，给跨国企业的全球资源部署带来了非常大的挑战。第二个挑战是长期的经济不确定性，对生产经营和利润的压力越来越大。第三个挑战是供应链风险和不确定性更加严重。大量的不确定性，包括政治和经济的原因，给企业带来了大量的供应链中断风险。在这个过程中，供应链的可视性越来越低，监管难度越来越大，成本压力也是越来越大。

因此，未来企业的商业模式和供应链会产生两个方面的趋势(见图 5)。

第一个趋势是复杂供应链。供应链会变得比以前更加复杂，企业需要建立一个具有本土能力但同时横跨全球的供应链；同时要是灵活的供应链，面对大量供应链中断的事件要有实时、灵活的解决方案；另外要进行微市场细分，根据客户不断细分的个性化需求来定制更个性化、响应更快的供应链方案；再就是供应链的可视性要求变得越来越高。新技术的应用将使得企业建立更加细分、更加灵活的复杂供应链成为可能。

第二个趋势是新交付模式。一是数字化与实体的融合，在线和实体购买渠道的分界变得模糊；二是生态系统，很多时候需要构建一个统一的价值网络，各类企业甚至最终用户相互配合，共同完成交付和服务的开发；三是产品向服务的转型，传统上企业更多在产品上获得竞争优势，未来竞争优势可能来自以什么样的方式、在什么样的时间、以什么样的速度把产品送到客户手中；四是快速原型技术的广泛应用，新产品的研发、生产工艺和产品测试均能在一个虚拟环境中进行。新技术模糊了传统意义上的供应商、厂商、经销商和客户的边界，使得交互和交付过程变得更加非线性。

当今世界，数字新技术层出不穷，对企业的传统商业模式带来直接的冲击。上文针对欧美市场数字新技术在企业的应用趋势进行了分析。中国企业只有认真对待各类新技术并将其融入到企业的战略规划和运营实践中，才能在全球化的竞争中立于不败之地。

产业互联网时代，企业都是客户运营商[①]

田溯宁

中国信息化百人会执委
宽带资本董事长

随着最近几年技术的变革，智能终端、无处不在的网络、云计算和大数据使企业管理体系发生很大变化。过去企业的经营基本是以产品和服务为主，但是随着技术的变革，分享经济给我们带来越来越重要的改变——比拥有更重要的是使用它。过去我们想拥有汽车，拥有房屋，但存在着拥有后使用率非常低的问题。今天出现了新的商业形式，无论是房屋或汽车都可以分享，背后的实质是这四种技术开始起作用。通过无所不在的网络和智能终端，我们可以知道产品用了多长时间，通过后台云计算能知道谁需要这个产品，需不需要分享出去，而大数据能够预测下一次需求在什么地方。

分享经济的技术基础就是云计算、大数据、无所不在的网络和各种各样的智能终端。从根本上说，正如凯文·凯利(Kevin Kelly)讲的那样，在信息经济时代我们从拥有逐渐变成使用(见图 1)。这种变革不仅仅使产品和软件发生了非常大的变化，更重要的是为企业经营形态带来了更大改变。

我们看到工业产品的制造，从制造商到用户使用，过程周期非常长，要通过代理、零售才能跟用户发生关系。当制造商生产的所有产品都带一个 3G 或者 4G 芯片的时候，产品制造商和用户发生了直接联系。生产者第一次知道谁在用、用了多久、在什么地方用。

由于有了这些数据就能预测消费者下一次的使用需求，所以在产业互联网时代，一个最重要的变化就是生产者、制造者、产品提供者和用户发生了实时的关联。有人认为这种关联代表一种反馈的经济出现了——我们能够实时了解客户用得怎么样，他满意不满意，下一次购买行为是什么。这种反馈经济的出现，我认为是这

---

① 根据作者 2016 年 1 月 23 日于"中国信息化百人会 2016 年会"的现场发言整理。

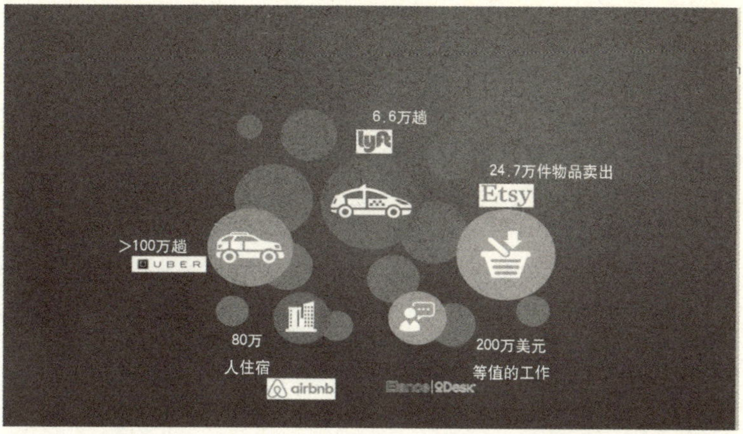

图 1　从“拥有”到“使用”的改变——分享经济

四种技术汇集的结果。

我们可以发现在这样一个反馈经济的时代里，掌握这种反馈经济模式的企业很快变成了新型的企业。今天，像 Airbnb 这样的企业，创业不到四年，没有一间房屋，却成了世界上最大的房屋运营商，因为它知道谁会需要一个房间，在什么时候有需求，他下一次购买行为是什么。所以这样一家没有房屋的公司，由于掌握了谁需要房屋这样的信息，成了最大的旅店经营者。我们也看到出行服务，无论是中国的滴滴打车还是国际的 Uber，它们都不拥有汽车，但是拥有人们使用汽车的各种各样的数据，于是也成了世界最大的运营商。

再看一下像海尔这类销售产品的公司。过去销售一台电冰箱，销售之后不知道谁在用，也不知道用冰箱储存什么样的食物。而未来的冰箱有各种芯片、有摄像头，能够提供智能服务。海尔就能从冰箱的提供者变成食品的运营商，因为它拥有这些食品信息的入口，它知道谁在多长时间内需要购买新的鸡蛋或者其他食品。

我们使用云计算、大数据这样的技术，能在深层次上引发变革，可以使未来企业从经营产品变成经营客户（见图 2）。海尔跟使用自己冰箱的客户可以建立联系。通过这样的实时联系，海尔能够知道客户的使用状态是什么。未来也会有新的商业模式出现。也许将来冰箱的提供者会像过去的运营商一样，收一次初装费，之后从客户的使用费中受益。

这样的变革之后，我们会发现企业经营形态和商业模型会发生非常大的变化，未来成为客户运营商要具备三个条件。第一要实时在线，永远跟客户发生联系；第二要知道客户在什么情况下使用你的产品和服务；同时你要不断获取客户的体验，

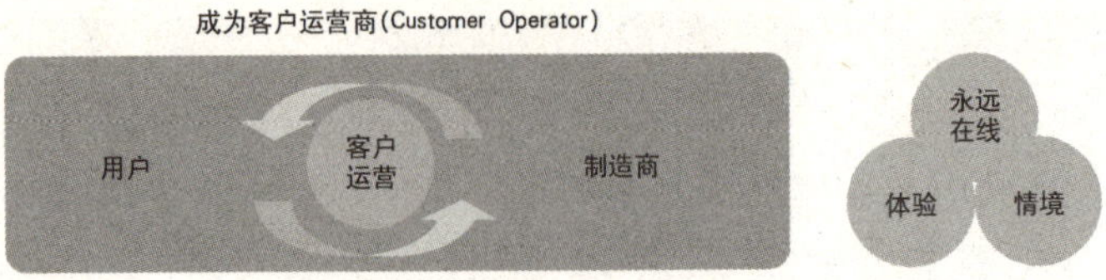

图2 从“经营产品和服务”变成“经营客户”

使你的生产制造和客户的联系变得越来越紧密。所以在产业互联网的时代，要逐渐从经营产品和服务变成经营客户，你要了解客户在什么地方，使用你的产品的经过是怎样的，你能不能给他更好的体验。

我觉得这样一个变革，会在未来使生产者和客户使用者的关系越来越接近。当企业成为一个客户的运营商时，企业的经营方式、管理体验、管理方法、商业模式会发生根本的变革。从卖产品变为产品只是你和客户建立联系的媒介，这种联系能让企业给客户提供各种各样的不同情景的服务。

我过去在运营商工作过。我认为电信运营商是最典型的客户运营商，我们知道谁在用电话，用了多长时间，而且商业模式是根据时间和距离收费。电信运营商面临互联网公司非常大的挑战。当很多公司的产品放入运营商的芯片，芯片可以实时记录谁在用你的产品以及用了多长时间。如果我们用这种模式经营，那么企业模式将会发生非常大的变化。

双引擎驱动华为 IT2.0 战略①

邓　飚

华为高级副总裁

一、华为 IT 的现状

华为 2015 年公司的收入预计达到 620 亿美金，2014 年为 460 亿，增长幅度超过 30%。2015 年的 IT 投资占公司收入的 2.2%，绝对值超过 12 亿美元，基本上每年的投资占收入的 2%左右。

华为 IT 网络在全球有 70 多个数据中心，其中 EDC（企业级）的有三个，其他为 RDC，运用云计算能让所有的使用者全球体验一致；公司有 800 多个 IT 应用系统，网络带宽达到 70 GB，云存储的容量达到 70 PB。全球员工总数达到 17 万人，有 28 个和客户的联合创新中心，在 170 多个国家部署有 IT 网络，2015 年要处理的合同总数超过 63 万个。

从公司的变革规划来看，对未来 3～5 年，公司制定的变革目标主要有两点：第一，要面向全球建立联合的作战系统；第二，构建数字化作战平台，提升运营效率。

美军有一套作战信息平台叫 C4ISR——C4 指控制、指挥、计算和通信，I 指情报，S 指监控，R 指侦察。这套系统也叫兵力倍增器，对美军作战效果提升起到了关键作用。华为有很多管理理念、IT 的规划思路与其有类似之处。

美军的 C4ISR 也是在作战中不断积累经验的。1991 年海湾战争，美军把 4 000个集装箱拉到现场，到战争结束有 2 000 个箱子没有打开，武器找不到适配的弹药，弹药找不到武器在哪。当前很多企业的运营管理都有类似的情况，因此如何构建一个强大的一线联合作战系统及数字化作战平台，是未来企业的核心

① 根据作者 2015 年 11 月 21 日于“中国信息化百人会第二届信息战略论坛”的现场发言整理。

能力。

当前华为也存在一些问题，如业务变化非常快，需求满足的速度却跟不上这种变化。我们在海外有些区域中心的网络支撑并没有达到中国的水平，比如在巴西，网络延时曾经达到400毫秒，这对实时性高的业务来说是不能接受的。再比如，很多管控方式是职能部门按管控功能进行规划，并不适合现代化的作战，我们最终要构建以人(流程角色)为中心的指挥系统。我们以前用了大量合作伙伴的软件包，在这些软件包上进行定制和功能扩展。随着业务发展，这些定制化的软件越来越被孤立成卫星系统，系统间的数据不通，全流程的协同越来越困难。还有，很多应用是烟囱式的，烟囱和烟囱之间的数据没有打通。当一线机会来临的时候，牵一发而动全身，怎么让 IT 系统快速适应快速变化的作战场景，是我们要重点思考的。

当前 IT 的技术发展很快，社交网络、移动化、智能网络、云计算、电子商务……对我们应用的客户界面、产品的研发过程、员工管理和沟通以及生态系统的建设，都带来了非常多的机遇。同时从全球行业趋势来看，行业领导者在运营管理过程中也都呈现出很多相同特征。比如用数字化进行运营管理，比如以包容、弹性的方式建立生态，技术平台也更加开放，同时通过精益智能制造和智能配送体系来提高制造及物流运营效率。

二、IT 系统的两大趋势

第一个趋势是人、物和业务的协同，物理世界和数字世界的协同。

过去，我们的发展经历了几个阶段：第一个阶段是 Internet(互联网)，第二个阶段是 Mobility(移动)，第三个阶段我们认为是 Living Service(生活服务)。现在我们处在 Digital Service(数字服务)阶段，下一步在新的发展阶段中，随着商业要素的变化，整个系统都能够支持你，而现在的 Digital Business(数字业务)更多只是指协同。

第二个趋势是去中心化和去中介化。我们通过云计算移动化使管理体系更加简洁，以一线的作战团队为中心，构建整个管理团队的架构。IT 技术给我们带来非常多的机遇。比如机器启动方式，以前一个虚拟机占据的内存就有 4 到20 G，现在一个容器才 100 M 多点，更轻量。我们把微服务装到虚拟机里面就可以更好地完成装载迁移，它的响应速度更快。启动一个虚拟机只需要 0.05 秒，而原来可能需要几十秒钟。所谓微服务，就是把以前传统的业务服务解构成微服务，装在容器里面。这使得整个软件架构发生很大的变化，它可以更好地响应需求变化，提供更好的服务。

这个过程中有一点非常关键，就是指挥作战与能力建设分开。其实这与美军作战情况是一致的：在美军管理体系里面，有军政和军令两种模式。所谓军政是对资源的质量管理，军令是指对作战过程的管理。比如美军的128万军队分为海陆空和特种部队，平时是按资源池来进行管理，其对提升队伍的战斗能力负责。一旦发生战争的时候，流程就从军政转向军令，指挥中心就变成参谋长联席会议，并根据作战计划需要从各资源中心调配资源，完成任务。

把军政和军令分开，我们认为有很多好处。华为各研发体系也是以类似方法运作。我们的研发人员有70 000多人，资源线是对队伍的技术能力负责。当要完成研发项目的时候，比如要开发5G移动通信网络，项目负责人就在资源线购买他需要的资源来进行交付，一旦项目完成，资源释放回资源池。因此，IT系统必须要支撑这种业务模式。

前几年，任正飞总裁写过一篇文章叫《让一线直接呼唤炮火》，当时我们所处的情况就是没有把作战体系和资源体系做区分。机关明明是要支撑作战的，结果却成了指挥中心。指挥权需要下放，下放过程中的监管和核算问题需要IT和管理体系来完成。还有管理的扁平化，现在的IT技术能够支撑管理扁平化，并基于价值网络平台的协同作战，使得作战组织变得精干；传统的资源买卖转变为项目买卖、任务买卖，进一步激发了组织活力，改善了我们的运作效率。

三、基于数字化的企业管理

智能制造和智能服务的基础是数字化。我们很多企业没有把数字化做好，盲目地谈智能化，还没有学会走就开始跑。我们认为要把研发过程、生产制造过程、营销过程、服务过程率先数字化，数字化是智能化的基础。

研发、生产制造、销售、营销、交付各个过程，都需要以数字化为基础来对整个业务进行重构。

基于面向未来的思考，我们要支撑将来千亿美元收入的规模，我们要实现B2B和B2P、B2C三个模式并行的规模发展，我们要为一线的数字化平台构建一线的联合作战体系。在这样的大背景下，华为提出要建立IT2.0架构。总而言之，就是在I层建立云数据中心，在P层建立一个开放的PaaS云平台，在S层建立以人为中心的IT应用层。

我们要实现的目标是跟客户做生意，过程要让客户觉得很愉悦，让合作伙伴更方便地与华为进行合作，与供应商的合作也要实现双赢。我们希望跟客户、供应商和合作伙伴实现信息流、物流和资金流的可视、开放、高度协同。

IT 系统规划的时候要面对很多业务场景，业务首先要场景化，要把它解构成一个个业务时刻，然后建立业务规则，业务规则对应建立微服务。

基于 IT2.0，我们规划了一系列的云，包括营销三朵云：体验云、知识云、方案云。营销三朵云解决的是客户体验一致性的问题，以及人和人、人和知识的连接。以前，员工到华为与到 IBM 两年之后，技能提升程度是不一样的。IBM 有一个不错的知识管理支持体系，现在华为也做得比较好了。要完善人和人的沟通、人和知识的沟通，这样当你在岗位上的时候，知识库里最有价值的知识会主动推送给你，让你在更短的时间里高质量地完成任务。

就像美军 24 个陆战队队员就把本·拉登干掉了，其背后有一个适时智能的 IT 系统在支撑作战，整个作战过程是透明可视的。如果没有一个强大的后台支撑他们，他们不可能完成这个任务。现在，我们用一个很小的团队在前面作战，就能够达到以前需要很大的一个团队才能完成的目标。因此，华为在前两年提出了要支持班长的作战，就是要有一套智能高效的 IT 系统，当然其中也要包括授权、监管等一系列的问题。

在生产层面有五朵云，包括财经云、销售云、供应云、交付云、采购云。现在我们也在规划其他的云，未来可能我们的 PaaS 平台上飘着千朵万朵云。随着业务的发展，这些云应该是弹性的、可以拓展的、敏捷的、全球服务一致的。

研发层面有七朵云，包括设计云、桌面云、持续集成云、仿真云、测试云、调测云、杀毒云。

此外还有供应云，用数据驱动我们的智能供应链，包括智能工厂、智能物流、智能仓储等。还有企业社交云，类似企业版的微信，非常高效地改变了我们的工作模式。

IT 的规划，功夫在诗外。一定要深入理解业务战略，IT 才不会被动响应业务需求。我们的 IT 团队里有大批专家，税务专家、电商专家、大数据专家，可以跟华为任何业务体系的专家 PK 业务。因此，做好 IT 信息化，一定要把业务吃透，才能让业务人员从内心认可你是伙伴。

四、大数据的应用

大数据战略包括五个方面：数据维度、技术维度、应用维度、文化维度、组织维度。

数据维度上，数据一定要贯穿、分享和沉淀才会有生命。用数据贯穿梳理整个组织，它的价值远比保留在一个部门里大得多，这也是未来五年规划我们准备做的事情——用数据来驱动整个组织。

技术维度上，建立了企业级的统一技术平台，整合了企业内外的数据，结构化与非结构化数据，融合了分析与应用。

应用维度上，大数据最终是要实现企业的商业价值，因此它是用来驱动业务的，驱动产品研发、营销、销售、生产、供应和服务。

下面我用几个实际的案例讲一讲华为是怎么样运用大数据的。

案例 1： 我们以前认为购买华为 P8 手机的客户可能是两种，草根男或者二三十岁的白富美。通过大数据平台的分析，发现客户不是他们，而是 35 到 49 岁，80%是男性，消费能力比较强，高学历，尤其对 IT、财经和数码比较有兴趣。我们真实的客户跟原来所规划和想象的客户有很大的距离。

案例 2： 在营销活动中，我们通过大数据平台做了很多新的尝试。我们对用户进行了标签定义，每个用户都有若干个标签，包括兴趣、能力、偏好、职业、微博上面的表现等等，用户标签积累越多，用户的画像就会越精准。用户画像可以让华为针对潜在客户群体做精准营销，提升线下活动的营销价值。通过一段时间的统计，我们为 P8 做的营销活动，传播效果提升了 10 倍，销售效果提升了 3 倍。

案例 3： 以前我们做媒体投放的时候是比较盲目的，不知道这个广告有谁看了，在什么场合看的，看了多长时间，看完后有没有产生购买行为。现在通过大数据平台，广告可进行精准投放，我们有了更精准的广告创意，我们知道这些广告该投放给谁，在什么媒体、什么时间投，投放效果提高了 35%。

文化维度上，大数据工作一定要高层关注、CEO 重视，数据就是企业资产。

最后一个，组织维度上，在一个企业里面应该如何去设立对应的大数据角色呢？华为内部有 CDO（首席大数据官），有大数据的管理团队，下面还有大数据运营团队，需要有这样一个组织才能够把大数据作为一个企业战略来做。

我们要形成信息观，构建数据决策文化，要让数据实现价值。同时数据一定要贯穿业务活动，如果研发的数据始终在研发部门，它的价值是有限的。一定要贯穿起来，还要把外部的数据、跨行业的数据协同起来，这才是大数据。

因此，在华为的体系里面，构建了大数据平台。这里面包括企业数据的入口，对结构化和非结构化处理的架构，以及把数据做成服务、做成应用来驱动业务的价值。我们为消费者建立了用户的标签，标签总数达到几十亿，标签的类别包括兴趣、爱好、性别、学历、收入等等，还有人际网络、社交网络关系等。我们通过大数据平台，发现以前的产品定位与实际有很大的偏差。

通过大数据的平台，我们的服务流程和策略也发生了变化。以前不管什么类别的客户，流程都是一样的；现在通过大数据平台，高价值用户就直接进 VIP 座席，普通用户就按照正常流程走。华为把有限的资源通过为不同对象制订不同服务策略，使营销方案策划发生了很多变化。

沈阳机床与"i5"革命[①]

《"i5"革命》中的i5，是沈阳机床集团对其所开发的数控系统的命名，其字义来自5个英文单词——Industry(工业)、Information(信息)、Internet(互联网)、Intelligence(智慧)、Integration(集成)——的第一个字母。本报告的主题就是以沈阳机床集团开发世界上第一个智能、互联数控系统的经历——中国工业正在发生的一个创新事件——为经验证据，讨论中国产业升级的理论问题。

一、中国产业升级的任务

在中国经济发展面临着重大转折或调整的关头，能不能对产业升级的重要性形成共识，关系到对中国经济发展方向和途径的选择。但是迄今为止，对于产业升级的内容和途径存在许多模糊的认识，甚至缺乏认真的讨论。

从经济政策的角度看，目前有两种关于产业升级的视角居于主导地位。第一种是从宏观经济政策的视角看待产业升级。由于这种视角关切的重点是宏观经济平衡和长期经济增长的条件，所以倾向于把产业升级看作某种宏观经济条件下的自然结果。第二种是传统的产业政策视角。这种视角往往提出具体的目标(如"制造强国""中国制造2025"等)、具体的做法(如推广"互联网+""智能制造"、机器人等)及其相应的支持措施(国家项目和政策)。

上述两种视角的共同问题是没有从工业发展本身去讨论和理解产业升级的动力、过程和机制，所以它们既没有回答中国产业升级的内容或范围是什么，也没有回答中国产业升级的途径是什么。为澄清这些问题，本报告提出三个命题，陈述

① 本文为中国信息化百人会2015年年度课题研究报告《"i5"革命》的精华版。《"i5"革命》课题组长为中国信息化百人会成员、北京大学政府管理学院教授路风，课题组主要成员为北京大学政府管理学院博士生王晨。

如下：

第一，从经济发展的角度看，中国的产业升级必须是“基础广泛”的升级，既包括发展高新技术工业，也包括现有工业向更高技术水平、更高生产率和更高附加值的产业活动转移，而后者对于中国尤其重要。

第二，产业升级具有“内生性”，因为造成产业结构性变化的主要力量产生于产业发展过程本身，即来自企业的创新活动。

第三，产业升级的实质是工业知识和经验体系的扩张和更新，从而决定产业升级是一个演进的过程。因此，有关产业升级的政策（包括宏观经济政策和产业政策）应该采取促进、引导和激励的方式，避免采取“休克疗法”的方式。

图 1　沈机生产车间现场(2015 年 6 月)

注：左边是“i5”系列产品的生产线，右边是搭载西门子数控系统产品的生产线

二、“i5”案例说明了什么？

沈阳机床集团开发的“i5”数控系统问世（以公开展示为标志）刚刚两年，还没有得到官方组织（如政府部门、国家科技项目和行业协会等）的承认，但本报告将证明，它是全球第一个使机床成为智能、互联（smart and connected）产品的数控系统，甚至走在了德国工业 4.0 的前面。尽管这只是一个工业的技术创新事件，但回顾开发“i5”的过程，可以揭示出有关中国产业升级的一系列重大主题。

本报告所讲述的创新事件——开发“i5”数控系统——发生在中国机床工业。从时间来看，机床工业是一个古老的工业。但决定中国机床工业属于“旧动能”

还是“新动能”的关键，不在于这个工业的“年龄”，而在于它能否产生出技术升级的动力和努力，在于它能否通过技术突破而成为支持中国制造升级的关键工业。“i5”智能数控系统的意义恰在于此：它不仅突破了中国机床工业长期处于弱势的数控技术，而且以其智能、互联的特性为中国制造业升级提供了广阔的空间。

新一轮信息化的主要内容是以互联网为代表的信息技术进入工业领域，“传统”工业是这一轮信息化的主力。

现有工业的知识和经验基础是宝贵的。虽然工业企业在利用信息技术时可能需要与信息技术企业合作，但没有这个基础，新技术就不能被中国工业广泛地吸收，生产率提高的空间就会被大大压缩，中国经济发展的动力就会丧失。

工业企业的自主创新是产业升级的根本动力。

“i5”数控系统的开发再次证明了自主创新的力量。数控系统是中国机床工业的长期短板，制约着该工业的发展以及中国制造业的升级。长期落后的原因是中国在几十年的时间里都把希望寄托在引进技术上，没有下决心从底层技术开始开发自己的系统。在一系列条件的促使下，沈阳机床集团走上了自主开发数控系统的道路。当这个项目从 2007 年开始执行时，开发者的原定目标是开发出能够替代进口的常规数控系统。令人（包括开发决策者）意外的是，最后开发出来的却是世界上第一个智能、互联的数控系统——原因就是自主创新。

“i5”智能、互联数控系统在中国机床工业的诞生及其所展示出来的革命性前景，证明中国经济发展的“新动能”只能在“旧动能”的基础上产生，而把后者转化为前者的关键是自主创新。因此，把“新动能”与“旧动能”截然分开的思维是站不住脚的，因为前者孕育于后者，或后者是前者的基础。正因为如此，“i5”革命的案例可以为我们思考中国的产业升级提供重要的启发。

三、“i5”数控系统的研发组织模式

“i5”数控系统的研发是在一个奇特的组织模式下完成的。项目由沈阳机床集团——一个东北老工业基地的老国企发起，而执行项目的研发团队则在远隔千里之外的上海组建。因此，研发团队的管理模式没有受到母公司的影响和限制。整个研发过程像一个“系统”，其中每一个组成部分都是必不可少的：沈阳机床集团不仅提供了“耐心的”投资，而且贡献了机床工业的知识、经验和应用机会；上海团队则以其坚持和创造性为沈机开发出新颖的数控技术（见图 2）。

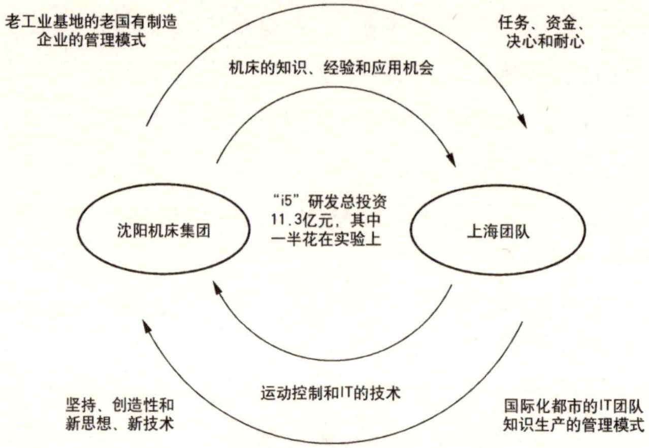

图 2　"i5"数控系统的研发组织模式

四、"i5"的力量

理解"i5"数控系统的演进及其革命性的关键是这样一个事实：当"i5"数控系统使机床成为智能、互联的机器之后，机床就不再仅仅是一个生产物品的工具，而且同时成为一个生产数据的工具。换句话说，当智能、互联的机床开动起来后，它就同时生产出物理空间中的人工制品和围绕着生产人工制品过程所产生的所有数据——这些数据是形成虚拟网络空间的基础。在机器互联的条件下，当机器自动产生的数据不受人为的扭曲而能够反映物理空间的真实状况时，人们就可以通过虚拟网络空间来改变他们自己在物理空间的活动方式。

在"i5"系统演进示意图(见图 3)的第五阶段，云平台取代了数控机床而处于中央位置，因为此时的虚拟空间能够通过数据交互把不同性质的物理空间连接起来，而云平台则是这个虚拟空间及其所反映的活动网络的中心。因此，尽管智能、互联的数控机床仍然是这个网络的基础，但由云平台协调的虚拟空间已经可以改变物理空间的活动方式——不仅仅是机床的改进和变化，还有工业活动方式的变化和工业与工业之间关系的变化——只要它们的共同基础是与使用机床有关的制造活动。这就是被迈克尔·波特(Michael Porter)低估了的作用。

反过来说，云平台的作用将来到底有多大，首先要看它所协调的网络有多大。可以肯定的是，"i5"数控机床将会不断得到改进并更多地进入市场，从而为"i5"系统赢得更大的"安装基础"。随着"i5"机床的安装基础扩大，iSESOL 平台(包括其

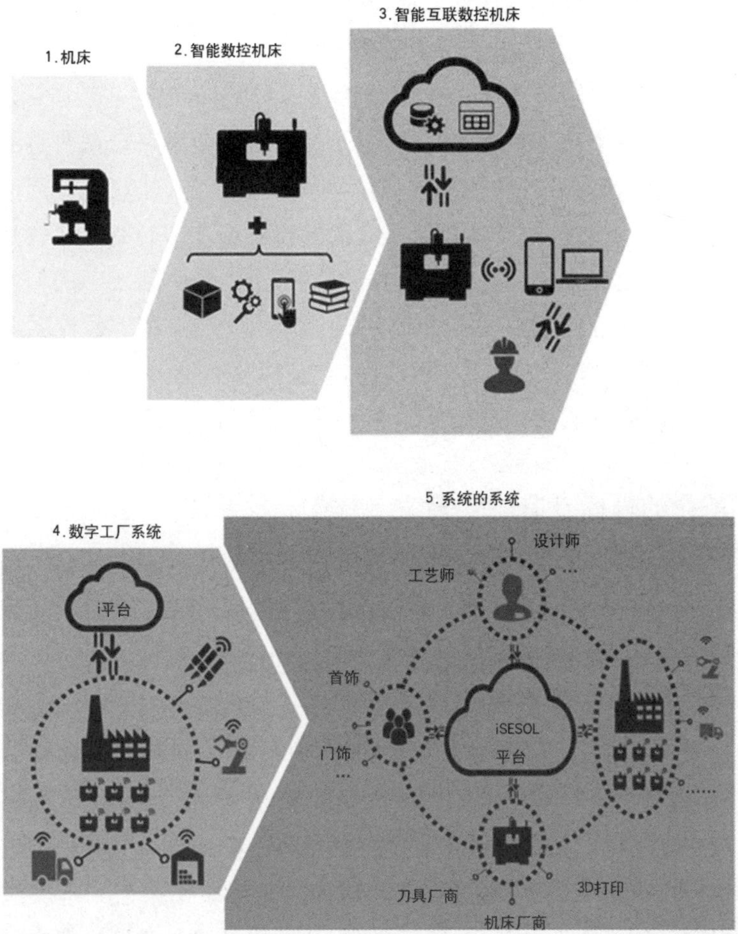

图3 “i5”系统的演进

中的 i 平台)的“网络效应”就会更强，两者互动将产生 ICT 工业中常见的“正反馈”——强者恒强，甚至赢者通吃。因此，由“i5”数控系统带来的革命性效果就会逐渐显现——“i5”数控机床不仅是改变中国机床工业的产品，而且将是改变世界的机器。

按照德国人的设想，工业 4.0 的核心是在已有的(嵌入式)自动化、控制和信息结构之上，创造出一个新的层次——所有系统的系统(a system of systems)，使以前广泛存在的自动化系统互联互接。但对“i5”数控系统演进的分析证明，在已有的自动化、控制和信息结构之上是无法创造出“系统的系统”的，也不可能使以前的自动化系统互联互接。如果要达到这个目标，就必须重新开发那些“已有的自动化、控制和信息结构”，使产品能够智能、互联。

德国工业 4.0 的计划提出者之所以没有意识到这个问题，除了德国工业的实践尚未走到那一步之外，更重要的原因恐怕是太想维护和保持德国工业已有的优势地位。但是，在一个技术革命的时代，只是往旧东西上添点新东西是不足以保持已有优势的。就像西门子的数控系统一样，要想实现智能、互联就必须推倒过去的系统架构重新开发。创新之难就在于经常需要自己革自己的命。这就是后进者可以超越领先者的机会，如果后进者有足够的智慧、勇气和脚踏实地的精神——这是本报告关于“i5”案例的精髓。分析至此，我们用不着客气：“i5”数控系统及其衍生出来的信息系统走在德国工业 4.0 的前面，它是德国工业 4.0 的榜样，也是世界上实现生产工具智能、互联的先驱产品之一。

五、“i5”革命的性质及其理论意义

“i5”数控系统是中国机床工业自改革开放以来的一个重大技术创新。它的意义不仅是为中国机床工业提供了一个可用的数控系统，更重要的是以其改变工业模式和制造方式的潜力，为中国向新工业革命的迈进开创了一条路径。

开发“i5”的过程展示了自主创新的核心要素。沈机集团上海团队的开发是从学习外国技术开始的。同样要实现机床数控，但是第一，他们没有跟随外国产品的技术轨道，而是以自己对于技术应用环境的理解(产品概念)选择了不同的技术轨道——所以产生了可以出现新技术可能性的系统架构；第二，上海团队自己把数控系统中的核心技术从头到尾、从最底层到应用层都做了出来——所以他们能够使这个系统根据新的可能性而变化；第三，他们开发技术的全部目标都遵循要让用户感到“好一点点”的原则——所以他们能够不受任何框架的束缚而把出现新可能性的技术做到底。

“自主创新”的概念曾经引起许多争议，而且实际上也已经被官方弃而不用，代之以“创新驱动发展”(于是，“自主”作为技术活动的边界条件就消失了)。限于篇幅，这里不再讨论围绕“自主创新”概念的争论。“i5”革命展现并证明的是，中国工业能够通过自主创新实现升级，并在升级的基础上继续成为支撑未来中国经济增长的主力。“i5”革命还告诉我们，在今天中国的条件下，技术落后的首要原因不是技术性的，而是内心的“胆怯”：目光只盯住自己与主导技术轨道的性能差距，不敢走自己的道路，不敢有产生新“范式”的独立思考和行动。这样的问题不仅仅存在于工业技术领域，而且存在于更高层次的政策领域。

通用电气在工业互联网时代的高端制造[①]

魏 斌

通用电气全球研发中心上海总经理

一、通用电气为何涉足工业互联网?

通用电气作为一个硬件公司、一个工业设备公司,为什么突然会涉足工业互联网这个领域?事实上,通用电气100多年来都把自己定义为一个硬件公司,但是所有硬件背后都必须有软件来操作。最简单的例子就是医疗系统,有超声波,有磁共振,有CT,但是如果没有软件把这些杂乱无章的信号做成一个医生可以看到的图形,那就什么用也没有。我们的软件工程师数量多于硬件工程师,因为要做很多图形的再创造。飞机发动机后面也都有庞大的软件支撑才能运作。其实我们就是软件公司,但是很多年以前我们一直把软件作为一个附庸,买硬件必须得有软件。但是,现在我们有了很好的硬件和软件,所以该考虑新软件还可以做什么。

以风机为例。过去是卖一个大柱子,卖一个箱子。结果发现一部分风能软件在里面,如果说连在一块就是一个风厂,这些风机之间需要协调,这就要考虑连接性了。如果风能发电的时候出现故障,比如今天风力不够,或者电力网络会有波动,那么必须得有另外一个软件支撑。除了单个的风能控制之外,我们还必须考虑大数据,比如今天的天气怎么样,今天网络的供需平衡怎么样,今天的垃圾太多了怎么办。这就需要完全不同的新软件。这个软件我们要不要做?我们可以不做,但是有人会做的,我们这块肥肉给谁呢?我们的机器系统使得自己做很方便,增加的产业附加值可能也远远超过了卖硬件的价值,因此派生出了一个远程服务——风厂监控、电力上网的品质管理、风厂的数据安全等等。所有的这些东西做成一个系统的话,带来的利润远远超过原来的想象。俗话说无利不起早,通用电气做工业

---

① 根据作者2015年2月7日于"中国信息经济年会暨中国信息化百人会2015年会"的现场发言整理。

互联网是利益驱动的，就是这么简单。我有硬件，然后我把软件做好。下一步在我的产业链和价值链里增加其他链条，把通用电气从一个硬件公司做成一个硬件和软件交互得更好的公司。

我们现在有了软件产业，就有了机器需要连接，这是一个朴素的工业互联网的概念。现在通用电气在美国加州有一个研究中心，有 1 200 个人，我们正在全力开发。首先，我们得有一个好机器，它可以连接上网，可以对信息和数据进行管理，它本身得是智能化的，有着高度的智慧。还有一点最关键，对于自己的机器我们熟知所有的细节。比如一台发动机，它的燃烧能量和空气动力怎么样。只有当你拥有了它，你才能知道怎么管理这些机器，这就是硬件公司来做软件的长处。

工业互联网前面是工业，后面才是互联网。没有一个工业基础，互联网带动不了什么东西。所以说这就是通用电气的优势。通用电气拥有很好的硬件，利用互联网不是颠覆自己，而是增加自己的长处。通用电气卖医疗器械，卖发电厂，卖飞机发动机，卖风机。风厂得到了很好的控制，可以给风厂增加 1%～10%的发电量。它挣钱了给我一半，那我也挣钱了。所以说，当我们连接这么多的时候，产生了大量不同的利益构造，使公司做得更好。比如航空业以 1%的产量提高或者效益提高来算的话，我们也能多得到利益。

从通用电气工业互联网的演变过程来看，它和工业 4.0 相比差距很明显——前者谈的是工业产业的大生态系统，这是工业互联网的概念；工业 4.0 则侧重于制造系统，因为它的驱动是像西门子一样的公司，它有控制器，有 PML，希望产能方面和成本方面得到实际的好处。但是它们互相在渗透，所以说工业互联网再往下层做，做出一个新的制造系统，就跟工业 4.0 很相似了。工业 4.0 往服务方面做一点点，这跟工业互联网也是类似的，最后大家融合在一个比较接近的轨道上。它们的共性是信息和物理的融合，这基本上解释了工业互联网和工业 4.0 的差别。

二、通用电气是如何做工业互联网的?

举一个很简单的例子说明一下通用电气是如何做工业互联网的。其实一点都不高大上，是一步一步非常接地气的动作。以先进制造为例，现在我们画了四个饼，前三个饼一点也不高大上，比如基础的材料和自动化。但如果前三块做不好，后面的工业互联网就没有多大的作用，所以前三块一定要更加用心地做。机器必须得有高质量，必须带有智能化功能，工业互联网才能介入。

我们现在推崇智能工厂，就是在设计一个产品的时候，要考虑它的制造性，要考虑它的成本。对于现在的工厂，设计人员在设计的时候知道制造性吗？知道将来是谁来做吗？知道成本多少吗？这些都不知道，因为设计人员的学术专业有限制，他是一个设计师而不是制造师。没有工具和大数据系统告诉他这个零件提供的功能。比如说飞机发动机设计得很对，但是不知道造价是多少，不知道利用什么样的材料使得它承受更大的推力。但是有了数字链以后可以整合，可以在同一个平台把它设计好。过去我们设计产品后直接投到车间加工了，现在我们中间加了一个虚拟的制造系统。但是包括通用电气的工厂在内的任何一个工厂，有哪家做到了虚拟制造吗？大家都想做，为什么做不了？因为这里有大量的物理模型我们还不知道。虚拟制造有两方面。一个是上层管理，材料如何进来、如何停留、如何优化。还有就是物理的模型，进入每一个制造的环节，我们都得掌握它的物理模型，有了模型以后才能做虚拟制造。这么多年通用电气积累了很多的物理模型，有很多大数据——每天都在生产叶片和发动机，我们可以利用已有经验弥补不足。我们的工厂由互联网构架形成了一个可控系统，工厂会按照我们的目的在最低成本和最高质量的要求下运营。

在虚拟制造下，产业里面最大的推动力还有数字系统。我们过去造飞机发动机，每一个零件要单独设计，然后进行组装。现在处在互联网时代，如果对每一个发动机的零件的系统强度和材料、所有的设计、燃烧理论都有把握，就可以在虚拟系统实现想要的设计。拖拉机可以在电脑上设计，然后再去制造，但是对高端的产品来说，你要投入更多的基础研究。工业互联网下的采购和生产有一个最大的不同，比如说飞机发动机的挂件谁可以帮我造出来，我就在你那里采购，这和以前的采购生产方式非常不同。

海尔互联网工厂的建设经验①

陈维加

海尔集团北京首席代表

一、海尔对工业互联网的理解

工业互联网的本质是生产力和生产关系的重组。海尔的理解是生产力决定生产关系，生产关系反作用于生产力，这是马克思主义政治学对整个社会形态的论述。有什么样的生产力就有什么样的生产关系，也就是说生产力有明显的时代特征。随着时代不断变化，在互联网时代，生产力发生了明确的变革，于是要求生产关系组织形态也随之发生变化。工业互联网正是关系变革的体现。

零距离、去中心化与分布式是互联网三大特征。这种颠覆体现在互联网时代整个产业生产力与生产关系的重组上。无论是美国提出的智能制造、工业互联网，还是德国的工业 4.0，都是将信息技术网络融入传统企业当中。

具体来讲，工业互联网带来的颠覆体现在以下三个维度。

第一是战略模式的重组。美国商业史学家钱德勒（Alfred D. Chandler）认为，传统时代经济发展的驱动力是规模和范围，也就是规模经济与范围经济。这个理论存在的基础是亚当·斯密的分工理论。而互联网时代，企业需要根据个性化的用户需求，进行战略模式的调整和重组，这是工业互联网发展的先决条件。

第二是组织模式的重组。马克思主义提出了几个层次的组织结构。从互联网时代的发展特性上看，去中心化的特点在颠覆传统的主流模式。中国古代的老子说，领导就是它自身见和不见都是一样的。所以海尔提出一个“管理无领导”。去中心化的特点颠覆了传统的组织模式，而以用户为中心打造扁平化的组织，实现了新时代的特点。

---

① 根据作者 2015 年 10 月 22 日于中国信息化百人会“工业4.0最新发展及公共政策研究”双周圆桌会议的现场发言整理。

第三是制造模式的重组。大规模制造成为全球制造业的主流发展模式。目前大多数企业都在这个模式下创新和发展。日趋个性化的需求驱动着整个产业从大规模制造向大规模定制转型，作为工业互联网的智能制造必然有至关重要的作用。从颠覆性的特点来看，工业互联网的发展与目前我国推动的两化融合的目标有相同之处。这是我们探讨这个话题的关键所在。

二、海尔在工业互联网方面的探索与实践

一直以来，海尔认为没有成功的企业，只有时代的企业。所有的企业都要跟上时代发展的步伐才能生存。而跟上时代的节拍就要不断挑战自我，创新自我，颠覆自我。海尔的挑战是探索全新的发展模式。

第一，战略上的探索试错。这个模式是对传统企业以自身为中心发展的思维的颠覆，开始走向以用户为中心的双赢。也就是说，过去以企业为中心，现在以用户为中心。双赢是创造价值的同时也体现员工自身的价值。这个探索带来的变化是对原有组织形态的颠覆，即便是最底层的员工也可以自主决策。员工不再听从领导的命令，而是转变为自主创业。我们有几个案例，其中有一个产品叫雷神，是海尔的三个年轻人从网络上数万条用户的抱怨中分析发现了一些商机，由此设计了一款笔记本叫雷神，这款笔记本在京东商城开售后，3 000 台笔记本 20 分钟就被抢购完了。因为这款笔记本在设计当中是与用户互动的，与小米的模式很相似。

第二，组织上的破墙运动。原来组织是串联式，现在变为并联式，转换为可实现利益的共同体。现在在海尔内部都是外去中间商、内去隔热墙。

第三，从大规模制造转向大规模定制。面对互联网时代快速发展的用户需求，紧跟时代发展节奏进行变革。这个变革主要体现在制造方式与研发方式上。在制造方式方面变为以信息改造传统制造方式，以大规模个性化定制替代传统的大规模制造。这方面也有一个案例：海尔的滚筒洗衣机车间经过智能化升级后成为无灯车间。在工信部、发改委等部门的支持下，我们的一个冰箱厂实现了智能化。在青岛一个工厂和沈阳一个工厂，我们实现了无人化。

产品研发方面，海尔正在实现用户全流程参与下的开放创新，这个创新是让用户参与到产品创新的过程中。我们有一个原则，没有用户全流程体验的创新是不能生产的。没有价值平台的交易都不能存在。只要不和用户沟通，你这款产品和生意就不能做。因此必须要和用户沟通。这样就把互联网当作必要的一个手段。

而要实现这一原则必须能够发动用户参与到产品交互创新中。我们推出的天

能空调、雷神笔记本都是在这种环境下诞生的。就是创造用户、创造顾客。在互联网时代，创造顾客不是目的，创造全流程发展的机制才是发展的主要任务。

三、当前我国发展工业互联网面临的问题及建议

我认为问题主要集中在三个层面：第一，没有将工业互联网推进提升到战略高度，而是仅仅从产品与互联网结合的层面进行探索。第二，对信息化投入资金的力度不足。第三，转变企业发展模式的思路仍处于以企业为中心的发展思维中。

当前国家大力推进两化融合，我国工业互联网发展的进程在不断提速。从优化整个产业发展角度看，未来在推进过程中可以从两个维度优化：首先是引导企业转变发展方式，在战略转型方面扶持民营企业，推动企业正确认识互联网带来的产业颠覆。实现市场需求与先进生产力的有效对接，从而引导产业升级并提升企业综合竞争力。其次，提升政府扶持力度。对企业进行相应的扶持，以引导整个产业的转型。

青岛红领的互联网工业模式[①]

张代理

青岛红领集团董事长

红领是一家服装企业，2003 年开始向个性化专业定制转型，如今已经完成了从每天一个套间到每天两千个套间的发展过程。实践了 11 年的个性化定制，创造了适合红领发展的道路，也找到了技师存在的价值。

一、红领的互联网工业思想

红领的互联网工业思想由四个部分组成。

第一部分是信息化与工业化的深度融合。因为互联网不是独立存在的，没有信息化和工业化深度融合的就是传统企业。那么融合到什么程度？要依靠信息驱动，实现全价值链协同，并且实时同步。只有做到这样，它才有条件融入互联网这个层面。

第二部分是工业化满足个性化的智能系统。我们知道工业化是一个流水线的概念，个性化和工业化是水和火的关系，怎样把工业化做到个性化是一个很大的矛盾，现在红领做到了。现在我们有一套非常完整的系统，也取得了经济效益。这套智能化系统实现了产、供、销、人、财、物整个价值链的现代化、程式化、数字化，并实现了跨界交互，形成了智能化系统。

第三部分是组织再造、流程再造。我认为互联网一定是扁平的，现在我们很多组织不是扁平的。红领正在进行组织变革，我们的组织和流程都要做到以订单来驱动，所以实现了扁平化、流程化，最后出来的效果是工业商业一体化、去中间化。传统工业的生产模式是，厂商挖空心思研究生产，生产完了以后通过渠道商、代理商等等中间环节销售，然后订货、销售，中间要考虑如何销售得更好。渠道商、代理

---

① 根据作者 2014 年 8 月 30 日于中国信息化百人会“如何推动互联网工业的发展”公共政策双周圆桌会议的现场发言整理。

商会反复压价，压来压去导致厂家没有利润。没有利润怎么创新？要创新就要花钱，钱从哪里来？从利润当中来。我认为互联网把我们这个环节的问题彻底解决了，C2M 就是消费者驱动一点论。消费者把他的需求明确了之后，完全个性化的需求在我们平台上得以呈现，消费者就开始下单，后面就是由价值链满足需求。整个过程没有任何中间环节，价格非常便宜，服务非常优秀，所以这是一种流程再造。

第四部分是可跨界复制推广。不能局限于服装类型，一定要可跨界、复制、推广，这是非常重要的一点。

二、红领的互联网工业模式

红领互联网工业是什么模式？一句话概括就是，把工业做成一个能够和互联网对接的数字化工业。与信息化深入融合，利用数据驱动完成产品，这是工业一体化的 M 直销的模式。我们把工厂融入了 3D 打印的概念，通过消费者 M 来综合供应链形成消费。这个模式有什么好处？去中间化，把中间的渠道商变成服务商。在我们的案例当中，这个问题得到了很好的解决，可以有足够的利润支撑企业的创新和发展，支撑企业的进步。

三、红领互联网工业的社会价值

红领互联网工业是什么概念？我们形成了在互联网时代工业如何做的一套价值观。同时，也形成了互联网工业的一套逻辑。这套东西可以跨界，我们实现了以需求为导向的驱动流程再造，形成了一套完整的解决方案和一套软件系统。

它不仅仅解决了服装的问题，同时也解决了传统产业在互联网时代的转型升级问题。我们发现，互联网工业时代到了，市场的需求是巨大的，利润空间也是非常大的，但是我们卖产品的能力很差。而充分运用互联网，把互联网和工业深度融合起来，则未来产业将具备非常大的潜质和潜能。互联网为传统企业带来了发展转型的机遇，是工业发展和变革的重要力量。

“互联网＋”时代汽车行业的四大发展趋势[①]

胡朝晖

长安汽车总裁助理、管理创新与IT中心部长

一、“互联网＋”改变传统企业的生产模式

互联网在飞速发展，11年间中国网民数量增长了8倍，中国网购人群已经超过了英法德意四国人口总和，这个发展趋势势不可当。这个发展带来的最大冲击是用户的变化。80、90后用户的价值取向与消费行为习惯已经改变，他们更强调个性化与创新产品，购买决策更加依赖于网上的口碑和评价，他们是移动互联网的主要消费人群。

随着移动互联、大数据、物联网等信息技术快速发展，整个传统企业正在从工业经济向信息经济加速转变。过去工业经济最大的特点是标准化生产，采用大批量、低成本的模式，而现在客户需要的是个性化、多品种的生产模式；但我们仍然需要大规模生产以降低成本。如何实现这两者之间的平衡，对传统企业的确是非常大的一个挑战。比如说它们的生产模式、销售模式、库存模式、营销模式，以及管理模式，都会面临巨大的挑战。

二、“互联网＋”时代汽车行业的四大趋势

在汽车领域，车联网、新能源、智能化等正影响着产品的升级换代。其中，第一个趋势是车联网。无论是国际一流的传统汽车企业，还是互联网大亨，都在抢占车联网的入口。未来估计很多人会说，我们驾驶着四个轮子的手机，而不仅仅是汽车。未来通过“人—车—路—互联网”四网融合支撑，节能与自动驾驶将会成为重要的趋势。

---

① 根据作者2015年11月21日于“中国信息化百人会第二届信息战略论坛”的现场发言整理。

第二个趋势是服务更加智能化。传统服务主要基于传统的系统，比如说CRM等，但是现在很多服务都是基于车联网，从直接的数据分析，衍生整个售后服务，包括二手车、汽车金融、汽车保险等等。

第三个趋势是汽车市场，特别是中国的汽车市场，已经进入了微增长的时代，企业逐渐回归制造业本质。2015年1到10月，整个汽车行业的增长率是很低的，大概从3%到不到5%，达到微增长就不错了。大家看到合资企业在纷纷降价，新的汽车形态也在冲击着传统汽车行业。比如已经进入中国的特斯拉，还有一些互联网企业也要造汽车，汽车这个行业的竞争正在加剧。尽管网上大家都在讨论汽车已经不只是交通工具了，可能还涉及更多的生态链；但是，对于客户来说，要求质量好、高性价比、满足个性化需求的产品的这种商业模式仍然没有改变。在客户当前的状态下，他们更加关注的还是高性价比。所以，汽车企业过去提到的追求高质量、高效率、低成本的模式，仍然是未来很重要的一个课题，也是制造业的本质所在。

第四个趋势是真正变革制造业的工业4.0，将为汽车行业的发展带来新机遇。未来的智能化与大数据，将实现以客户为中心的价值链升级。我个人认为智能制造更多地是带动新的生态圈的构建。这个里面最核心的是客户。通过移动互联、物联网，人与人之间、人与设备之间、人与产品之间，甚至万物之间都产生了沟通和连接，这个生态圈的构建是未来互联网的核心。

总的来说，我觉得"互联网＋"对汽车行业发展模式的影响，主要有三个方面。第一是产品升级。传统的产品就是一个"机械＋电子式"的产品，而未来一定是智慧型的产品，我们会看到大量的软件在里面。这是"互联网＋"对汽车行业的第一个颠覆。第二是价值链升级。以前是以产品为中心，未来是以客户为中心。无论是营销，还是制造、研发、管理，我们会看到整个链条的变化都会围绕客户，不断提升效率。第三是产业链延展。我们认为"互联网＋"对汽车产业的颠覆，是从过去的产品模式到现在的"产品＋服务"模式的转型。

三、长安汽车如何迎接"互联网＋"的挑战

智能化是长安汽车"2025规划"的重要战略内容。工信部6月3日公示了2015年智能制造专项和示范单位，长安汽车顺利入选。

过去，对于长安汽车来说，IT是一个手段。现在，我们整个信息化的建设开始是以综合集成为目的，搭建以ERP为核心的生产经营管理平台。渐渐地，我们认

为IT已经不仅仅是一个手段，IT还是产品和产业。

从IT作为手段来说，首先要融入我们智能制造和生态链的构建当中。在这一块，第一是管理，我们认为管理是智能制造的保障，特别是标准化的管理和推进。没有规范的管理是没有办法提升智能制造的。第二是数据，数据是智能制造的基础。第三是信息化，信息化里重要的就是我们首先要数字化。第四是人才。目前人才是非常短缺的，所以还得一步一个脚印往前走。

另外是要推行个性化定制，实现从大批量标准化制造向大规模个性化制造转变，为客户提供各种个性化的产品。在这一块，信息技术是非常重要的环节。我们会在2016年3月推出长安自己的一款个性化定制的产品，希望大家能够试用。

从IT作为产品来说，我们正在打造“一云双屏”的InCall自主车联网平台。目前，我们已经进入到InCall4.0的时代，得到了华为等公司的大力支持，未来这会成为我们很重要的产品形态。

从IT作为产业来说，我们希望能帮助公司由制造型企业向服务型企业转型，实现产业链延伸。目前我们正在做电子商务平台，围绕客户的选车、购车、用车、换车的全生命周期，通过互联网、车联网，为用户打造一个生态服务圈，提升产品与车生活服务的用户体验。我们自己的电商平台，也会在2016年3月，与个性化的定制产品一起上线。

我觉得无论我们怎么去应用“互联网＋”，有些东西还是必须要坚持的：第一，要学习再学习，要不断跟上新技术的发展，不断创新，这样才有生命力。第二，在推进整个信息化技术方面，我们要以更加开放的心态去合作。现在我们已开始跟大量的互联网公司在进行合作。第三，不管是工业4.0还是智能化，我认为作为企业更重要的是行动，行动再行动。我们要通过实现IT的升级转型，真正让我们的IT产生价值。

Uber 带来基于分享经济的新出行革命[①]

柳　甄

中国优步战略负责人

我讲一些关于 Uber 大家不知道的事情，先从 Uber 的历史发展开始。6 年前一个寒冷的冬日夜晚，我们的创始人和他的同事在巴黎打不到车，他想如果有一个软件让我轻轻点一下手指，车就能到该多好。于是 2010 年 Uber 上线了。

2014 年我们推出了里程碑产品——一个可以多位乘客拼车的产品。它的意义在于在路面上不增加一辆车、不增加一个司机的情况下，同时完成多个人的出行需求。比如我要从动物园打车去国贸，在我从动物园到国贸的路程中有一个人在西直门上车，这样从动物园到国贸有几个人可以完成路线。对司机而言，意味着我只拉了一单，但是 80%的情况下我的车有两个以上付费的乘客。从供给来说，原来在路面上只有空驶的车才会为你停下，但是现在即便车上有一两个乘客，只要顺路都可以停下。

我们这款产品在杭州上线 5 个月，公司 50%的订单来自多人拼车的产品。目前这款产品在六大洲共 66 个国家、366 个城市运营。

图 1 是我们的一个绝密的文件，是我们上线 3 个月的时候(2010 年 10 月)接到的旧金山政府发的让我们停止运营的一封信。但是到 2013 年春天，加州整个网络约租车平台已经全面合法化。现在全世界有 70 多个国家和城市承认了网络约租车的合法性，而且大多数方案政策都是在 2015 年下半年获得通过。

经济学中有一句话叫作“交易先于制度”。不管是 Uber 还是滴滴专车，出现之后相应配套的规范政策都在呈现不断加快发展的趋势。今天如果大家用 Uber，问司机：“你是 Uber 司机吗?”那个司机会说“我是优步的司机”。优步是什么？注册资本 21 亿人民币，预计总投资额 63 亿元；Uber 是中国优步的战略投资者，同时还有百度、广汽等中国战略投资者和商业合作伙伴，服务器都在境内，研发和数据也

---

① 根据作者 2016 年 1 月 23 日于“中国信息化百人会 2016 年会”的现场发言整理。

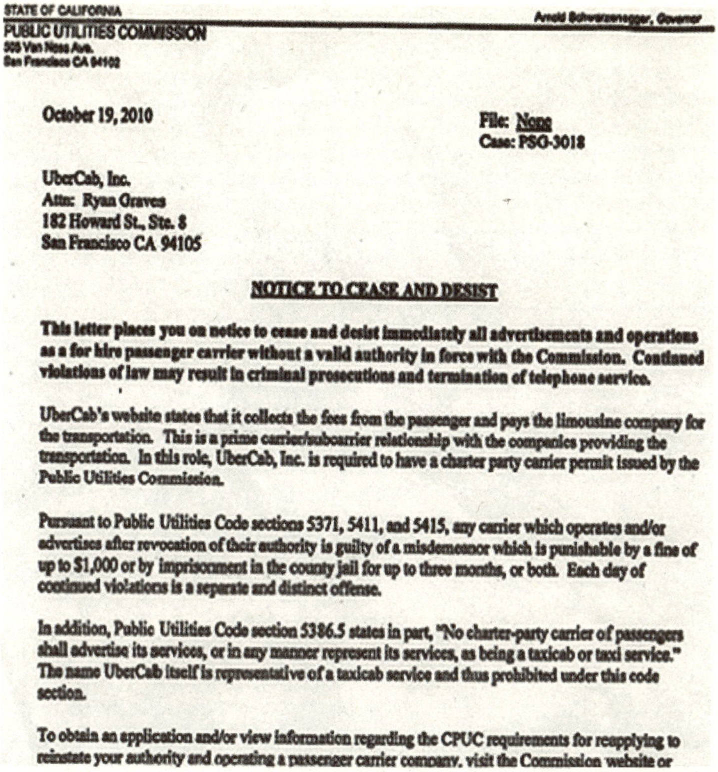

STATE OF CALIFORNIA
PUBLIC UTILITIES COMMISSION
505 Van Ness Ave.
San Francisco CA 94102

Arnold Schwarzenegger, Governor

October 19, 2010

File: None
Case: PSG-3018

UberCab, Inc.
Attn: Ryan Graves
182 Howard St., Ste. 8
San Francisco CA 94105

NOTICE TO CEASE AND DESIST

This letter places you on notice to cease and desist immediately all advertisements and operations as a for hire passenger carrier without a valid authority in force with the Commission. Continued violations of law may result in criminal prosecutions and termination of telephone service.

UberCab's website states that it collects the fees from the passenger and pays the limousine company for the transportation. This is a prime carrier/subcarrier relationship with the companies providing the transportation. In this role, UberCab, Inc. is required to have a charter party carrier permit issued by the Public Utilities Commission.

Pursuant to Public Utilities Code sections 5371, 5411, and 5415, any carrier which operates and/or advertises after revocation of their authority is guilty of a misdemeanor which is punishable by a fine of up to $1,000 or by imprisonment in the county jail for up to three months, or both. Each day of continued violations is a separate and distinct offense.

In addition, Public Utilities Code section 5386.5 states in part, "No charter-party carrier of passengers shall advertise its services, or in any manner represent its services, as being a taxicab or taxi service." The name UberCab itself is representative of a taxicab service and thus prohibited under this code section.

To obtain an application and/or view information regarding the CPUC requirements for reapplying to reinstate your authority and operating a passenger carrier company, visit the Commission website or

图 1　旧金山政府发给 Uber 的信

都在中国境内，管理团队也都是中国人。我们 Uber 有一句话：希望每一个城市都由城市的儿子和女儿运营它，为这个城市提供更好的服务。在中国目前大概有 37 个城市有 Uber 的服务。

Uber 能为社会或者出行带来什么改变？

第一，让出行更加可靠。我们计划在中国优步运营上，65%的行程开始或结束于公共交通不发达的地方。

图 2 是上海的交通图，黑色点是上海地铁站站点，灰色覆盖的是优步行程。优步不是公共交通的替代者甚至竞争者，优步所覆盖的行程就像大血管一样，可以打造一个更加立体、更加网络化的城市交通生态。在上海，1/3 优步的行程起点和终点都在离地铁站或者公交车站 200 米以内的地方。

第二，让出行更经济。在中国，大多数人把房屋和汽车看作是最重要的财产。但是我们曾经算过一辆车的平均使用率只有 5%。在上海拥有一辆车的成本一年是 87 000 元，而这意味着可以打 1 800 次优步。

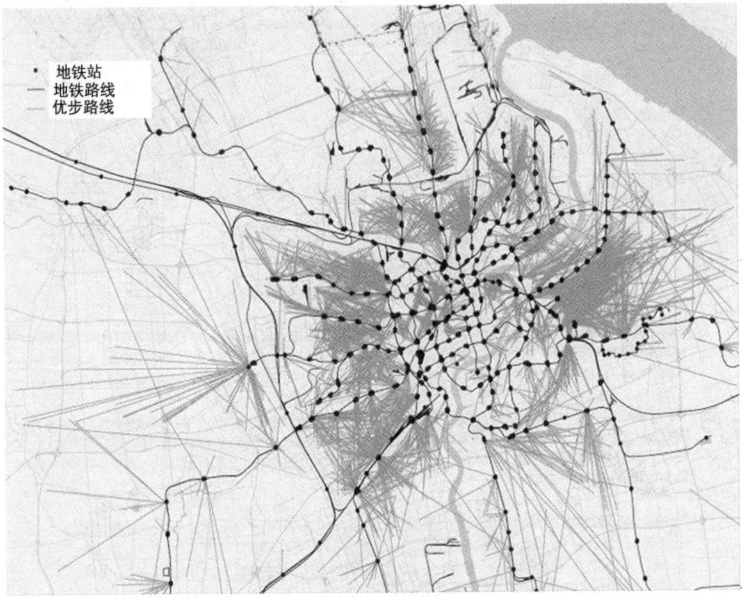

图 2　优步拓展了上海公共交通范围

第三，让出行更绿色。我们的多人拼车产品——在成都我们叫“人民优步+”——上线一百天，在运力不变的情况下，每天减少商务车辆 11 250 辆，节省里程相当于绕地球 58 圈。

第四，让出行更安全。很多人认为优步其他都挺好，只是感觉不太安全，他们认为传统的出租车或者租赁公司更加安全。我想告诉大家科技怎样让出行更加安全。首先，优步有打分系统，乘客可以对司机匿名打分，对于不合格的司机我们不允许接入我们的平台。第二，优步是自动匹配，不必抢单。第三，优步还推出司机和乘客间中转电话，司机可以和乘客沟通，但是互不知道对方的电话号码，可以保护乘客的隐私。第四，乘客在乘坐优步车的时候，可以一键把司机信息以及行程分享给朋友和家人，让家人知道你在哪儿，增加安全感。在印度还有报警的功能，乘客在危急时候可以找到警方，寻求更好的保护。现在我们还推出了人脸识别技术，通过人脸识别技术增强对司机的核查和筛查。

分享经济时代新的出行革命，给人们的出行带来了巨大变化。第一，闲置资源得以利用，为人们增加了供给；第二，可以在运力不变的情况下，极大减少路面车辆，也可减少城市的停车场，能够缓解城市的拥堵；第三，由出行带来一系列技术方面的革新，这些都将带动出行以外其他领域的创新，同时造福整个社会；最后是就业方面的创新，Uber 司机打开 App 就可以工作，关上 App 就可以陪伴家人，这种模式打破了原来传统雇员制的就业模式。

分享经济的未来在于：第一能够把时间还给人们，让人们的生活更加有效率；第二把平静还给别人；第三通过更多的就业机会，能够让人们更加富裕；最后能把绿色带给整个社会，让我们整个城市更加美好。

04

政策研究：中国信息化的现状与对策

- 吴 世 忠 等　大数据与信息安全的发展现状与政策建议
- 《十方研究》　推动我国公共数据开放的政策思路
- 《十方研究》　资本与自主创新及信息产业安全发展现状与政策建议
- 《十方研究》　推进智能硬件发展的全球机遇及政策建议
- 《十方研究》　推动企业工业互联网发展的政策研究
- 《十方研究》　影响我国共享经济发展的主要问题与对策建议

大数据与信息安全的发展现状与政策建议[①]

众所周知,《韩非子·说林上》曾有这么一句话:“国之交在于民相亲,民相亲在于心相通。”在互联网带来的大数据时代,“心相通在于网相连,网相连带来数时代”。基于这样的时代背景与国家网络和信息安全发展的需要,我们对安全挑战及各国战略应对、大数据在中国的实际应用及存在的问题,以及未来大数据与信息安全发展的政策建议,进行了研究和论述。

一、大数据时代的发展特征、安全挑战及各国战略应对

(一)大数据时代的主要发展特征

从属性特征来看,大数据是社会繁荣发展的“动力源”,是捍卫国家安全的“油气田”,是潜藏红利的“聚宝盆”。

从发展特征来看,大数据的应用与推广增速呈现“指数化”,大数据资源利用获取渠道愈发“便利化”,大数据资源在全球的地理分布“泛在化”,大数据下的数据资源信息逐渐“公开化”。

从战略特征来看,大数据是互联网时代的新型“制网权”,大数据是各国博弈较量的关键“杀手锏”,大数据是提升核心实力的绝佳“制胜招”。

从影响特征来看,大数据对生产生活的影响彰显“创新性”,大数据对互联互通的影响体现“革命性”,大数据对治理模式的影响表现“颠覆性”,大数据是互联网络时代的一把“双刃剑”。

---

① 本文为中国信息化百人会2015年年度课题研究报告《大数据与信息安全》的精华版,课题组长为中国信息化百人会执委、中国信息安全测评中心党委书记吴世忠。本文根据中国信息安全测评中心磨惟伟2016年1月23日于“中国信息化百人会2016年会”的现场发言整理。

（二）大数据时代的安全挑战

具体来说，我们国家将面临来自六个层面的压力和挑战。

1. 从国际挑战层面看，“数据鸿沟”导致各国之间的优势级差扩大，诱发“马太效应”，数据强国更强，数据弱国更弱。同时，大数据威胁与讹诈大于核威慑与核讹诈。

2. 从国家安全挑战层面来看，未来国家安全的威胁主体将多元化，网络安全的防护目标将日渐扩大，捍卫数据主权的任务将越来越艰巨，网络安全的脆弱特征趋于尖锐化。

3. 从社会政治挑战层面来看，大数据可成为敌对势力干涉我网络舆情生态的“增压器”，可成为诱发社会群体事件和负面影响的“诱发器”，以及汇集网络暴恐思想和暴恐行为的“聚合器”。

4. 从国民经济挑战层面来看，由于“数据孤岛”广泛存在，“部门墙”“行业墙”“地区墙”相互割裂，自成体系，“数据孤岛”变“数据宝岛”是大挑战、大难题。

5. 从军事安全挑战层面来看，数据沙漏所形成的数字情报可使得大数据瞬间转变成军情对手利用的杀手锏。

6. 从个人隐私安全层面看，大数据将公民大众带入到开放透明的“裸奔时代”，数据安全若保护不利，将引发民众的抱怨和不满。

（三）各国战略应对

面对大数据时代的本质属性和挑战冲击，美英法日等国已纷纷制定出相关战略（见表 1）。例如制定数据开放行动计划，加快数据立法顶层设计，以数据安全体系建设为核心，重视个人数据隐私权保护。从未来各国战略应对趋势看，大数据战略趋势的部署与顶层设计更加注重发展与安全的双向并行，责任与担当双重并重，进而实现对大数据发展的运筹帷幄。

表 1　各国相关战略

美国	英国	法国	日本	联合国
《透明和开放政府备忘录》，2009	《作为开放事业的科学》，2012	“Open Data Proxima Mobile”项目，2011	IT 战略实施工程表，2010.6	《大数据促发展：挑战与机遇》，2012.7
《规划数字化的未来》，2010	“开放数据研究所”，2012.5	《数字化路线图》，2013.2	《电子政务开放数据草案》，2012.6	G8 集团

续 表

美国	英国	法国	日本	G8 集团
《网络世界中的消费者数据隐私》,2012.2	《开放数据白皮书》,2012.6	《法国政府大数据五项支持计划》,2013.7	《面向 2020 年的 ICT 综合战略》,2012.7	“开放数据宪章”,2013
《大数据研究与发展计划》,2012.3	《英国农业技术战略》,2013.8	**澳大利亚**	《创建最尖端 IT 国家宣言》,2013.6	**欧盟**
《支持数据驱动型创新的技术与政策》,2013.11	《把握数据带来的机遇：英国数据能力战略》,2013.10	《澳大利亚公共服务信息与通信技术战略 2012—2015》,2012.10	《信息安全研究开发战略》,2014	《欧盟网络安全战略——开放安全的网络空间》,2013.2
《美国政府消减商业秘密盗窃战略》,2013	**德国**	《公共服务大数据战略》,2013.8	**韩国**	《通用数据保护条例》(草案),2013.10
《大数据：把握机遇，守护价值》,2014.5	修订《联邦数据保护法》,2009	**印度**	“智慧首尔 2015 计划”,2011	创建开放式数据孵化器,2014
《网络安全信息共享法案(CISA)》,2015.10	《云计算行动计划》,2014	国家数据共享和开放政策,2012	建设“开放数据中心”,2013	裁定 2000 年《安全港协议》无效,2015.10

二、大数据在中国的实践应用及存在的问题挑战

从《促进大数据发展行动纲要》中，我们清晰看到未来三大重点任务、五大目标、七项措施和十项工程，从中我们可以明确地感受到中国的大数据发展必将坚持把开放作为基本理念，把共享作为行动目标，同时稳步推进应用这一核心宗旨，进而把安全作为基础保障。

在实践分析领域，我们的研究选择从政府层面的智慧城市建设、行业层面的重点命脉领域，以及企业层面的发展建设情况等方面来综合考虑当前中国大数据与信息发展的现状和问题，我们认为当前中国大数据实践应用存在五个方面的问题，具体体现在：(1)大数据的理念难接受，认知观念存在误区，安全成本存在误判。(2)大数据成效难落地，现实困难难以得到解决，具体应用方法无法落地。(3)大数据技术难自主，核心产品依然依赖国外，自主可控能力的发展仍然任重而道远。

(4)大数据实践难处理,处理对象不准确,处理方式不全面,使网络空间成为安全事件多发的安全隐患地带。(5)难管控,数据外延界定不明确,法律条文禁止不全面,行业发展规划不理想。

三、未来大数据与信息安全发展的政策建议

为此我们从六个方面提出了未来中国大数据信息安全发展的政策建议。

第一,强化数据主权捍卫保障。求同存异,积极打造国际盟友圈,向世界发出中国声音,传递中国信息,让世界认可中国主张,全面保障国家的网络安全。

第二,实施数据治理的多管齐下。在依法治网层面,加强顶层设计,明确责任义务,防止数据的乱用和滥用,规范数据取证行为,避免过度裁量权和执法权的滥用;在制度设计层面,实施数据资源的分层分级管理办法,加大防范制度;在功能优化层面,优化部门职能的分工,确保“分工不分家,互动更联动”;在能力建设方面,切实提升大数据态势感知能力、事件识别能力、安全防护能力、风险控制能力和应急处置能力,实现安全保障能力的整体跃升;在行业建设和人才建设层面,要不断加强对大数据信息安全领域的行业监管,同时积极创新大数据安全人才培养体系。

第三,打造数据开放的价值效应。加快立法设计、设施建设、制定清单、改革试点,打造数据开放的联动效应。

第四,赢取数据共享的优势格局。实现依法共享、整合共享、安全共享、人才共享和格局共享,建设跨地区、跨部门、跨行业、跨领域的“数据共享共用”格局。

第五,推动数据应用的成果转化。国家应加大对大数据应用的引导支持和财税支持,实现全面建成数字中国的奋斗目标。

第六,加强数据隐私的安全保护。我们建议将数据资源权利保护法立法提上政府日程。应设立个人信息安全保护制度,加强对侵犯个人隐私等行为的监管和惩戒力度,并在技术层面建设大数据安全综合保障体系,进而实现数据时代公民隐私安全的不被侵犯。

在我国基础设施和网络经济的发展措施方面,从大数据发展的视角考虑,我们认为应当捍卫国家网络主权,保护国家秘密和商业秘密以及维护公民个人的隐私,做到安全工作抓早抓小。

推动我国公共数据开放的政策思路①

公共数据是指由各级政府部门、经法律法规授权的具有公共事务管理职能的企事业单位，在履行职能过程中积累或获取的供公众利用或为公众服务的数据类信息资源。随着互联网深入应用，云计算走向成熟，以及以智能手机为代表的智能终端的广泛普及，一个以深度挖掘数据价值为核心的大数据时代正在到来。公共数据高质量、高精度等特性引人关注，成为了不少人眼中的“金矿”。近年来，世界各国公共数据向企业和市民开放的趋势日益加强。从未来发展看，信息时代，公共数据将成为国家的重要资产，信息能力将是国家重要的竞争优势；而全面推进公共数据开放，则是提高国家信息能力的重要基础。当前，我国公共数据开放仍然面临法律缺位、标准缺失的困境，亟须从政策、制度、技术等多个方面积极推动。

一、全球公共数据开放已成大势所趋

当前，信息资源日益成为重要的生产要素和社会财富，信息掌握的多寡已成为国家软实力和竞争力的重要标志。推进公共数据开放和深化应用，已经成为越来越多国家抢占战略资源、发展信息经济、提高国家软实力的重要举措。

（一）制定推动数据开放的战略与计划是先行国家的普遍做法

2009 年，美国联邦行政管理和预算局（OMB）向白宫提交了《开放政府令》并获批准，随后数据开放运动逐步席卷全球。截至 2015 年 4 月，全球已有 65 个国家加入了开放政府合作伙伴组织。英、美、法等国纷纷将数据开放纳入到国家发展战略，并制定了相应的行动计划。如：八国集团签署了《开放数据宪章》，欧盟颁布了

① 本文为中国信息化百人会《十方研究》报告，根据中国信息化百人会“如何推动我国公共数据开放的政策环境和安全保障建设”公共政策双周圆桌会议成果整理。

《公共部门信息再利用》指令的修订指令，美国颁布了《政府信息公开和机器可读行政命令》与《开放政府合作伙伴——美国第二次开放政府国家行动方案》，澳大利亚发布了《公共服务大数据战略》，英国和法国政府分别公布了《八国集团开放数据宪章2013年英国行动计划》和《八国集团开放数据宪章法国行动计划》等。

（二）建设统一的公共数据开放平台和完善的公共数据开放体系

2009年，美国政府开通了国家层面的公共数据开放门户网站——Data.gov。截至2015年4月21日，Data.gov共开放了129 607个数据集、349个公民开发的应用程序、140个移动应用程序。据Data.gov初步统计，共有46个国家建设了专门的门户网站进行数据的开放共享。在完善数据开放体系方面，美国公共数据开放门户网站Data.gov覆盖了全美39个州、46个城市和县、90个政府部门和229家机构。新加坡公共信息资源开放共享网站已经汇集了来自70个政府部门和机构的1 100多个数据集，实现了全国范围内的整合。英国的数据开放门户网站Data.gov.uk上有20 323个公开的数据集和4 096个非公开的数据集。印度的开放政府门户网站共开放了3 519类共14 390个数据资源，共有87个部门参与，49 545个注册用户，298万次的浏览量，123万次的下载量。

（三）反映经济发展和民生需求的公共数据成为开放重点

从各国公共数据开放门户的情况来看，围绕经济发展和民生需求的公共数据占比最大，公众关注的热点与经济发展和民生需求密切相关。如美国新版的数据开放门户网站，将原来的金融、企业和安全等6大类数据集拓展至21大类，农业、消费、教育、就业与技能、公共安全、天气、城市等均属于民生关注的热点内容。在加拿大下载量最高的10个数据集中，有9个来自加拿大公民身份与移民局。新加坡下载量最多的数据集为人民协会总部、3G移动用户数、各运营商3G移动通信服务平均速率等。在193个联合国成员国中，在教育、卫生、劳动力、环境、社会福利等领域实现数据共享的国家分别为115个、109个、107个、106个、94个。

（四）社会各类机构和公众广泛参与是公共数据开放的强大引擎

在推动公共数据开放的过程中，许多国家都注重整合政府各部门、社会公众、企业及其他非政府组织的力量。公众、企业及各类社会组织是公共数据的生产者，这些公共数据经过政府部门收集和汇总后，再通过数据开放平台向社会开放，可以不断激发各类创新应用从而实现价值增值。此外，政府还通过举办各种交流和竞赛活动，鼓励各类用户对数据开放提出想法和要求。如：英国的开放数据“黑客日”、数据开放活动和比赛，以及大量关注数据开放的活跃用户社区，都致力于对开放数据的开发应用；美国阳光基金会为举办程序员公共数据开发大赛设立了 2.5 万美元的奖金；新加坡在 Data. gov. sg 举办的“Ideas4apps Challenge”活动，目的也是鼓励社会公众参与数据开放运动等。

（五）国际组织在推进数据开放中的重要作用

在推进公共数据开放方面，国际组织发挥着重要作用，一些国际组织本身就建立了公共数据开放平台。如：世界银行积极倡导开放数据，创建了包含 8 000 多个指标的数据库，并提供开放数据服务。经合组织提倡并大力支持数据开放，同时建议成员国的数据政策要具有开放性、灵活性和透明度，符合现行法律法规，对数据的可靠性负责，并确保数据的质量和安全性以及数据的效率、可说明性和可持续性。地球观测组织（GEO）创建了全球综合地球观测系统（GEOSS），并积极致力于将其发展成为数据共享的平台。地球观测组织提出了明确的数据开放原则，包括强调在承认国际协议、国家政策和法律法规的前提下，实现数据、元数据以及相关产品的全面开放共享。

二、推进我国公共数据开放的重要意义

公共数据开放是信息化建设发展到一定阶段，深化数据利用的必然趋势。全面推进我国公共数据开放，提升公共数据的增值利用和创新应用，对于新常态下培育新的经济增长点、节约政府公共服务成本和提高服务效率、激发企业创新活力等都有重要意义。

（一）培育新的经济增长点

公共数据蕴含着巨大的社会经济价值，如果政府部门通过公共数据开放平台向社会开放数据，使数据获得进一步挖掘和应用，将有助于提高整个社会的生产力。一方面，公共数据开放可以培育以数据的采集、加工、处理、利用为核心的新业态、新产业的发展，促进高附加值信息的流动、交易和增值，从而带动经济增长、增加收益和税收。有研究表明，全球定位系统（GPS）数据的开放给美国创造了大约

价值 900 亿美元的产业；天气数据的开放所催生的电视、网络以及 App 服务等，每年给美国带来的经济回报在 40 亿美元以上。此外，开放数据对欧盟 27 国的直接经济影响，在 2010 年达到 320 亿欧元，并以每年 7%的速度增长。另一方面，大数据技术在公共数据开放中的应用，可以提升公共数据的利用水平，带来间接经济收益。公共数据是大数据的重要组成部分，政府部门拥有一个国家最主要的核心数据，公共数据开放是实现国家大数据战略的关键条件。以英国为例，英国政府近年来通过大数据技术，在公开平台上发布各层级数据资源，并通过高效率地使用这些数据提高政府部门的工作效率，刺激其他机构在数据获取和使用上的积极性，直接或间接为英国增加了 490 亿至 660 亿英镑的收入。

（二）提高公共服务水平

公共数据向社会开放已经成为政府在互联网时代构建新型管理和服务模式的基础性支撑，通过提供相互关联的数据提高政府公共服务效率。据统计，数据资源增值性应用每年可为美国的医疗服务业节省 3 000 亿美元，为制造业在产品开发、组装等环节节省 50%的成本，每年可为欧洲的公共部门管理节省 2 500 亿欧元，为全球个人位置数据服务提供商贡献 1 000 亿美元。此外，2006 年成立的美国气候大数据研究公司 Climate Corporation，通过气象数据为其他商业公司提供基于天气的定制化保险服务，为农民提供定制化的农业保险，预测天气帮助避免洪水、暴风雨等恶劣天气，产生了巨大的经济价值和社会价值。

（三）激发企业创新活力

政府鼓励社会对开放数据进行再利用，企业可以基于免费、开放的数据构建可行的商业模式，使得新产品、新服务层出不穷，并催生大量新企业。在美国，利用政府地理数据开展业务的企业数量以每年 15%的速度增长。经济、地理空间和环境等领域的数据开放都可以产生较大的商业影响。如：美国国家天气数据的开放，支撑了每年高达 15 亿美元以上的天气服务产业。美联邦政府全球定位系统(GPS)数据的开放，引发了地理信息系统的爆炸式增长，在智能手机、汽车导航系统等领域，新企业、新服务迅速增加。在国内，贵州省推动政府大数据开放试验助力企业创新创业。如：贵州省工商局、食品药品监督管理局通过公开食品流通环节和服务环节的数据，帮助企业完善食品安全数据链条，打造食品安全云。

三、我国公共数据开放的探索和存在的问题

（一）政策层面

2004年以来，国家在信息资源的开发利用等方面开展了大量工作，也出台了一些政策。早在10年前，中办就印发了旨在推动政府信息资源开发利用的《关于加强信息资源开发利用工作的若干意见》。十八届三中全会提出"大数据技术在政府治理能力方面蕴含着巨大的应用潜力和巨大空间"。2013年，国务院发布了《关于促进信息消费扩大内需的若干意见》，要求进一步促进公共信息资源共享和开发利用。2015年，大数据首次被写进《政府工作报告》，李克强总理明确指出"政府应尽量公开非涉密的数据，以便利用这些数据更好地服务社会，也为政府决策和监管服务"。这是我国政府首次正式公开表态要推动政府公共数据开放。

北京、上海等一些地方政府制定了若干地方性政策和法规，推进公共数据开放。如：推动政府部门向社会开放各类信息资源，鼓励各类社会主体进行增值开发利用，促进信息服务产业转型发展和信息消费，提升政府公共服务水平。

（二）实践层面

截至目前，我国尚未出台国家层面的公共数据开放政策，但是近几年来各级政府部门积极做了探索，为推动公共数据开放工作的全国部署奠定了基础。

一是各级政府部门正在积极进行开放政府数据的准备和努力。在国家层面上，2013年9月12日，与欧美国家的数据开放网站类似的新版国家统计数据库（http://data. stats. gov. cn/）正式上线，为公众提供数据服务。目前入库的数据近600万笔，涵盖社会经济的方方面面，既包括国家统计局生产的主要数据，也包括有关部委生产的其他数据，还与主要国际机构数据库网址集成对接。

在地方层面上，北京、上海等主要城市通过搭建政府数据公开平台、制订数据资源开放计划的方式，率先开展数据开放工作。北京市开设了政府数据资源网（www. bjdata. gov. cn），目前已有35个部门公布了400余个数据包。上海政府数据服务网（www. datashanghai. gov. cn）提供9家试点单位的212个数据产品、30个数据应用可下载，涵盖地理位置、道路交通、公共服务、经济统计、资格资质、行政管理等六大领域，如上海市住房保障管理局开放了保障房工程信息、房地产开发企业信息、房地产经纪企业信息等数据产品。根据《2014年度上海市政府数据资源向社会开放工作计划》，上海市确定190项数据内容作为2014年重点开放领域，涵

盖28个市级部门，涉及公共安全、公共服务、交通服务、教育科技、产业发展、金融服务、能源环境、健康卫生、文化娱乐等11个领域。其中市场监管类数据和交通数据资源的开放将成为重点，这些与市民息息相关的信息查询届时将完全开放。此外，青岛、贵阳等城市也纷纷开展公共数据开放工作。

二是政府与企业之间的合作不断深化。2013年2月25日，国家食品药品监督管理局与百度在北京联合举行"安全用药，搜索护航"战略合作签约仪式。国家药监局的三大药品数据库，总计20余万个权威药品信息全面入驻百度。2014年5月27日，中国气象局公共气象服务中心与阿里云达成战略合作，共同搭建"中国气象专业服务云"，为有气象数据需求的企业提供专业化的云计算服务。2014年7月23日，百度推出名为"北京健康云"的智能医疗平台产品，这是北京市政府支持推动下的一个民生医疗项目。2014年10月15日，"云上贵州"系统平台正式开通运行，这是贵州省政府与阿里牵头的企业合建的云计算基础设施，应用在交通等领域。2015年1月13日，阿里健康宣布将药品监管网的基础设施从甲骨文数据库迁移到阿里云平台，阿里将利用大数据技术帮助解决假药问题。

（三）存在的问题

我国公共数据的开放步伐已经明显落后于发达国家。据开放知识基金会发布的《2013年开放政府数据普查》结果显示，在全球被调查的70个国家和地区政府中，我国综合排名第35位。当前制约我国公共数据开放的主要问题有：

一是公共数据开放的行政体系远未形成。我国很多项目都是由各个部门分别主导建设。这些部门在建设时只考虑本部门需求，对其他部门实现信息开放共享的考虑不足，再加上政府体制中广泛存在的条块管理模式，造成了目前普遍存在的信息孤岛和重复建设现象。政府各部门对数据资源的分割和垄断，使得巨大的数据开放共享需求与实际情况相差极大，不仅造成极大的浪费，也降低了政府的社会服务效率、协同管理水平和应急响应能力，成为阻碍数据开放应用的瓶颈。我国在国家层面尚无完善的公共数据开放战略，中央—省—市—县（区）完整的多级公共数据开放体系的建设也就无从谈起。

二是传统行政观念和部门利益分割阻碍了公共数据开放共享的深度和广度。一方面，我国政府组织架构的二元模式使政府各职能部门过于关注纵向的从属关系，而容易忽略横向的协同关系，由此造成信息资源纵向流转顺畅，而横向共享困难。另一方面，各级部门将掌握信息的多寡看作权力的大小，主观公开的意愿不强。不同部门、不同级别掌握的信息资源数量、质量、范围、效能均有所差异，从而形成了形色各异的信息孤岛。

三是公共数据开放缺乏统一的标准。公共数据开放共享的关键问题是建设安全可靠的数据开放标准和目录体系。当前各级政府对于哪些数据可以开放，哪些数据不可以开放，数据以什么样的格式展现等诸多问题仍缺乏明确标准。各系统、各区域要么放弃推进，要么制定自己的标准，造成条块分割，形成了大量开放的"信息孤岛"。标准不一致给系统兼容、互联互通、信息搜索等带来诸多困难，信息资源难以有序组织，难以方便、快捷、准确地实现信息定位、搜索和获取。

四是公共数据开放的法律法规严重缺乏。世界主要发达国家通过制定相关法律法规，较好实现了公共数据的开放共享。如美国以《信息自由法》与《阳光下的政府法》为主体建立了政府信息公开立法体系，英国以《公民宪章》和《信息公开法》等一系列法律法规，有力推动了政府信息公开和共享。而我国公共数据开放仍面临立法不完善、信息公开条例边界不清等问题。

四、推进我国公共数据开放的对策建议

我国必须加快公共数据开放的步伐，要统筹规划，出台指导意见和行动规划，积极推动公共数据开放标准的制定工作，通过培育有利于数据开放的外部环境，鼓励并引导社会化力量广泛参与公共数据开放。

（一）出台国家层面公共数据开放的规划和指导意见

围绕社会公众对公共数据的需求有序开放，强化顶层设计，注重通过法律手段加强对公共数据的管理。一是政府要从国家层面统筹规划，出台指导意见和行动规划，明确公共数据开放工作的主管部门，制定我国公共数据开放规划和指导意见。二是注重数据开放的实效，明确阶段性目标和总体目标，以及各个阶段的划分标准。三是在全国开展试点和示范，将公共数据开放工作纳入政府部门业绩考核，在制度层面保障数据开放的有效落实。

（二）积极推动数据立法，完善公共数据开放的制度规范

公共数据开放需要积极部署和有力执行，特别是从一开始就要注重规则和标准先行。推动公共数据开放，亟须加强立法及相关制度建设，推动网络安全法、个人信息保护法的制定工作，明确公共数据开放的主体、内容边界、相关各方权责等，对于数据应用中各方的责、权、利，出台各个中间环节可识别、可执行、可追溯的解

决方案。国家应尽快着手制定全国统一的公共数据开放标准，包括公共数据开放目录、公共数据开放格式标准等，实现“书同文、车同轨”。明确数据开放的范围、方式、内容、细化程度及数据格式，为国家相关部委和地方推进提供依据和指导，在技术操作层面为公共数据开放共享奠定基础。

（三）高度重视数据的安全保障，积极稳妥地推动公共数据开放

要高度重视网络空间安全保障体系建设，强化数据安全管理制度和技术保障。规范企业与境内外机构的数据合作行为，注重保护国家秘密、商业秘密和公众个人隐私。通过制度明确数据开放的范围、对象和领域，界定公开使用和商业使用的边界，避免“不用”和“滥用”两个极端，积极稳妥地推动公共数据开放。

（四）鼓励社会化力量广泛参与公共数据的挖掘与利用

公共数据与社会公众多样性需求之间存在巨大差距，提高公众的参与度可以在一定程度上缩小需求与供给之间的差距。

一是建立公共数据的统一管理平台，为数据开放应用创造条件，充分利用“数据资源管理中心”的公益价值，服务于民众、企业和政府有关部门。二是引入专业公司进行公共数据开放平台的运营，在平台上为广大开发者提供多样的开发工具，出台产业和资金扶持政策，政府带头购买数据服务，进而打造公共数据开放应用生态圈。三是鼓励创业者利用数据资源创新创业，支持传统行业利用数据资源转型升级，通过数据资源全社会（政府、企业、个人及社会组织）的共享共治，服务于中央提出的创新国家治理体系建设的目标。

资本与自主创新及信息产业安全发展现状与政策建议①

一、资本与自主创新及信息产业安全发展情况

（一）我国的信息产业安全面临严峻挑战

信息产业安全与否，取决于信息产业竞争力的高低。目前全球92.3%的PC和80.4%的超级计算机采用英特尔芯片，98%的服务器核心技术掌握在IBM和惠普手中，数据库软件的89.7%被甲骨文和微软控制。而我国信息产业发展普遍面临自主创新不足、关键核心技术受制于人的局面，产业安全受到挑战。资本市场作为重要的政策载体，应充分发挥其作用，增强企业自主创新能力，提升产业整体技术水平，促进产业结构优化与转型升级。

（二）完善的多层次资本市场与活跃的创业风险投资成为推动信息产业健康发展的重要渠道

信息产业具有研发投入大、周期长和风险性高的特点，传统的投资、信贷资本由于传统金融的品种限制，很难实现对创新创业企业发展的有效支撑。面对这一问题，各国的活跃创业风险投资与完善的多层次资本市场，有效支撑了创新创业企业的发展。例如，美国以硅谷和华尔街为代表，形成了一套高新技术产业、风险投资和资本市场相互联动的机制。英特尔、微软、苹果、思科、谷歌、雅虎等著名高科技公司的迅速扩张，除了技术优势外，均离不开华尔街的功劳。硅谷和华尔街引领的高新技术浪潮，帮助美国实现了向创新型经济的转型。技术创新与资本市场的

① 本文为中国信息化百人会《十方研究》报告，根据中国信息化百人会“资本与自主创新及产业安全”公共政策双周圆桌会议成果整理。

良性互动，保持了美国经济强国的地位。英国 AIM（Alternative Investment Market）、韩国科斯达克市场以及这些国家的创业风险投资，也成为本国产业发展的重要支撑条件。

近年来，我国也在不断探索推进多层次的资本市场建设。回顾 20 余年来的资本市场建设过程，深交所已经出现了创业板和中小板，上交所也在积极筹备新兴战略产业板，旨在为我国中小企业和创新创业型企业服务。2014 年沪港通的试点、新“国九条”的出台，都为进一步推动我国资本市场的完善提供了契机。

（三）私募股权市场将为我国建设完整的信息产业生态圈提速

近年来我国的私募股权市场对信息产业发展的支撑作用不断增强。国内成功实现纳斯达克上市的企业，如盛大、携程网、前程无忧等，在上市前都进行过两至三轮的私募股权融资。私募股权市场填补了银行信贷市场和证券市场之间的空缺，有效发挥了资金杠杆的撬动作用，满足了企业对资金的大量需求，形成了适应信息产业特点的投融资体系，不仅一定程度上解决了产业融资难的问题，而且在改善我国公司治理水平、发展混合所有制经济等方面，也具有其他资本市场所不具备的独特作用。

受益于我国产业转型升级和经济持续发展，私募股权中的并购类基金对我国构建各产业链生态圈的推动作用也愈发凸显。弘毅基金投资先声药业、中联重科收购意大利 CIFA、三一收购德国普茨迈斯特、吉利收购沃尔沃、蒙牛收购现代牧业，这中间都有我国并购基金的参与。据 Wind 统计数据，2014 年我国共有 86 家上市公司参与设立投资并购基金，总规模超过 700 亿元，2015 年这一数值将会继续增长。由于并购类基金在并购后保存了外国企业原有的创新和管理能力，这将使我们以较低的成本提升我国信息产业的综合实力，为构建完整的中国信息产业生态圈、提高我国产业安全水平起到巨大的推动作用。

二、我国的资本市场在支撑信息产业自主创新及产业安全上面临的问题

（一）资本市场在支撑创新驱动发展战略上的动力明显不足

在支持创新型产业和信息技术产业发展方面，较为典型的现象是：越来越多的创新型企业赴海外上市，优质企业资源外流。随着腾讯、百度、新浪等企业赴海外上市，仅 2013 年以来，聚美优品、58 同城、京东、阿里巴巴等十几家中国优秀的互联网企业都成功在美上市。我国互联网百强企业中，前十位均在美国或香港上市（见表 1）。这些优质上市资源流失海外，意味着我国资本市场在支撑创新驱动

发展战略上的动力明显不足。

表 1　我国部分企业海外上市情况

公司名称	上市地	上市时间	注册地
阿里巴巴	纽交所	2014.9	开曼群岛
京东商城	纳斯达克	2014.5	开曼群岛
新浪微博	纳斯达克	2014.4	开曼群岛
奇虎 360	纽交所	2011.3	开曼群岛
优酷	纳斯达克	2010.1	开曼群岛
百度	纳斯达克	2006.8	开曼群岛
腾讯	香港主板	2004.6	开曼群岛
搜狐	纳斯达克	2000.7	维尔京群岛
网易	纳斯达克	2000.6	维尔京群岛
新浪	纳斯达克	2000.4	开曼群岛
中国移动	香港联交所、纽交所、上交所	1997.1	维尔京群岛

从过去十余年的发展来看，通过 VIE 模式①海外上市确实帮助很多企业解决了融资难的问题。但是，VIE 模式不仅导致我国上市资源的流失和国民财富的转移，其本身也蕴含了较大的风险，如政策风险、税务风险、外汇管制风险、监管风险、法律起诉风险等等，不利于产业的可持续发展，直接威胁着我国的信息产业安全。

（二）间接融资过剩制约了高新技术产业发展

我国现存的金融体系仍以间接融资为主，直接融资占比较低；而高新技术产业往往风险大、投资回收期长，银行存在惜贷现象，融资条件极为苛刻，造成融资难、融资贵的局面。据证券时报网统计，按国际通用的存量法计算，目前我国直接融资占比约 42%，不仅低于美国（87.2%）、日本（74.4%）、德国（69.2%）等发达国家，也低于印度（66.7%）、印度尼西亚（66.3%）等发展中国家。与间接融资相比，直接融资具有风险共担、利益共享的市场化机制，资金来源和风险相对分散，服务实体

① VIE 模式（Variable Interest Entities）是指境外注册的上市实体与境内的业务运营实体相分离，境外的上市实体通过协议控制境内业务实体，其中境内业务实体即 VIEs。——编者注

经济尤其是创新创业和中小微企业的能力更强。从国际经验来看,随着一国经济不断发展,直接融资比重逐步提高,资本市场在金融体系中发挥的作用越来越大是普遍规律。因此,直接融资和间接融资比例失衡,使得高新技术产业难以获得基本的资金支持,与我国经济社会发展实际需求不相匹配。

(三) 私募股权行业风险资本供给渠道窄,支撑信息产业自主创新创业的能力有限

风险资本供给渠道窄是我国私募股权投资市场的主要问题。我国大部分私募股权投资基金的客户群包括企业、个人投资者和上市公司,其范围比较小,参与投资的机构投资者不多,成熟度低,对私募股权投资基金的资金来源造成了限制,其中大量资本受政策限制不能用作风险投资领域。作为西方创业投资主要资金来源的寿险基金、退休基金、养老基金、FOF① 等,在我国受到法律法规的制约,极少参与风险投资。例如,作为现有的主要机构投资人——保险公司,在保监会现有的资金运用政策里,明确指出了不能用在风险投资,限制了更多的资金来支持小微企业。此外,我国的个人投资实力和规模有限,风险承受能力弱,不能充分支撑中小微企业发展。境外私募股权投资基金的客户群大大超过了我国,其几乎所有类型的机构投资者和有资金实力的个人客户都属于私募股权投资基金的客户群,资金来源广泛。风险资本供给渠道的限制,很大程度上直接影响了我国风险资本的有效供给,间接影响到我国初创企业的孵化和中小微企业的创新发展。

三、影响通过资本途径推进信息产业自主创新与安全发展的政策障碍与环境问题

(一) 支持信息产业发展的融资政策有待完善

商务部等六部委联合发布的《关于外国投资者并购境内企业的规定》(简称"10号令")要求企业红筹上市时需通过商务部、证监会等 4 个部门的 8 道审批程序,且批准证书要求企业在一年内完成上市,而能否成功上市存在很大的不确定性。此外,国内股市 IPO 审核制中严格要求连续 3 年盈利,对于发债企业的净资产、净利润、资金投向和信用资质等方面也都有严格的要求。而创业板市场"重盈利能力,轻发展前景",对企业的支持有限。另外,我国的信息技术企业在发展初期基本处

① FOF(Fund of Fund),基金中的基金。——编者注

于亏损状态，缺乏足够的抵押品以获得银行贷款，很难达到国内上市的条件。当前急需在资本市场建设上对中小企业尤其是创新型企业的盈利限制放开。

（二）专业化的信息安全业态尚未成熟，适应信息产业发展的环境尚待优化

与国外企业相比，我国诞生的信息安全企业由于发展时间短、品牌价值低、产品稳定性较差，要打造出具有较强社会影响力的专业化信息安全服务品牌，需要加大财力物力投入。

我国的信息安全企业之所以处在数量少、规模小、影响力弱的阶段，原因在于信息安全产业的子行业众多，如操作系统、数据库、邮件系统、存储、虚拟化、应用程序、系统安全、应用安全、业务安全等，而我国大部分的信息安全企业仅有能力做其中少数几个产品，且产品容量空间有限。产品在信息安全市场交易中，又存在渠道成本过大，采购中标以低价为趋向等问题，导致信息产业对接企业级市场中长期盈利性差、融资困难、研发资本低，形成环境上的恶性循环，使产业发展缓慢。此外，我国对信息产业自主创新的范围不明确、对知识产权保护不利等问题，也在一定程度上阻碍了信息产业的成长，急需相关部门协调解决。

四、通过资本途径推动信息产业自主创新与安全发展的政策建议

（一）建设宽松的融资政策环境，降低信息企业融资难度

建议鼓励商业银行加大对企业融资的支持力度，适度降低抵押品等方面的要求；规范发展债券市场，适度降低企业发债的门槛；充分发挥股票市场对企业的支持作用。积极稳妥推进股票发行注册制改革，加快多层次股权市场建设；降低创业板准入门槛，参照纳斯达克的上市标准，取消上市公司的利润限制，在确保上市公司技术和财务信息充分透明的情况下，允许未盈利企业上市；探索建立战略新兴产业板，为企业上市提供新的平台。

（二）大力推动私募股权行业发展，拓宽风险资本供给渠道

进一步完善私募股权投资环境，出台引导鼓励私募股权行业投资更多早期、初创期项目的税收扶持政策。借鉴国际相关经验，如新加坡规定风险投资的最初 5 至 10 年完全免税，美国对风险投资额的 60％免除征税，其余 40％减半征收所得税。同时，建立良好的私募股权退出机制，拓宽多种退出渠道，支持引导股权投资管理公司通过产权交易所等要素市场转让其持有的投资企业股份；多途径拓宽募

资渠道，增加股权和创业投资资金供给，明确银行、保险、证券等机构投资者参与私募股权投资的标准和行为规范；设立更加科学的国有企业业绩考核制度、风险控制制度，鼓励国有资本加大对小微企业、早期创新企业的投资力度。

（三）创新互联网金融模式，支持中小微企业及创新型企业发展

鼓励互联网金融开展业务创新。支持互联网金融企业探索建立面向中小微型企业的线上、线下多层次投融资服务体系，在融资规模、周期、成本等方面提供更具针对性和灵活性的产品和服务。支持互联网金融企业开发各种货币基金类金融理财产品，满足多元化投资需求。鼓励电商机构自建和完善线上金融服务体系，有效拓展电商供应链业务。推动P2P、众筹融资等金融信用中介服务平台规范发展，拓宽金融服务体系。规范发展众筹债权平台，充分发挥互联网金融的优势，使之成为支持信息产业中小企业和创新性企业融资的有效途径。

（四）加强顶层设计，优化信息安全产业发展环境

加快出台国家网络安全战略，筹建信息化立法委员会，为信息安全产业提供长效的政策与法律保障机制。进一步健全信息安全相关政策法规，引导建立信息安全市场健康的竞争环境；推进知识产权保护，增强软件著作权的保护力度，鼓励软件企业充分利用移动互联、云计算等技术保护企业知识成果不被侵害。进一步维护信息安全市场交易秩序，规范和发展信息安全的测试、评估、安全运营、维护等专业化服务，打击信息安全市场交易中的灰色渠道，以基金的形式引导产业和市场对接，鼓励企业购买信息安全服务，降低企业交易成本。适当放宽自主创新界限，明确自主创新范围，加大对中小微信息企业自主创新的支持力度；利用市场资本推进信息安全重点领域重大自主创新项目建设，促进优势企业进一步做大做强，保障产业安全。

（五）利用“互联网＋”，促进企业资金链、创新链、产业链融合发展

利用互联网在生产要素配置中的优化和集成作用，将互联网的创新成果深度融合于资金、创新、产业“三链”之中。突出资本市场的杠杆作用，在产业链、创新链的不同环节上精准合理地投入资金。布局技术创新项目，促进产业链分工和整合，将技术创新活动进行统筹和串联，使创新成果相互衔接、集成，支持、实现技术的群体突破。保持企业对产业链中各环节的控制力，实现自主创新战略，提升信息产业国际竞争力，推动我国经济持续健康发展。

推进智能硬件发展的全球机遇及政策建议[①]

一、智能硬件快速发展，推动传统硬件产业升级

近年来，智能硬件成为全球发展最快、市场潜力最大的领域之一。以可穿戴设备、智能交通、智能家居、智能医疗等为代表的智能硬件产业领域，催生了大量的新设备、新技术、新应用，把人类带进了以智能化为主的新工业革命时代。在国际上，以苹果、谷歌、脸书、高通等为代表的国际巨头，投入大量资源进行智能硬件技术研发和市场培育；在国内，京东、百度、小米、乐视、360 等企业也投入巨资构建自己的产业生态体系，快速推动产业的发展。

智能硬件在本质上是互联网、移动互联网、物联网、云计算、大数据技术的融合，它将带来生活、生产方式和商业模式的根本性改变，也为上述前沿技术的产业化提供了载体和支撑。智能硬件涵盖当前最有潜力的产业领域，涉及上下游产业链众多企业，产业链带动能力强。从全球来看，智能硬件产业正处于发展初期，尚未形成完整的产业价值链，关键核心技术也并未形成垄断的格局，各国均处于竞相发展争夺制高点的阶段。目前，我国拥有世界上最大的智能硬件用户群，同时也是全球最大的智能终端生产基地，智能硬件产业有着巨大的增长空间。利用庞大的内需市场，抓住当前智能硬件的发展机遇，对我国促进信息消费拉动内需、增强自主创新能力、促进战略性新兴产业发展、带动产业结构调整、建设创新型国家，有着重要的战略意义。

智能硬件作为近几年迅速崛起的新兴产业，大量的智能硬件创业团队涌现出来，也出现了一批在设计和创意上很有特色的产品。但是，从产业成熟度来看，智

---

① 本文为中国信息化百人会《十方研究》报告，根据中国信息化百人会“中国创客空间的兴起与智能硬件的机遇”公共政策双周圆桌会议成果整理。

能硬件产业仍然处于产业发展的初期，技术门槛相对较高，仍然存在着一系列亟待解决的问题。

1. 从技术上来看，区别于智能手机产业，智能硬件并没有类似 Android、iOS 的广泛基础操作系统平台，生态体系并不完备。产品开发时，芯片选型、操作系统移植开发、系统性能优化、元器件驱动适配等问题，耗费了创业者大量的精力和资金，严重阻碍了产品研发的周期和质量。目前来看，在智能路由器、智能手环、智能汽车等诸多领域，智能硬件涉及的往往是空白领域，欠缺可供借鉴的经验。技术研发过程中的细节问题，往往会引发交货延迟、产能不足和良品率降低等各种大问题。而智能硬件一旦大规模生产，如果在产品方面存在硬伤，必然致使后续针对零部件做工的修复和改造，造成资源的损耗。

2. 智能硬件对于工艺以及品质具有比较高的要求，产品从立项、研发、营销到推出市场，周期漫长。一般来讲，智能硬件产品定型后，会交给代工厂来进行批量生产，但是产品的性能、技术指标方面代工厂没法把关，所以就需要智能硬件开发商在产品定型前就进行充分的研发和测试、验证。智能硬件产品研发不可能像软件一样做到快速迭代，快速迭代无疑也会导致产品“跳票”以及各种质量问题频频发生，进而使得口碑不断下降。如果涉及生产质量环节，对整体的品牌都会有影响。

3. 智能硬件产业碎片化严重，细分领域众多，如智能可穿戴、智能家居、无人机、服务机器人、智能医疗等等领域，产业链条较长，创业者需要面对的芯片、元器件种类繁多。另外由于缺乏统一的底层软硬件平台，智能硬件开发者不得不兼顾多种平台和终端类型，适配工作繁琐，导致产品上市时间严重滞后。

从国内智能硬件产品的频繁“跳票”可以看出，目前业界低估了智能硬件研发的技术难度，从而导致“跳票”事件时有发生。据沃顿商学院的伊森·莫里克(Ethan R. Mollick)2014 年的一项研究显示，在 Kickstarter 上众筹成功的项目中，有超过 75%都没能按预订日期发货，这也是目前众多公司涉足智能硬件领域所面临的共同难题。而针对智能硬件本身软硬件一体化技术的有效解决，将奠定智能硬件公司的技术优势，降低成本，并使其在市场上占有一席之地。

二、中关村构建智能硬件生态圈独特创新模式

(一) 中关村智能硬件产业高端要素聚集，形成了良好的智能硬件产业基础和高端产业价值链发展格局

当前，通过互联网跨界创新引领产业发展，已经成为全球产业变革与经济升级

的重要趋势。在智能硬件产业领域，“硬件＋软件＋服务”的整合模式成为产业发展的主流。中关村是我国信息产业的发源地和制高点，也是具有全球影响力的互联网和移动互联网产业集聚区，在智能硬件产业发展上具备良好的产业基础。一是中关村智能终端、集成电路、通信和配套产业实力雄厚，为智能硬件产业发展提供了坚实的硬件平台基础；二是国际水准的互联网、软件和应用服务为智能硬件发展提供了软件基础；三是领先的电子商务和众筹平台为智能硬件提供便捷的销售渠道；四是发达的现代服务业提供研发、设计、孵化、投融资服务，形成良好的智能硬件产业生态环境。

目前，小米、乐视、联想、京东、奇虎、百度等中关村龙头企业都在积极布局智能硬件，纷纷推出智能手机、电视、盒子、手环、路由器等产品；幻腾智能、极路由、国承万通、缤刻等一批拥有核心技术的初创企业在中关村聚集；中关村国际数字设计中心、创客空间、厚德创新谷、点名时间、奇酷网等以智能硬件为主题的孵化器和网络服务平台快速发展；中科创达、CSDN(创新乐知)等软件工具企业，洛可可、艺有道等工业设计企业，展讯、集创北方等芯片企业，为中关村智能硬件产业提供了较为完整的配套环境。中关村智能硬件产业已形成总部、设计、研发及销售在内，中试、制造、集成等环节在外，“两头在内、中间在外”的高端产业价值链发展格局。

(二) 中关村智能硬件创新活跃，围绕产业链关键节点，形成平台式协同创新发展模式

中关村智能硬件创新创业活动围绕着产业生态的构建如火如荼地发展，目前，已经初步形成六种创新生态模式。一是硬件平台创新模式，以联想、海尔智能家居、闪联为代表，围绕个人终端和家电产品，建立硬件产品之间互联共享的智能体验。二是软件平台创新模式，以小米、中科创达为代表，基于安卓操作系统研发了终端底层软件解决方案，为各类智能应用和终端产品提供软硬件开发技术平台。三是互联网平台创新模式，以百度、京东、奇虎为代表，依托龙头企业的互联网、大数据和电子商务平台，孵化智能硬件创业团队，提供低成本的技术架构、数据后台、商务推广服务和共享品牌。四是芯片平台创新模式，以紫光展讯智能终端通信芯片、圣邦微电子可穿戴设备芯片、清芯华创数字成像芯片、兆易创新存储芯片、南瑞智芯智能电网芯片、集创北方的驱动电路及触控芯片、京微雅格 FPGA 芯片为代表，为智能硬件提供各类芯片解决方案。五是设计平台创新模式，以洛可可、视觉中国、北京工业设计 DRC 为代表，为各类硬件产品提供外观和工艺设计方案。六

是创客孵化平台模式，以创客空间、清华创客、点名时间、众筹网等硬件创业、融资、孵化机构和人大附中、清华附中等教育科普机构为代表，聚集了一大批创客、极客和创新型学生群体，给智能硬件创业提供源源不断的创意和新项目。

（三）中关村形成市场机制的创新创业生态体系，智能硬件创业活跃

中关村示范区依托人才特区和科技金融创新中心建设，聚合人才、技术、资本、市场等高端创新资源，促进要素高效对接。围绕创新创业发展需求，支持研发社区、工具平台、创业辅导和创新型孵化器建设，提供思想理念信息交互共享的载体。搭建成果转化服务体系，培育技术转移、创业孵化、专利标准、检测认证等创新服务平台和专业机构，聚集了启迪控股、厚德创新谷、谱尼测试、智谷、集佳、洛可可、软交所等一大批产业服务机构，在风险投资、创业孵化、技术检测、专利服务、工业设计、科技市场服务等领域发挥了积极作用，形成良好的创新创业生态环境，加速创新效能放大。

三、政策建议

（一）推动智能硬件标准及评测认证体系建设

智能硬件属于新兴的战略型电子消费产品，融合多个产业领域，需要强化统筹协作，建立跨部门、跨行业的标准化协作机制，协调推进智能硬件产品、服务标准体系建设，发挥标准对产业发展的支撑作用。加快基础共性标准、关键技术标准和重点应用标准的研究制定，鼓励和支持国内机构积极参与国际标准化工作，提升自主技术标准的国际话语权。

有别于传统的硬件产品，智能硬件产品互联网化趋势明显，产品更新换代时间短，传统的测试、认证体系不适应智能硬件的产业发展模式。建议依托现有的通信、电子、广电、医疗等部门的测试认证服务机构，建立智能硬件产品测试、认证协调工作机制；参照国家和行业标准，加快智能硬件产品的测试、认证流程，加快产品上市的速度，提升产业的整体竞争力。

（二）支持智能硬件公共技术和服务平台建设

发挥市场机制，整合国家平台资源，围绕智能硬件产业链发展的关键环节，建设四类公共服务平台。一是打造智能硬件公共技术和服务平台，为产业链上下游企业、创业企业和团队提供研发、测试、认证、标准、知识产权等一系列公共技术和

服务。二是重点支持建设知识产权服务平台，打造智能硬件知识产权高地，构建智能硬件专利池，提供智能硬件专利申请绿色通道，缩短专利申请的周期，面向企业特别是初创期中小企业提供发明专利的申请、保护、商用化服务。三是关键技术协同创新平台，依托龙头企业，整合创新资源，构建“芯片＋操作系统＋应用＋服务”的基础支撑平台、硬件优化技术服务平台、云计算及大数据应用服务平台、工业设计云平台等关键公共技术服务平台，为产业链上下游企业提供覆盖全产业链的软硬一体化解决方案，提高产业效率，促进产业链协同创新，为产业生态圈构建提供支撑。四是技术标准和测试认证平台，围绕智能硬件产业融合的特点，将分布在各行业部门、地方的国内外标准资源进行整合和优化，建立智能硬件标准数据库，为智能硬件企业进行产品研发、市场开拓提供标准准入方面的查询、咨询服务。同时，整合电信、电子、医疗、广电、检验检疫等部门的测试、验证资源，构建测试验证公共服务平台，为智能硬件企业提供检测认证基础设备和验证环境。五是推动建设设计和孵化平台，为硬件创业者提供空间、工具、仪器和培训，帮助其进行快速产品设计和原型制造，支持众筹平台、硬件创新孵化器等市场化服务机构发展，为硬件创业提供资金支持和创业指导。

（三）推动创新创业，建立多层次的智能硬件人才培养和服务体系

支持联盟组织智能硬件创业大赛，由中关村管委会和海淀园管委会共同支持，筛选和吸引全球的优秀智能硬件创业团队和科技成果。加大对创客、极客等智能硬件爱好者的鼓励和支持，充分发挥北京科技、教育、文化资源优势，支持大中小学校广泛开展创新教育活动，支持清华创客、人大附中等一批智能硬件创新实践和科普教育基地建设。

支持相关高校和科研院所加强多学科交叉整合，加快培养智能硬件领域相关专业人才。依托国家重大专项、科技计划、示范工程和重点企业，培养高层次人才和领军人才。充分利用千人计划等人才政策，加大智能硬件高层次人才引进力度，完善配套服务，鼓励海外专业人才回国或来华创业。

（四）推动产业关键薄弱环节技术突破

把握技术发展方向，围绕应用和产业急需，明确发展重点，充分发挥国家科技计划、科技重大专项等政策的支持作用，加大对智能硬件关键技术研发及产业化的支持力度，集中力量组织产业链上下游企业开展联合攻关，着力突破制约产业发展的技术瓶颈。加强低成本、低功耗、高精度、高可靠性、智能化传感器的研发与产业化，着力突破核心芯片、硬件模组、基础操作系统等基础共性技术难题，加快智能终端、大数据分析处理、服务集成等关键技术研发创新，推进智能硬件与移动互联网和下一代互联网、物联网、云计算、大数据、卫星导航等领域技术的融合发展。

充分发挥政府采购的作用，支持采购具有自主知识产权的智能硬件产品及服务。在医疗健康、公共教育、养老监护等领域进行试点，将智能硬件作为扩大公共服务能力的载体，纳入政府采购目录。

（五）创新监管政策，推动政府资源开放、共享

支持互联网企业、运营商共同打造跨行业开放平台；支持运营商在保障基础通信业务质量的前提下，进行业务创新；确保大量的智能硬件产品都能公平有序地使用网络资源。深入落实《移动通信转售业务试点方案》的政策，支持互联网企业以“虚拟运营商”身份与运营商合作，加速释放号段资源，为智能硬件产品和服务联网入网提供便利，共同打造跨行业的开放平台和融合应用生态。

提高信息资源开发利用水平，鼓励市政公用企事业单位、公共服务事业单位等机构将教育、医疗、就业、旅游、生活等信息资源向社会开放。支持智能硬件企业利用信息资源开发创新型产品及服务，促进信息消费，促进传统行业转型升级。

推动企业工业互联网发展的政策研究[①]

当前，以互联网为代表的信息技术与传统产业日益深度融合。在工业领域，互联网对工业生产模式、市场模式、组织形式都在产生着日新月异的影响。整个工业领域正在经历数字化和网络化重构，可以说“互联网工业时代”已经到来。

一、工业互联网发展形势

(一) 信息化已成为产业升级的主要推动力

从人类社会发展看，第一次工业革命实现了机器对人力的替代，从此开始现代工业的机器时代，人类开始围绕机器工作。第二次工业革命通过石油和电力为核心的能源革命，大大提高了生产效率，实现了大规模生产，生产装备和生产组织都发生了革命性变化。第三次工业革命通过对计算机的利用，实现了信息的快速传播与交换，实现了工业生产的信息化，从而把工业生产从大规模生产提升到大规模定制生产，精益生产成为主要生产方式。正在迎面而来的第四次工业革命，将通过信息与物理空间的全面融合，实现人、物、信息的全面统一。智能制造和智慧工业成为主要的工业生产方式，个性化定制需求得到极大满足。这一切的发生依赖于新一代信息技术革命的爆发，云计算、大数据、物联网、移动互联、3D 打印、工业机器人等新技术促成了工业的智慧革命。这次工业革命是一次全方位的改造和融合创新，生产工具、生产方式、生产组织、生产要素都发生了革命性的变化。

近年来，我国制造业信息化和工业互联网取得了长足的发展。信息技术在经济社会各个领域全面渗透、广泛应用的速度明显加快，企业自主创新能力大幅提高。一大批制造业企业加强了信息技术在研发设计、生产制造、经营管理等环节的

---

① 本文为中国信息化百人会《十方研究》报告，根据中国信息化百人会“互联网工业时代——机遇、挑战与对策”专题研讨会成果整理。

应用力度，新技术、新工艺、新模式不断涌现。

（二）工业互联网发展的主要趋势

当前，德国的工业4.0和美国的工业互联网都提出要深度利用信息化、智能化技术改造当前的生产制造与服务模式，提高企业的生产效率，提升产品和服务的市场竞争力。其中，德国工业4.0体现了生产模式从“集中式”到“分散型”的范式转变。重点是要通过信息网络与工业生产系统的充分融合，打造数字工厂，实现价值链上企业间的横向集成、网络化制造系统的纵向集成，以及端对端的工程数字化集成，来改变当前的工业生产与服务模式。“分散型智能利用”代表了生产制造过程的虚拟世界与现实世界之间的交互关系。在工业4.0时代，传统的行业界限将逐步消失，创造新价值的过程将发生改变，产业链分工将被重组，并会产生各种新的活动和合作形式。工业装备不再只是单纯地“制造”产品，取而代之的是，产品可以向工业装备传达如何正确操作，将产品“更好地制造”出来。美国的工业互联网则提出，要将带有内置感应器的机器和复杂的软件与其他机器、人连接起来，从中提取数据并进行深入分析，挖掘生产或服务系统在性能提高、质量提升等方面的潜力，实现系统资源效率的提升与优化。

不难看出，集成与互联是实现智能化制造的核心，两大战略都是以物联网和互联网为基础，进行实时数据的收集、传输、处理和反馈。区别是工业4.0更注重发挥德国在装备制造、自动化控制等领域的优势，打造以信息物理系统为核心，以精致化产品为主线的生产制造体系。而工业互联网更强调平台的作用，从标准出发，以平台的模式去占领制高点，更关注服务价值创造。调查显示，在美国80家领先的大型制造业企业中，服务收入占总收入的平均比例都已超过25%，15家企业的服务性收入占总收入比例已超过50%。

同时，不论是工业4.0还是工业互联网，率先发起的都是行业内的龙头企业，它们既是应用者，又是技术的研发者和提供者。比如，西门子公司有几千个工程师做互联网、云计算、工业云的研发与应用，极大地提高了自身精密机床、医疗设备、航空发动机等高端产品的生产水平，同时所形成的体系化高端数控装备和自动控制系统，又使其牢牢占据了装备制造业产业的高端市场。

（三）工业互联网成为制造业科技革命的突出特征

互联网已成为企业间协同创新与资源聚合共享的核心平台，企业内业务流程优化与运营效率提升的重要工具，服务模式创新的关键支撑，跨越企业边界并变革企业生态体系的集成创新系统。与以往的技术创新相比，这一波以互联网为代表的新一代技术已经具备了引领工业发展进入更高层次的支撑和引导能力，主要体现在：

1. 促进制造智能化。企业通过采用互联网技术，集成工业机器人、CAM（计算机辅助制造）、PLC、DCS（分布式控制系统）等新型自动化技术，可以推进工艺流程和装备的数字化、智能化、网络化改造，实现生产过程的实时监测、故障诊断、质量控制和调度优化，全面提高智能化程度。

2. 促进制造个性化。企业利用互联网和大数据技术，通过强化数控装备、工业机器人、大型自动化成套设备等的集成能力，可以实现小批量、单件化、多功能转换的柔性生产，满足生产的快速反应和灵活性，满足小众化和高端消费需求。

3. 促进制造分散化。企业利用物联网、云计算技术，发展协同设计、协同制造，可以促进基于网络环境下的可视化远程设计协同 PLM 系统研发和深度应用，推动产业链上下游企业的信息共享和业务协同，增强企业资源共享和业务整合能力，促进企业流程管理的智能化和制造资源的协同共享。

4. 促进制造服务化。企业利用信息通信技术加强在线实时监测、远程故障诊断、在线维护、位置服务等增值服务，可以加快制造与服务协同发展，推进向产业链前后端延伸，推动商业模式创新和业态创新，以技术、知识为基础的差异化服务获得竞争优势，以提供综合服务获得产品附加值，促进生产型制造向服务型制造转变。

二、我国工业互联网发展面临的主要问题

（一）企业利用互联网的动力有待增强

制造业和信息化深度融合，需要企业资金、人力、技术的大量投入和生产、管理体系的变革，特别是要逐步打破原有的利益格局。对企业效益而言，势必会有个高投入低产出到高投入高产出的过程。很多企业对此望而却步，进展缓慢。

（二）装备国产化率低，核心技术不足

工业互联网需要严格的标准以确保不同装备之间的系统互通、设备兼容、数据共享。当前，我国与制造业有关的操作系统、软件、数据库、重要元器件和零部件、高端制造装备等整体水平不高，跨国企业始终掌握着技术和市场的主动权，很多底

层技术参数都没有向我们公开。同时,尽管制造业企业装备水平提升很快,但“万国牌”现象严重,在智能化方面只能通过大量安装传感器方式来解决,投入高、效率低。让传感器适用于各种五花八门的新旧机器,成为当前企业推进工业互联网建设的现实挑战。

(三) 大数据分析和深度应用能力有待提升

工业互联网的核心价值在于可以实时感知和获取整个生产管理过程中的动态数据,而大数据分析挖掘是实现这一价值的重要支撑。因此,企业在建设工业互联网的同时,在大数据保存和处理分析等方面也要投入大量的人力物力,才能最终实现深度应用。尤其是海量数据的分析领域,管理人员必须找到最关键的核心数据加以分析,这需要以往生产工艺经验与先进互联网技术技能的深度融合,很多企业尚处于起步阶段。

三、推进我国工业互联网发展的政策障碍

(一) 顶层设计有待完善

工业互联网具有典型的多业态融合的特征,目前在管理体系上仍然束缚于传统行业的管理模式,在创新理念和模式方面无法满足新兴融合领域发展的需求,很难做到对新出现的问题及时跟踪和及时解决。同时,涉及工业互联网的应用服务也存在多头管理、信息不共享、交叉新兴领域管理界限模糊等现象,容易造成服务和管理效率低下以及监管缺位或越位。国家层面的顶层设计和协同推进机制尚需进一步完善。

(二) 支持政策有待进一步聚焦

2009 年以来,随着信息技术的飞速发展,智慧城市、云计算、物联网、大数据、两化深度融合、工业 4.0、“互联网+”等新的概念不断涌现,在社会掀起了一波又一波的产业化热潮。从国家到地方,各级政府也纷纷出台了相关支持政策。但从效果上看,成效并不明显:一是这些新的理念还存在相互渗透、主体不明确、盈利模式不清晰、推进路径尚需探索等问题,影响了推进的效果;二是制定的政策看似各个击破,但从总体上回头看,就会发现存在重点不突出、资金和政策分散在多个部门等问题。下一步应进一步协同政府支持政策,紧扣重点问题和关键环节,加大集中支持力度。

（三）标准体系制定的工作机制有待加强

工业互联网涉及企业的上下游产业链较长，如何在保证高度安全可靠的前提下，将既有的生产运营、管理体系更好地与互联网结合，是工业互联网建设中普遍面临的问题。这就需要多部门、多企业协同制定相关的标准规范。此外，工业互联网发展过程中也会产生很多新的融合性产品和服务，相应的标准体系也需逐步建立。各方自行推动的标准建设带来较高的重复建设成本，相关的政策法律也有所缺失。

四、推进工业互联网发展的政策建议

（一）强化顶层设计，进一步完善政策体系

2015 年，国务院印发了《中国制造 2025》和《关于积极推进“互联网＋”行动的指导意见》两个重要文件，分别提出了促进制造业数字化网络化智能化、走创新驱动的发展道路和推进“互联网＋”等 11 个具体行动，并提出了保障措施、进度要求和责任分工，工业互联网是其中的重要内容。下阶段，应以这两个文件的推进实施为主线，将工业互联网上升到国家战略层面，整合政府资源，统筹各类专项资金，强化协同机制，集中突破、重点倾斜、以点带面。同时积极吸引社会资金，形成国家投入、社会参与的有效引导支持机制。

（二）支持工业互联网在重点领域试点示范

鼓励企业充分利用工业互联网，加速在商业模式、营销模式、服务模式等方面实现创新。支持制造业龙头企业在信息化基础设施改造、生产制造过程智能化、智能设计和 3D 打印应用、经营管理智能化、远程协同制造、制造业服务化发展、产业链上下游协同合作、个性化制造等领域实现突破。重点支持汽车、装备、钢铁等信息化程度较高的企业构建智能制造系统，推进工业机器人的应用，为工业互联网发展提供原动力。在消费品领域组织推广规模化个性定制、移动社交营销、用户交互平台等模式。支持集团型企业加快建设跨部门、跨地域的集团一体化管控系统、集团级数据中心和商务智能系统，利用大数据技术，充分发挥数据仓库和数据挖掘的辅助决策支撑作用。

（三）支持行业性资源云化平台建设

支持制造业龙头企业牵头利用物联网、云计算技术，构建基于本行业特定需

求，集成其他企业、科研院所、高校的科技资源和客户参与的资源服务共享平台，推动所有制造资源都能够共享到网络平台并向社会公开。同时，鼓励消费型互联网企业充分了解工业企业需求，积极拓展工业互联网业务，从消费性服务向生产性服务拓展。支持工业软件与IT服务企业强化产业链条纵向整合，提高软硬件、网络、平台、应用、流程的综合集成能力，为制造业企业提供基于互联网的高端综合集成服务。特别是支持建设一批面向行业的，集成设计、模拟、仿真分析等功能和各类生产单元模型的开放型工业云平台。

（四）加强基础核心技术的研发和标准体系建设

集中国家力量突破核心技术与产品，强化关键设备和重要系统的安全可控。支持科技研发和IT企业大力推进具有完全自主知识产权的工业设计软件、工业控制软件、工业仿真软件、工业装备或产品嵌入式软件和集成性综合管控软件等标准套装软件的研发。支持行业龙头企业牵头掌握一批重点领域关键核心技术，通过产业化过程，加强信息物理系统技术的自主研发。同时，开展跨领域、跨行业、多主体的合作，摸索经验，协同推进，加快制定和完善工业互联网相关的标准体系。

（五）加强交流宣传，形成创新融合的社会推进机制

工业互联网建设不是一蹴而就的。德国也明确提出，工业4.0要到2025年以后才能初步实现。工业互联网的发展需要融合创新的驱动机制，应积极倡导成立相关联盟、协会、论坛等社会组织，搭建常态化的企业交流互动和业务宣传推广平台，促进工业互联网领域知识资源共享和互补，弥合理念、制度、技术和市场方面的分隔，建立工业互联网供需双方沟通与对接机制，创造更多的平台和交流机会，及时总结试点经验并推广。

影响我国共享经济发展的主要问题与对策建议[①]

一、共享经济内涵与现状

“共享经济(sharing economy)”一词最早出现于20世纪中期,但其内涵已发生了很大变化。传统上所讲的共享经济,是从收入分配的角度强调员工与企业共享发展收益。而目前正在世界范围内兴起的共享经济,指的是通过互联网等技术平台,人们以高效的方式共享彼此的财产、时间、知识与技能等资源,从而形成的一种全新的商业模式和经济社会体系。

一般认为,共享经济具备四个基本特征:一是需要一个由第三方创建的、以信息技术为基础的平台为支撑,作为信息共享渠道和信用体系的保障;二是以资源使用权的暂时性转移为核心,实现了所有权与使用权的剥离;三是以资源的重复交易和高效利用为表现形式,本质是提升闲置资源的使用效率和实现资源优化配置,从而释放资源的潜在价值和社会生产力;四是每个人都可以同时成为消费者和生产者,从根本上颠覆了传统的企业生产与个人消费的产业模式。

严格说来,完全的共享经济是建立在高度发展成熟的经济社会体系之上的经济形态,需要基于整体社会经济水平的提高和人们消费理念和生活习惯的改变。现阶段来看,在线租车、短租房、众包、众筹、P2P借贷等正是对共享经济的试水。实践层面看,当前共享经济的主要类型有:

(一)有形产品共享

有形产品共享主要是通过所有权与使用权的分离实现的,即在产品消费过程

---

① 本文为中国信息化百人会《十方研究》报告,根据中国信息化百人会“影响我国共享经济发展的主要问题、障碍与对策”公共政策双周圆桌会议成果整理。

中，使用权不再由所有者独享，而是被其他人或机构通过直接或间接的方式共享。当前比较典型的是房屋和车辆共享，国际上具有代表性的公司是 Airbnb 和 Uber，都有着不俗的商业表现。国内也有诸如滴滴打车、天天用车、小猪短租、途家等代表性企业。此外，也有提供其他物品共享的企业，如著名的 Rent the Runway 公司则提供多种精选品牌和新潮礼服，倡导租衣服。

（二）时间与劳务共享

如年满 18 岁以上，能够搬动 12 英磅（约合 5.44 千克）以上的重量，并且能够在周末或晚上工作，就可以成为 Instacart 的一员，可以在去超市购物的时候帮邻居购买和送货上门，并获得每小时 25 美元的报酬。Taskrabbit 则使人们可以通过选择时间、地点、需要的设备等以选择所需要的服务——搬家、打扫卫生、找修理工和个人助理，请人帮忙做自己不愿意做的事情。还可以通过 Handybook 的在线服务预定保洁工和清洁工，这些人可利用自己的碎片化时间来工作并获得收入。

（三）知识技能共享

随着大量众包平台的兴起，越来越多的原来由企业内部员工完成的任务，以公开的方式外包给未知的、数量庞大的群体来完成，参与其中的大众个体则在分享自己知识、技能的过程中，既可能获得收入，也收获了分享与社交的乐趣。亚马逊旗下的网络交易平台 Mechanical Turk，被看作目前探索出最成熟众包模式的机构。国内发展规模比较大的众包平台有猪八戒网、任务中国网和时间财富网等。

（四）资金共享

即众筹（Crowdfunding），大众筹资，集中大家的资金、能力和渠道为某个项目或活动提供援助的融资行为。2009 年在美国成立的 Kickstarter 平台被看作最具代表性的众筹平台，致力于支持和激励创新性、创造性和创意性的活动，通过网络平台面对公众募集小额资金，让有创造力的人有可能获得他们所需要的资金，帮助其实现梦想。与此同时，国内各类互联网众筹平台纷纷设立。淘宝、京东等相继开启了众筹业务，追梦网、众筹网等众筹网站也发展迅速。天使汇、3W 咖啡、36 氪等则为创业企业提供了股权众筹服务。

二、推进我国共享经济发展的意义

（一）有助于改善当前我国公共服务领域供给不足、质量不高等问题

随着我国经济的快速发展，社会公共服务水平也显著提高；但总体上看，与公众不断提高的对公共服务的需求相比，当前我国在诸多领域仍存在公共服务供给总量不足、质量不高等问题。公众对共享经济带来的便捷服务的需求度极高，对技术创新应用的接受度也相对更高。共享经济以网络方式连接、重组与有效整合大量闲散的碎片化社会资源，实现了供需双方去中介化、实时、精准、高性价比的对接，使得人们可以用更低的成本、更便捷的方式，获得更有品质的服务，对于解决当前我国存在的有效公共服务不足的问题有重要意义。如腾讯研究院一项针对滴滴专车司机的调查结果显示，59.5%的专车服务用车是自有的闲置车辆。另有96.9%的司机表示，如果有额外的激励措施，他们愿意在高峰时期提高接单频率，从而与传统出租车形成了良好的互补，提升城市交通运力。

（二）通过创新供给刺激消费需求，从而为提振经济提供新动力

随着经济社会的快速发展，我国居民的生活方式和消费资源获取方式正在发生显著变化。人们对于物质财富的理解、对于社会形态的认识、对于个性体验的重视，使得消费总量在增长的同时，消费结构也在发生巨大的更新。模仿型排浪式消费阶段基本结束，个性化、多样化消费渐成主流，但相关产业发展尚不能适应消费需求的变化，通过创新供给激活需求的重要性显著上升。

共享经济发展意味着更加精细的资源匹配和更细分化的市场，因而可开发的商业模式将更加丰富，门槛也更低。各种创新性商业模式所提供的个性化体验，正符合我国经济新常态下新的消费特点，因此在满足人们不断增长的需求的同时，还可以通过创新性的供给进一步激发新需求。

（三）扩大社会就业和提高收入水平

共享经济发展创造了一种新的就业形式——分时就业，这意味着人们可以根据自己的时间来安排一份或多份工作，而不是根据工作安排自己的时间，从而使人们的工作更具弹性，并有了更多的收入来源。企业也可以通过众包外包等形式，灵活地控制规模和管理成本。

美国政府曾做过一个5年的数据调查，就在数十个行业处于不充分就业状态、

几乎所有人都陷入收入增长停滞的形势下，共享经济进入人们的视野，它把数百万人都变成了兼职创业者。2014 年老牌编程众包网站 oDesk（现更名为 Upwork），为平台上 180 个国家的 930 万名兼职程序员贡献了 9 亿美元的收入。腾讯研究院针对滴滴专车司机的调查结果显示，专车服务的出现创造了 12.1%的就业新机会，96.5%的司机在从事专车服务后每月收入有了不同程度的提升，其中 39.5%的司机收入提高幅度超过 30%。

(四) 为“大众创业、万众创新”提供了广阔空间和无限可能

为适应我国经济发展新常态的需求，2015 年“大众创业、万众创新”被写入政府工作报告，成为新时期我国一项重要政策。共享经济的发展为推动创业创新提供了广阔空间。

以低成本融资著称的众筹的兴起，为创业者和中小企业提供了极大便利。随着众筹模式的成熟和创业服务业的飞速发展，今后只要有创业的梦想和创新创意，哪怕只具备某一方面的能力，都能通过众筹模式找到优势互补的团队和所需要的资源，来共同完成创业。如京东商城启动的金融众筹创业孵化平台，吸引大量创业企业入驻，为创业企业提供了资金、制造、营销、法律、审计等全方位支持，短短半年就成为国内第一大权益类众筹平台。共享经济发展为每个人提供了成为创业家的机会。

(五) 深远的社会文化意义

共享经济兴起的原因之一，便是对以往生产生活中存在的过度消费与过度资源消耗的反思与纠正，其深入发展必然使得可持续发展的理念真正为全社会所接受，并转化为实际的生产生活行为。

其次，共享经济的深入发展，可以将陌生人之间以新的方式和纽带连接起来，有助于培养人与人之间的信任关系。尤其是可以通过对陌生人之间社会信用机制的重塑和发展，进而塑造新的社会价值观和道德文化。从这个角度说，发展共享经济解决的不仅仅是经济问题，更是社会文化和价值观层面的问题。

三、我国共享经济发展面临的挑战与问题

共享经济发展在为人们带来福利的同时，也在越来越大的程度上冲击着既有的发展秩序，从而对传统社会的经济等多个层面提出了挑战；与此同时，共享经济

发展也面临诸多亟须解决的问题。

(一) 挑战

1. 诸多传统行业企业面临巨大冲击

共享经济全面发展将深刻改变企业的运作模式和劳资关系。外包与众包将成为常态,企业将能更加灵活地通过互联网实现内外结合的团队合作。组织边界趋于无形,生产者与消费者边界日益模糊,不仅使得既有管理制度面临“失灵”,更意味着社会财富和利益的重新分配。社交共享型企业还拥有显著的成本优势和创造无限供给的能力,边际成本趋近于零,其快速扩张的发展态势直接冲击着诸多传统行业。

2. 传统社会秩序和社会保险等制度面临挑战

共享经济深入发展意味着灵活就业将大幅增加,也意味着人们的工作和收入更加不可预测,甚至是没有保障,势必会带来新的挑战：临时雇佣人员的福利等权益如何保障？如果大量全职员工变为兼职,而兼职人员又不享有传统企业员工的社会保险等福利,社会经济秩序和社会保险体系如何支撑？

3. 以事前审批、条块分工为主的传统管理模式面临挑战

传统管理模式的特点一是注重事前审批和准入,二是分业务、分区域的条块分工管理模式。共享经济发展意味着大量个体会成为新兴市场主体的成员,跨界与融合将成为市场行为常态,传统管理理念与模式亟须调整与创新。

4. 个人隐私保护、国家信息安全等领域面临新的挑战

共享经济全面发展,意味着社会经济活动过程中的大量信息都处于实时被搜集和快速流动的状态,这对个人与国家层面的信息安全保障都提出了更大的挑战和更高的要求。

(二) 问题

1. 相关理论研究严重滞后,对共享经济发展的重要意义认识不足

共享经济的实践发展很快,但多个方面的理论问题都没有得到深入研究。如,传统经济学所谓的内部性与外部性之间的关系被部分颠覆,“外部性失灵”已无法

解释新经济的开放、合作与分享;共享经济发展的社会财富效应如何,其对社会就业总量和结构的影响如何等,相关的政策研究更是少之又少。

2. 共享经济自身发展中存在不规范现象

共享经济模式下产品与服务的供给方往往是大量不确定的个人或组织,尤其是当前诸多领域的共享经济都处于探索阶段和发展初期,其服务和产品的安全性、价值、客户服务和产品质量方面仍存在不足,因而服务不规范、潜在的安全风险甚至给消费者带来严重损失等事故时有发生。

3. 来自传统行业的质疑和阻挠

当前来自出租车、酒店等传统行业的质疑声音最多,称这些新兴竞争对手扰乱了市场秩序,蚕食了既有市场,涉嫌不公平竞争,可能存在漏税问题。2014 年以来,我国多地出现出租车停运罢运事件。共享经济发展面临着来自不同群体的质疑和阻挠。

4. 既有制度无法适应不断创新的经济活动要求,甚至造成严重障碍

因管理理念和具体条款陈旧,当前许多新业态游走在监管的灰色地带,如股权众筹在我国还处于法律与监管的模糊地带,一不小心就容易涉及非法集资。有些创新实践面临不合理的制度要求,如从事互联网教育的企业必须配置线下教学用地,否则不予审批等。此外,还有很多创新实践面临制度空白。

5. 社会信用体系建设滞后,诚实守信的经济社会环境远未形成

共享经济的特征是陌生人之间通过第三方网络平台实现资源共享,除了网络这一基础条件外,信任是另一基本条件。但目前信用缺失仍是我国发展中突出的"软肋",各种商业欺诈行为屡见不鲜,社会诚信体系建设尚不完善,信用服务市场仍处在培育和逐步规范中。诚实守信的经济社会环境缺失,是共享经济发展的重大障碍。

四、推进我国共享经济发展的对策建议

面对创新带来的挑战,需要准确判断和把握经济社会发展的大势所趋,并通过制度层面的积极调整予以回应和引导,而不应固有原有的条条框框,扼杀创新。

（一）加强共享经济发展相关问题研究

一是需要加强对共享经济的理论层面研究，充分把握其发展的内在规律与趋势。

二是要在理论研究的基础上，加强政策层面的研究。既要注重解决当前共享经济发展中面临的制度与政策不适应问题，主要体现在当前实践创新步伐较快、社会关注度高、与现有制度体系冲突日益明显的领域，如网络约租车、股权众筹等；同时又要针对共享经济发展对制度层面的挑战，提前谋划和布局有关研究工作，为未来的制度改革与设计奠定基础，如自由职业者越来越多，如何进一步建立起与之相适应的社会保险与福利制度等。

（二）转变管理理念和创新管理方式，切实推进相关领域改革

转变管理理念和创新管理方式，营造开放包容环境，既是共享经济发展的客观需求，也是实现国家创新驱动等一系列目标的必然要求和全面深化改革的大势所趋。

一是坚持市场化思维，改革产业准入制度，破除不合理的准入障碍，完善负面清单和权力清单制度，从注重事前审批转向加强事中、事后监管。负面清单建设的主要目的是破除限制共享经济模式创新的不合理准入障碍，对未纳入负面清单的行业、领域和业务等，允许包括互联网企业在内的各类市场主体依法平等进入。权力清单制度建设方面，首先要进一步明确政府权力边界，并进一步简政放权；其次要明确并公布行政事项办理流程，进一步完善相关工作的运转机制和流程。

二是坚持协同管理和服务的思维，建立和完善跨部门的协同管理机制，为跨界创新企业提供便捷服务。国家相关互联网行业管理部门可以积极开展部门协作，为共享经济领域的创业创新提供更加便利的服务和科学的管理。

（三）建立和完善政府与新兴市场行为主体、传统行业主体等多方沟通与协商机制

传统与革新并存是社会发展的常态，共享经济全面发展的过程必然伴随着传统社会的巨大变革。政府的制度设计一方面要顺应历史发展潮流，鼓励与引导创新，对创新行为的合法性判断应当依据事实效果，而非依据既有思维框框给出的预先判断，同时还要防范创新行为野蛮生长过程中可能出现的泡沫。另一方面，要最大限度地保障社会公正，采取有效措施引导和帮助企业顺利完成转型，并维护好相

关社会群体的合法权益。

（四）加快推进社会信用体系建设

社会信用体系建设是一项长期的、艰巨的系统工程。而近两年快速兴起的共享经济，一方面对社会信用体系建设提出了更迫切的要求，同时也为完善社会信用体系提供了新的支撑。

因此，既要加快落实和推进《社会信用体系建设规划纲要（2014—2020 年）》有关任务，又要鼓励共享型企业在其经营活动中加强信用体系建设的探索和创新，依靠信息平台建立起可靠、可追溯的数据链条，并借助跨行业的数据互通，构建起基于有效数据的信用体系。同时还要研究制定个人数据保护相关制度。

（五）积极学习和借鉴其他国家在发展共享经济方面的经验

共享经济在欧美国家起步较早，许多国家都在努力尝试协调各方利益，通过相关制度的完善推动共享经济与传统经济的平衡发展。比如在房屋共享方面，阿姆斯特丹、旧金山等地都陆续出台了相关制度：2014 年 2 月阿姆斯特丹完成全球首例 Airbnb 立法，将互联网家庭旅店业纳入监管，并征收 5%的旅游税；2014 年年底旧金山也完成相关立法，为私人房屋的共享划定边界，要求房屋整体出租时间每年不超过 90 天，同时征收 15%的酒店税。在网络约租车管理方面，美国的加利福尼亚州、科罗拉多州和华盛顿哥伦比亚特区等地区，都有了立法与制度方面的探索。

（六）多方面入手逐步建立起包容性制度

包容性制度下，增长依靠全民实现，增长的收益归全民所享，全民都有机会参与到增长的过程中。正在全球范围内快速兴起和发展的共享经济，正在倒逼并考验着各国的制度创新能力。从当前促进共享经济发展的角度看，建立和完善包容性经济制度，需要重点突出如下几点：

一要坚持“适度监管”。创新性的商业实践通常都是领先于制度与法律进程的，不能强迫新生事物符合旧的框架，要给创新一个试错的空间，让监管手段“慢半拍”。

二要重视企业内生性治理。满足用户需求并规避潜在风险也是企业长久发展的根本。在这一点上，企业与政府是一致的。因此可以通过消费者选择、企业竞争、行业自律等，使企业在其自身发展中对风险进行化解和预防。

三要树立“使公众更直接、更快速地共享改革与发展红利”的意识。“简政放权”放下的不仅是“权力”，还有“既得利益”。因为“在包容性制度下，人们更多的是从事生产性活动，通过发明、新技术等的采用获得有利的生产条件，而不是通过从别人那里攫取来维护既得利益或者获得额外收益，这样能够鼓励创新、发明和新技术、新的生产条件的采用，进而促进生产”。在我国，尤其是在资源配置不平衡、市场竞争不充分的垄断性行业和领域，能否切实深化改革，将直接影响到共享经济的整体发展进程。

05

中国信息化百人会 2015 年年度报告精选

智慧医疗与大数据 2015 年度报告①

前言

当前，新一代信息技术在医疗领域的广泛应用，已经深刻影响了我国医疗卫生服务模式的发展与变革，我国医疗行业正加速迈入大数据应用转型期。2015 年 8 月 31 日，国务院《促进大数据发展行动纲要》提出推进医疗健康服务大数据工程，医疗健康大数据应用将得到实质性发展。中国信息化百人会案例研究中心(浙江省经信智慧城市规划研究院)以"智慧医疗与大数据"为主题，围绕智慧医疗与大数据的内涵解析、发展形势、问题解析、百人会共识、前景展望、战略与选择等内容开展研究，取得了初步研究成果。

《智慧医疗与大数据 2015 年度报告》对智慧医疗与大数据的内涵与外延进行了深入解析，对我国智慧医疗与大数据发展现状进行了全面梳理，同时提出我国智慧医疗与大数据发展存在数据标准不统一、归属权不明确、数据共享困难、有效运营机制缺乏、产业规划和体系不健全等问题，并结合中国信息化百人会专家共识，对我国智慧医疗与大数据的发展前景进行了展望。针对问题与挑战，报告提出统一医疗行业数据标准、构建数据共享新模式、强化医疗行业体制改革、优化产业运营机制、加强顶层设计和市场监督、创新人才培养和合作方式等六个方面的发展建议。

一、智慧医疗与大数据内涵解析

大数据、云计算、物联网、移动互联网等新一代信息技术的广泛应用，深刻地影

① 本报告为中国信息化百人会 2015 年年度课题研究报告，课题组长为中国信息化百人会成员、浙江省经信委副主任吴君青，课题组主要成员为浙江省经信智慧城市规划研究院茹惠素、张尚清、张慧、凌从礼、李明珠、周元诚。

响着我国医疗卫生服务模式的发展与变革。从单一的临床信息化到区域医疗卫生信息化,从单纯的疾病治疗到可预见性的预防保健,我国正加速迈入智慧医疗时代。

智慧医疗是医疗信息化的升级发展,通过与大数据、云计算技术的深度融合,以医疗云数据中心为载体,为各方提供医疗大数据服务,实现医生与病人、医生与护士、大型医院与社区医院、医疗与保险、医疗机构与卫生管理部门、医疗机构与药品管理之间的六个协同,逐步构建智慧化医疗服务体系(见图 1)。

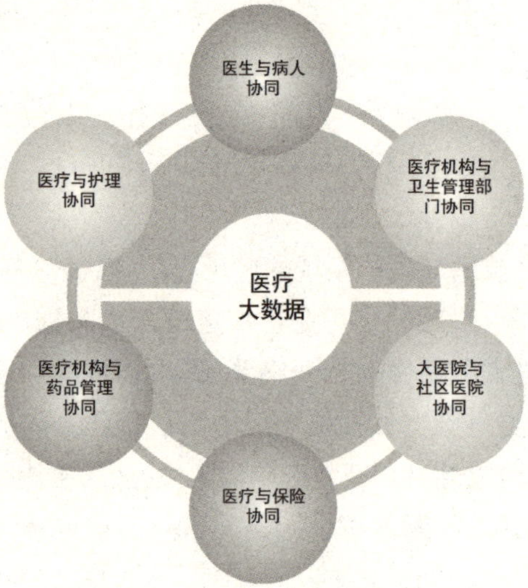

图 1　智慧医疗的六个协同

智慧医疗的内涵是多层面的,对不同的受众会产生不同的作用(见表 1)。对于公众,智慧医疗意味着:更便捷可及的医疗服务,可随时随地通过移动设备获得公平、安全的医疗服务;更便宜的医疗服务——通过各个医疗机构间电子病历的互联互通,既提高了医院医疗设备的使用效率,也降低了病人的看病成本;更全面的健康服务——公众可以通过个人健康档案,运用信息技术,随时掌控自己的健康情况,进行主动、有效的疾病预防和干预,降低患病率。

表 1　智慧医疗对多主体的作用

受众	智慧医疗的内涵
公众	更便捷可及的医疗服务
	更便宜的医疗服务
	更全面的健康服务

续　表

受众	智慧医疗的内涵
医疗机构	合理分配医疗资源
	提供医疗服务分级引导
	提高医疗服务质量
	保障医疗服务安全
	完成高效管理
企业	催发医疗服务平台化的盈利模式
	提高用户黏性，扩大市场占有率
	减少流通成本，增加盈利空间
监管部门	提高部门决策的科学化水平
	迅速有效应对突发事件

对于医疗机构，智慧医疗可以通过提供医疗服务分级引导，改善医疗资源配置不均衡的情况，使不同医疗机构间的医疗资源得到合理分配；提升医疗服务质量，保障医疗服务安全，通过建立患者的健康数据库并结合移动终端，帮助医务人员确认患者既往病史，提高用药准确度和安全性（见图2）。除此之外，智慧医疗基于物联网技术高度灵活和信息采集自动化的特性，将帮助医疗机构进行更高效的管理工作。

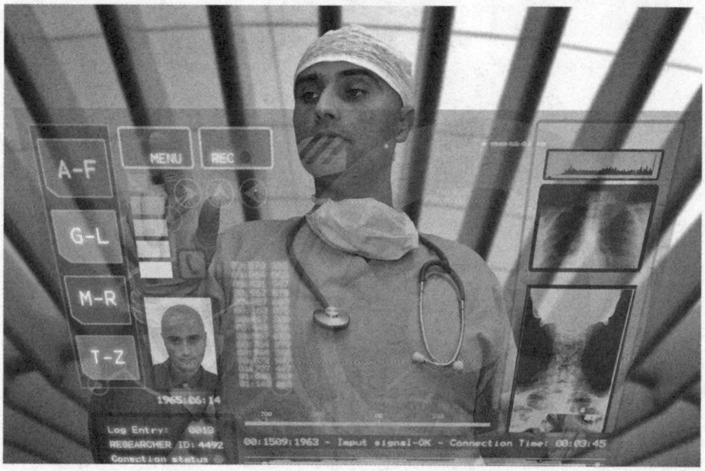

图2　智慧医疗可建立患者健康数据库

对于企业，智慧医疗可以催生医疗服务平台化的新盈利模式，通过建立自诊问诊平台和医联信息平台，医疗机构和医药企业可以挖掘大量的潜在客户；智慧医疗与可穿戴设备结合，将帮助相关医疗企业提高用户黏性，进一步扩大市场占有率；智慧医疗企业可以减少流通成本，增加企业利润，借助互联网和医药电商政策大力拓展药品销售渠道。

对于监管部门，智慧医疗可以提供更科学的决策支持，通过大数据分析平台，对海量医疗数据进行深入的挖掘、分析，可以保障决策的科学性。智慧医疗的延伸还将带来更加迅速有效的突发事件应对方案，通过建立智慧应急响应系统，将医疗机构、疾控中心、急救系统等联系在一起，快速应对公共卫生突发事件。

医疗服务要实现智慧化、精准化，其核心环节是要具备大数据的技术支撑，智慧医疗实质上可以理解为“大数据对医疗的服务”。医疗大数据是智慧医疗发展的催化剂和推进器。通过撷取、管理和整合个人电子病历、医疗机构、医生和护士、卫生行政部门和医保单位、个人健康设备等主体中蕴藏的大数据，将其广泛应用于疾病预测与控制、远程医疗、移动医疗、健康服务产业链、医疗服务功能优化与拓展等方面，可服务于医疗机构、个人健康设备生产厂商、卫生行政部门和医保单位等多个主体。通过大数据的思维可以智慧化破解各种医疗难题，满足以患者、医生等为核心的各类人群的需求，推动整个智慧医疗行业实现产业价值（见图 3）。

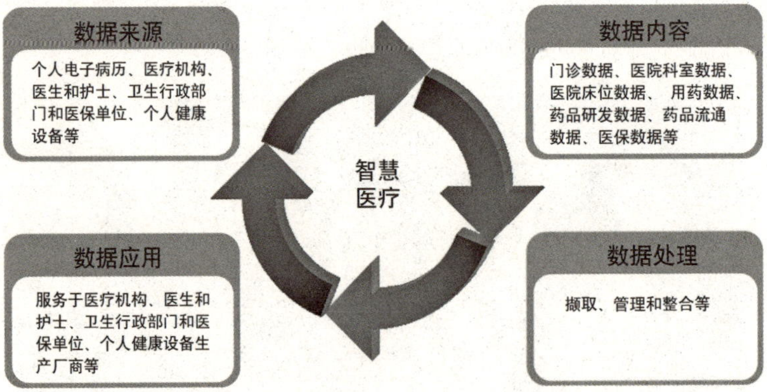

图 3　智慧医疗与大数据发展路径

医疗大数据的来源主要有以下五个方面，分别是个人电子病历、医疗机构、医生和护士、卫生行政部门和医保单位以及个人健康设备（见表 2）。

表2 医疗大数据的来源

来源	具体内容
个人电子病历	电子病历是用电子设备保存、管理、传输和重现的数字化医疗记录，包括病程记录、检查检验结果、医嘱、手术记录、护理记录等纸张病历的所有信息。由于疾病和患者的多样性和复杂性，以及个体对健康的重视程度不断加深，电子病历蕴含的数据量将呈现高速的上升趋势。
医疗机构	各级各类医疗机构的不断发展，使得科室、床位等相关数据资源越积越多，就医产生的诊疗信息的数据量也越来越大，临床医疗和实验室数据整合在一起，使得医疗机构的数据增长非常快。一张普通的CT图像含有大约150 MB的数据，一个标准的病理图所含数据量更是接近5 GB。这些数据量乘以人口数量和平均寿命，仅一个社区医院累计的数据量就可达到数万亿字节甚至数千万亿字节之多。
医生和护士	医生和护士作为医疗过程的重要主体，是患者就医产生的医疗数据的直接经手人。医疗信息化的不断完善，令医生和护士成为医疗大数据的重要来源之一。
卫生行政部门和医保单位	全国各级卫生行政单位采集、储存的电子健康档案、全员人口信息等健康信息的数据量越来越大，人口健康信息互联共享的范围也越来越广。医保单位则拥有公众就医过程中产生的费用信息、报销信息以及患者使用各种保险情况等信息。这些信息构成了一个数据集合，将这个数据集合按照就医人次逐年累计，就成为一个天量的数据资源集。
个人健康设备	智能手表、智能手环等各种可穿戴设备的迅速普及，使得个体的即时健康信息可以通过接入互联网得到储存。随着公众对自身健康的关注程度和对互联网依赖的加深，个人健康设备产生的数据量将不可估量。

现阶段，医疗大数据可以归纳为医院信息系统（HIS）数据、检验信息系统（LIS）数据、医学影像存档和传输系统（PACS）数据和电子病历（EMR）数据等四种主要类型（见图4）。

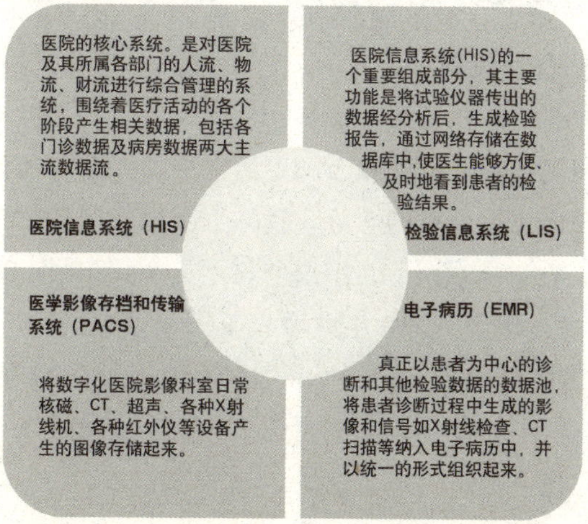

图4 医疗大数据的四种主要类型

医疗大数据同样具备大数据的典型特征，即数据规模大（Volume）、数据结构多（Variety）、数据增速快（Velocity）和数据价值高（Value）。较为特殊的是，由于医疗大数据是患者在诊疗过程中产生的数据，涵盖了患者的基本情况、行为数据、诊疗数据、检查数据等资源，因此，它还具有多态性、不完整性、时效性、冗余性和私密性等特征（见表3）。

表3　医疗大数据的特征

特征	具体内容
多态性	医疗大数据的表现形式包括文字（如既往病史、医嘱、药物使用情况等）、纯数据（如体检报告、化验结果等）、图像（如B超、CT、X射线等）以及科普的动画、视频等多种形式。
不完整性	人工记录的数据会存在数据的偏差和残缺，数据的表达和记录也会有主观上的不确定性，因此医疗大数据的收集和处理过程中存在一定程度的脱节现象，医疗数据库尚不能全面地反映疾病信息。
时效性	疾病的发病过程和患者的就诊之间会有时间上的延伸，医学检测得到的心电图、脑电图等波形信号以及MRI、CT等图像信号也都需要较长时间才能获取。
私密性	医疗大数据往往涉及患者的隐私信息，这些信息的泄露会对患者的生活造成较大的影响甚至危害。
冗余性	医疗大数据因其规模大，往往会记录一些重复的甚至是无关紧要的信息。

二、我国智慧医疗与大数据发展形势

（一）发展条件日趋成熟

1. 个人医疗健康服务需求快速增长

近年来，随着国民经济的发展和人民生活水平的提高，人们对医疗服务的需求迅速增加，总体呈现出供不应求的态势。我国卫生总费用从2004年的7 590.29亿元，到2014年的35 312.40亿元，10年内增长了近4倍（见图5），人均卫生费用支出从583.9元增至2 581.7元，10年内增长了3倍多（见图6）。但与发达国家相比，我国卫生支出仍相对较低，2013年、2014年中国卫生总支出占GDP分别为5.39%、5.55%，而美国2013年该比例高达17.60%（见图7）。人均卫生费用方面也远低于美国（详见图8）。

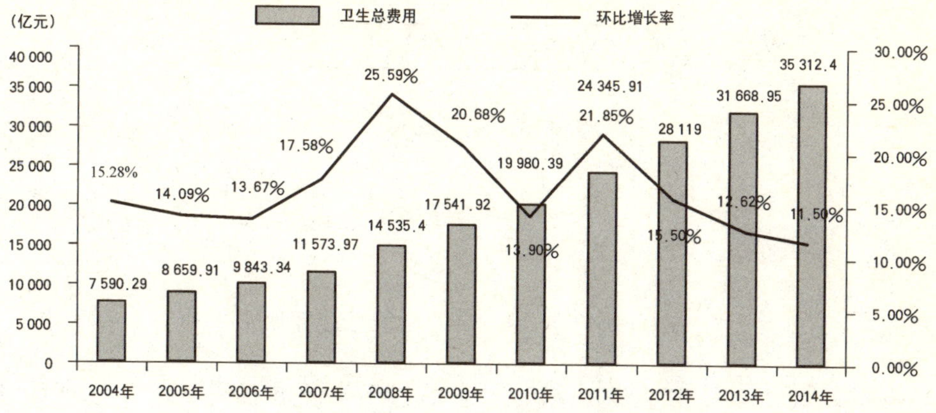

图5　2004—2014年中国卫生总费用

数据来源：《2015年中国卫生和计划生育统计年鉴》

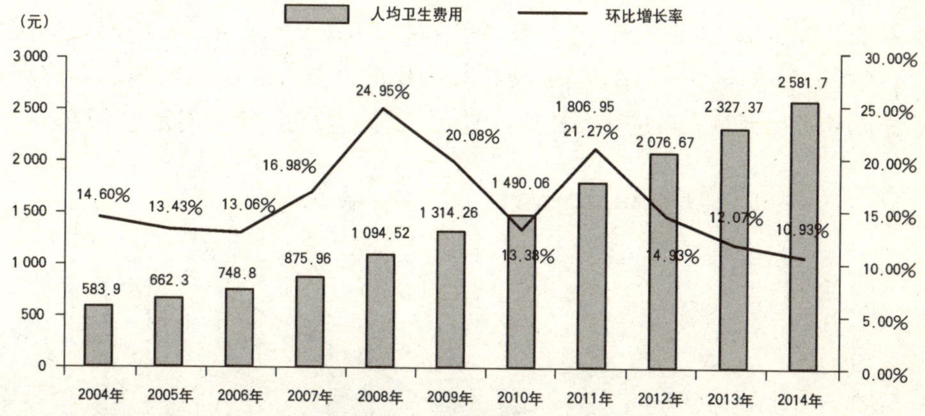

图6　2004—2014年中国人均卫生费用

数据来源：《2015年中国卫生和计划生育统计年鉴》

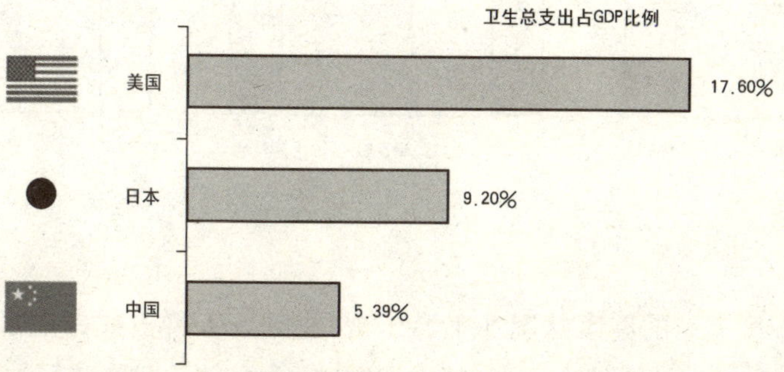

图7　2013年中美日三国卫生总支出占GDP比例比较

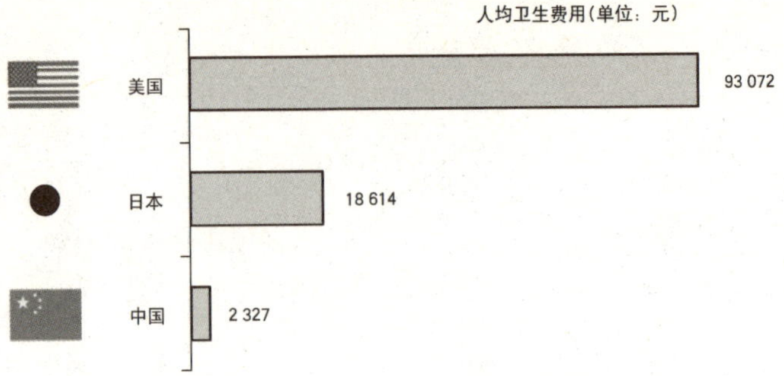

图 8　2013 年中美日三国人均卫生费用比较

我国已经进入老龄化社会。截至 2014 年年底，中国 60 周岁以上人口达到 2.12 亿，占总人口的 15.5%，成为世界上第一个老年人口破 2 亿的国家(65 岁以上人口增长情况可见图 9)。根据 BCG 和 SwissRe 联合发布的报告预测，到 2050 年，60 岁及以上人口将增至近 4.4 亿人，占中国人口总数的 34%，中国进入深度老龄化阶段。65 岁以上老龄人口的冠心病、高血压、糖尿病、哮喘、关节炎等慢性疾病的患病率是 15～45 岁人口的 3～7 倍。人口老龄化将使健康养老服务、医疗保健的需求明显增加，因此对老龄人口进行慢性病监测，从而降低长期医疗费用尤为重要。

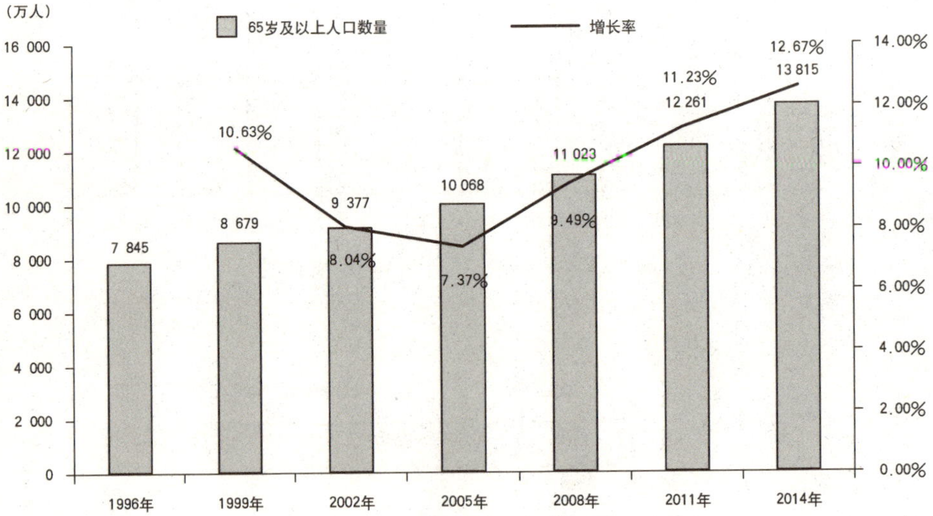

图 9　1996—2014 年中国 65 岁以上人口

数据来源：国家统计局

同时，中国人口的健康状况亦不容乐观，亚健康人群占比已超过 70%。35～65 岁的人成为最大的亚健康人群，超重和肥胖、血脂异常和脂肪肝、高血压等病症高发,再加上慢性病患者越来越年轻化,患病时间长,人们对于健康医疗服务需求越来越大,从而为智慧医疗与大数据应用奠定了市场基础(详见图 10)。

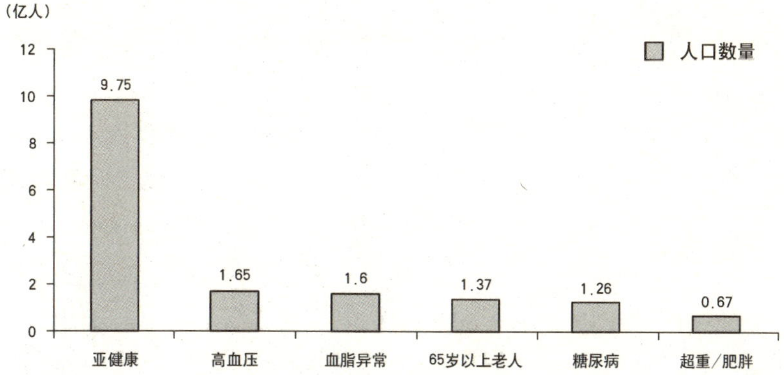

图 10　2014 年中国健康问题人口数量

数据来源:贵阳大数据交易所

2. 企业对医疗大数据的应用需求强劲迸发

根据中国科学技术发展战略研究院预测,至 2020 年,我国生物医药产业将形成约 8 万亿元的支柱产业。按此估计,2020 年整个大健康产业市场将突破 10 万亿元。越来越多的企业投入到健康产业中,包括药企、保险公司、医疗硬件厂商、互联网平台等多个主体,产业涉及移动医疗、远程医疗、可穿戴设备、医疗器械、健康管理、健康咨询等多个领域。保险公司、药企、医疗硬件厂商等企业对医疗大数据的需求十分迫切,它们亟须借助大数据应用降低成本并提升经营利润。

药企:2014 年 A 股上市的医药公司中有 16 家研发投入超过 2 亿元,增速较快,其中有 3 家研发投入甚至超过了当年的净利润。药企在药品的研发和销售中都迫切需要医疗大数据的应用,以节省研发成本、缩短研发周期,节省营销成本、提升营销精准率。

保险公司:2014 年我国健康保费收入为 1 587 亿元,仅占人身险保费的 12.18%,而成熟的市场一般在 20%～30%;健康保险保费支出在医疗卫生费用总支出中占比也只有 1%左右,而发达国家一般在 10%左右。数据表明,我国商业健康保险还有很大的发展空间。在此背景下,保险企业需要通过健康数据的分析来提高保险的个性化以及精准性,从而降低保险支出,增加盈利。

医疗硬件厂商:大数据的意义在于完善硬件厂商的后续服务能力。通过智能设备获取用户只是第一步,核心在于数据的采集、计算、反馈,以及最终对人的行为

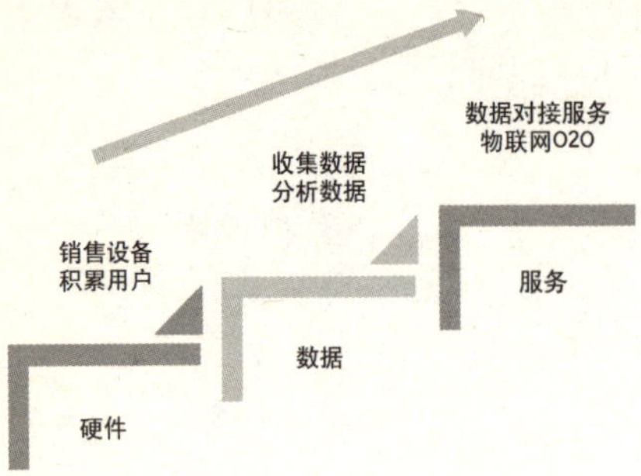

图 11　医疗硬件厂商大数据应用

的改变。在获得用户后，将用户使用过程中产生的相关数据传输到云端，并对此健康大数据进行分析解读，以提供个性化的健康服务，为用户提供持续性的增值服务（见图 11）。

互联网平台（移动 App/医疗门户网站/电商）：大数据能够帮助互联网平台优化服务，提升用户黏性，为商业化提供更多可能。移动医疗 App、医疗门户网站以及电商有广大的用户群体，拥有大量的用户数据，具有一定的数据收集和数据分析能力，是目前数据应用相对领先的领域。随着数据规模以及数据利用的逐渐成熟，未来应用厂商也可以将数据服务进行商业化，产生更大的商业价值。

3. 医患矛盾日益突出，亟须以医疗大数据重构医患关系

近年来，由于患者和医生之间信息不对称、医疗资源分布不均、过度医疗等问题，医患矛盾日益突出。据统计，2011 年以来，医疗纠纷发生率每年上升 20%，有的地方高达 40%。2014 年，全国发生医疗纠纷 11.5 万起。

医疗资源分布呈两极分化。根据卫生部门公布的数据显示，我国 80% 的医疗资源集中在大城市，而其中 30% 的医疗资源又分布在大医院，医生资源主要集中在东部地区，东部发达地区的三甲医院占了五成，呈现出三级医院资源占比高但分布少、资源分布严重不均的现象。同一地区不同等级的医院医疗卫生资源的分配差异也很大（见图 12、图 13）。

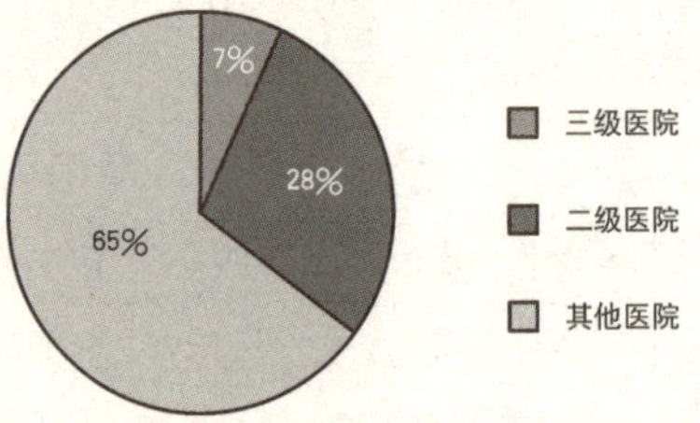

图 12　2013 年中国医院分布（共 23 170 所）

数据来源：《2014 中国卫生年鉴》

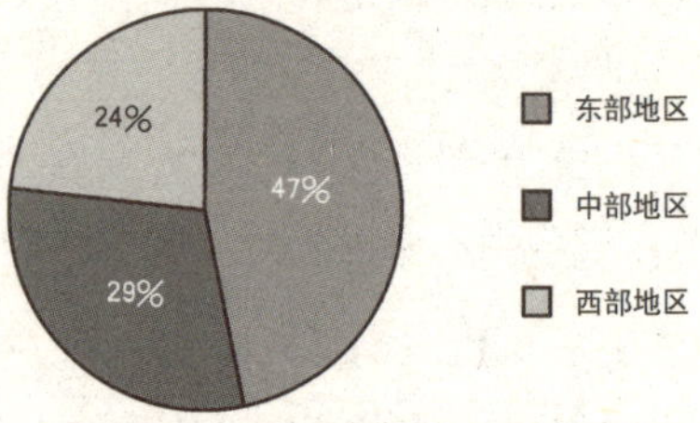

图 13　2014 年中国执业医师分布

数据来源：相关资料整理

过度医疗普遍存在。调查显示，有七成患者遭遇过不同程度的过度医疗。医

疗过于市场化发展、以药养医、医务人员的收入与经济效益挂钩、药品回扣、开单提成等，均是造成过度医疗的重要原因。过度医疗不仅使得居民医疗费用大增，也使医保基金吃紧。人社部发布的《中国社会保险发展年度报告(2014)》显示，我国职工基本医疗保险参保人员医疗总费用为 7 083 亿元，比 2009 年增加 4 218 亿元，年均增长近两成，医疗费用快速增长。另一方面，过度医疗也影响了医疗行业的形象，是导致医患关系紧张的一个重要原因。

医院迫切需要通过互联网重构医患关系，通过智慧医疗与大数据，借助远程医疗、移动医疗等技术，缓解医疗资源分配不均，整合优质医疗资源，优化我国医疗资源的配置，提高服务效率以及临床诊疗的效果，有效解决医患双方信息不对称及挂号、候诊、收费队伍长，看病时间短的“三长一短”问题，从根本上缓解医患矛盾。

4. 医疗卫生体制改革推动智慧医疗与大数据应用

近年来，为破除以药养医，解决看病难、看病贵的难题，实施医疗、医保和医药三者联动，医疗改革政策频出。尤其是 2014 年、2015 年更被称为“医改年”。国务院医改办以及卫计委积极推动医疗信息化建设，推进分级诊疗、远程诊疗、社会办医，为智慧医疗与大数据应用提供了良好的政策环境(见表 4)。

表 4　与智慧医疗和大数据应用相关的政策

时间	机构	摘　　要
2015.9	国务院	发布《国务院办公厅关于推进分级诊疗制度建设的指导意见》，明确指出到 2017 年，分级诊疗试点应达到基本实现大病不出县，城市全科医生签约服务覆盖率≥30%，居民 2 周患病首选基层医疗卫生机构的比例≥70%，远程医疗服务覆盖试点地区 50% 以上的县(市、区)等 7 项标准。
2015.8	卫计委	提出中国智慧医疗体系的五大任务和 2020 年四大目标。该系统的实施将在整个医院建设企业级的计算机网络系统，并在其基础上构建企业级的应用系统，实现整个医院的人、财、物等各种信息的顺畅流动和高度共享，为全院的管理水平现代化和领导决策准确化打下坚实的基础。
2015.5	国务院	发布《国务院办公厅关于全面推开县级公立医院综合改革的实施意见》，指出要加强信息化建设，2015 年年底前基本完成以医院管理和电子病历为重点的医院信息系统建设，逐步实现医院基本业务信息系统的数据交换和共享。2017 年年底前实现居民电子健康档案、电子病历、公共卫生、新农合等系统的互联互通和信息共享，积极推进区域内医疗卫生信息资源整合和业务协同。积极推动远程医疗系统建设，提高优质医疗资源可及性。

续 表

时间	机构	摘　　要
2015.5	国务院	同意《深化医药卫生体制改革2014年工作总结和2015年重点工作任务》,深化医药卫生体制改革2015年重点工作任务包括七个方面:全面深化公立医院改革;健全全民医保体系;大力发展社会办医;健全药品供应保障机制;完善分级诊疗体系;深化基层医疗卫生机构综合改革;统筹推进各项配套改革。
2015.5	卫计委	为了推进互联网医疗快速发展,卫计委正在修改制定一项名为《互联网医疗保健信息服务管理办法》的新政策。目前正在广泛征求相关部门、社会各界,特别是第三方社会服务平台的意见。
2015.5	国务院	加快发展电子商务意见中,明确提出要制定完善互联网食品药品经营监督管理办法,推动医药电商发展。
2014.10	卫计委	国家卫计委在召开的发布会上宣布起草分级诊疗制度相关文件,将逐步建立适合现时国情的分级诊疗制度,各省将至少设立一个公立医院改革城市,率先试点分级诊疗制度。
2014.5	国家食品药品监督管理总局	起草《互联网食品药品经营监督管理办法(征求意见稿)》,公开征求意见。

5. 医院信息化水平不断提升,为智慧医疗与大数据应用奠定基础

信息化与医疗健康服务加速融合,已经成为医疗服务模式转变的重要推动力。近几年,我国医院信息化发展迅猛,大部分医院在信息化建设方面加快投入。2014年我国医疗机构IT支出达261.2亿元,预计到2016年,医院的IT支出将超过300亿元,但与发达国家相比还处于比较“骨感”的阶段(见图14)。数据表明,我国医疗行业每年实际投入只占医院年收入的0.3%～0.5%,而发达国家和地区是3%～5%,差距还很大,我国医疗卫生信息技术产业市场还有不小的上升空间。随着信息化改造到达一定程度以后,大数据在医疗领域的应用也将逐渐落地。

(二) 医疗云平台建设步伐加快,正成为智慧医疗重要支撑

随着我国公民个人电子健康档案的建档率不断提高,以几何级数增长的医疗健康数据加大了各类医疗机构在数据存储、管理和应用方面的能力要求。通过云平台的虚拟存储和计算技术,可以提高医疗大数据的安全、共享和扩展能力,使医

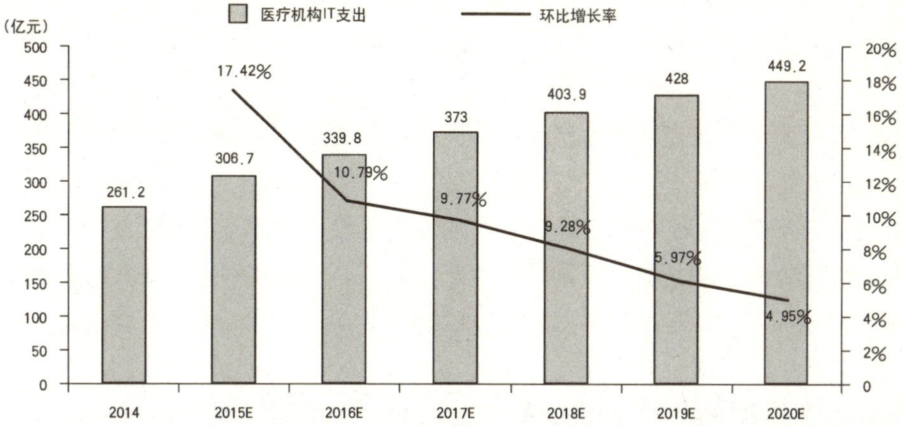

图 14　中国医疗 IT 支出

数据来源：贵阳大数据交易所

疗系统的访问性能、存储性能、灾备性能等得以无缝扩展升级。区域医疗云平台的构建有利于各部门的信息共享，借助云医疗的远程可操控性，未来还可形成覆盖全国的医疗健康信息平台，使医疗信息在云内共享，惠及更广大的受众。

当前，我国各地各类医疗云平台布局全面、层次丰富，在建设主体和运营模式上也形成了政企合建、市场运营的良好局面。各类医疗云平台正成为我国智慧医疗发展的重要支撑。我国智慧医疗云平台的构建主要是以人口信息数据库、电子病历数据库和电子健康档案数据库等三大数据库为支撑，并通过平台支持公共卫生、计划生育、医疗服务、医疗保障、药品供应和综合管理等六大类业务应用，最终形成国家、省、市和县四级区域人口健康信息平台(见图 15)。

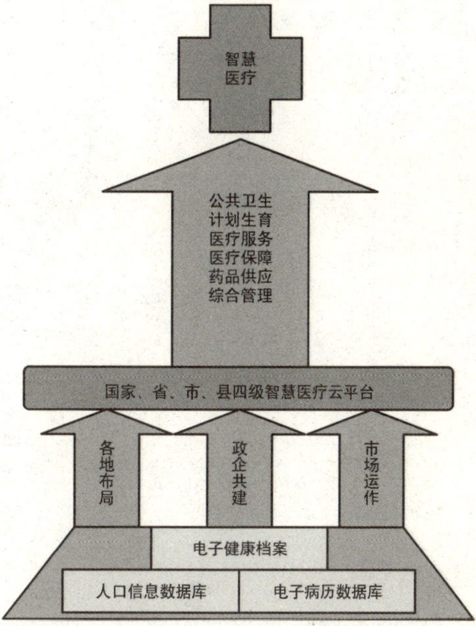

图 15　我国智慧医疗云平台建设构架

2015 年 5 月，国家医疗数据中心在北京大学医学部成立。这是我国规范医疗健康云平台数据管理机制的重要举措，为各区域及医疗机构的云数据平台标准化建设提供了依据。从区域上看，各省、直辖市已逐步建成统一的区域性医疗云平台。如2011年山东省卫计委与浪潮集团签订战略合作协议，国内以省级为单位的“卫生云”首次落地。山东“卫生云”信息平台建成后，全省城乡居民从出生直至生命终结全过程所有接受的医疗服务信息都可以被采集和存储，形成完整、动态的个人健康档案。将来患者无论到省内哪个医院看病，医生都可以通过该平台查阅这些信息，避免了患者重复检查带来的资源浪费（其他地方详见表5）。区域医疗云平台的应用将有效降低卫生信息资源的管理和使用成本，实现医疗健康资源共建共享、互联互通。

表5　国家与省级医疗云平台典型案例

平台名称	建设主体	主要功能
国家级		
国家医疗数据中心	国家卫计委、北京大学	处理来自全国不同层面、不同数据接口的医疗服务数据。
省（直辖市）级		
北京市健康云平台	北京市政府、百度云	三层架构形成“监测—分析—建议”机制，提供个性化健康服务。
上海市健康管理云平台	上海市卫计委、万达信息股份有限公司	实现预约挂号、健康档案、电子病历等互联互通。
山东省卫生云平台	山东省卫计委、浪潮集团	减少各系统的重复建设，有效整合社会医疗服务资源，实现城乡一体化医疗服务。
江西省医疗云平台	江西省卫计委、中科曙光	覆盖宜春、赣州、南昌和九江等四个市及县的一级医院，共计4 000多个数据终端。
四川省健康服务云平台	四川省卫计委、四川省卫生信息中心	政策资讯发布、便民就医服务、个人全生命周期健康管理、医患沟通。
浙江省健康云平台	浙江省卫计委、华数集团	搭建基础框架，开发普惠项目，支持医疗卫生服务系统、健康管理机构与IT企业、网络运营商等开展多种形式的合作，发展“智慧健康服务”“远程健康服务”“个性化健康服务”等新型健康服务业态。

在地市级层面，各地从实际需求出发积极布局优化医疗环境、有效调配医疗资源的地方性公共卫生服务平台。在我国实施的“3521-2”工程中，市级卫生信息平

台是卫生信息化的核心内容之一。地方卫生云平台的建设有效推进了公共卫生服务、医疗服务、医疗保障、药品供应保障体系与管理信息系统之间的互联互通，减少了各系统的重复建设，有效整合了社会医疗服务资源，实现了城乡一体化医疗服务。2014 年 3 月，厦门建成全国首个“健康医疗云”，该项目被誉为“方便市民就医、优化服务流程”的“厦门模式”。“健康医疗云”项目利用中国电信云业务集中运营的优势，通过建设医疗云计算、存储和网络资源池，搭建起完整的云平台体系架构，初步实现了厦门市医疗卫生系统资源共享。目前，平台已实现 15 家主要公立医院医疗卫生信息系统的统建共用，以及厦门 60%以上的市民健康档案共享（其他地方情况详见表 6）。

表 6　我国地市级医疗云平台典型案例

平台名称	建设主体	平台类型	主要功能
深圳市健康云平台	深圳市卫计委	健康管理、公共服务	面向管理部门、医院、市民，提供医疗保健、计划生育等方面的“大健康”云服务
宁波云医院	宁波市卫计委、东软熙康	健康管理、医疗服务	门诊、住院、检查、体检预约服务，定制健康管理、咨询、干预与指导
厦门市健康医疗云平台	厦门市卫计委、中国电信	公共卫生	实现 15 家主要公立医院信息系统统建共用，实现厦门 60% 以上市民健康档案共享
哈尔滨医疗云平台	哈尔滨卫计委	数据中心	实现居民与医疗机构、不同医疗机构、医疗机构与社会公共服务等部门间的信息互通、共享、协同
上海市闸北区医疗云平台	华为医疗云服务	公共卫生	实现医疗双向转诊、电子病历和虚拟办公

在医院层面，随着设备和数据的增多，医院机房的原有 IT 架构和运算能力难以支撑医疗和科研工作。由于自建机房的成本不断攀升，越来越多的医院开始与云服务提供商合作共建医院云平台。将系统放置在云平台上，医院可以从底层 IT 工作中解放出来，在运营成本降低的同时，医院内部、不同医院，甚至公共卫生系统或前端的个人健康产品之间的数据也将具备打通的可能性。

北京大学人民医院一直扮演着中国医院信息化建设领先者的角色。继 2014 年成为亚洲第二家、国内第一家通过 HIMSS（美国医疗卫生信息与管理系统协会）7 级评审的医院之后，2015 年再次以北大医信为平台，联合国内领先的云计算服务商金山云，共同推出医疗混合云解决方案——智医云。这是新一代基于“公有云+私有云”的医院信息化新模式，通过轻量“私有云”方案实现医院信息系统的集成、数据的标准化，降低医院的软硬件投入；通过“公有云”内部的专有云方案为医院提供专属软硬件环境和安全、稳定、快速的应用服务；同时，通过“公有云”实现更大范围的、跨越医疗机构的医疗信息化服务，以服务全社会（其他企业情况详见表7）。

表7　医院与企业级医疗云平台典型案例

平台名称	建设主体	平台类型	主要功能
阿里医疗云	阿里云、西安国际医学中心、东华软件	综合平台	布局“医+药+患”产业链后端，向大健康领域蔓延，同最终用户及医疗机构对接
“iHealth”健康云	九安医疗、小米科技	移动医疗、健康管理	数据搜集、个人健康管理、医疗服务
“医渡云”平台	北京医渡云科技	数据服务	数据处理和深度挖掘，提供病历搜索、辅助诊疗、循证医学科研等大数据技术服务
“智医云”平台	北大医信、金山云	混合云解决方案	信息系统集成、数据标准化，跨医疗机构信息化服务
东软熙康“健康云”	东软熙康与沈阳、郑州、成都、重庆等各地卫计委	健康管理	动态收集、系统跟踪、全面干预和管理个人健康信息
“健康云”服务平台	南京久康、中国医学科学院、哈佛大学医学院等	慢病管理、数据服务	提供预约挂号、药品使用咨询、配餐食谱、健康档案等13项专业服务

在企业层面，医疗云服务商大力开展与各类医疗机构的云平台合作建设。北京医渡云科技有限公司与我国排名前20位的12家三甲综合医院开展战略合作，打造覆盖全国400余家医院的“医渡云”大数据平台。该平台专注于医疗数据处理和深度挖掘，为医生、医院、顶级科研机构和监管部门提供基于自然语言的病历搜索、辅助诊疗、循证医学科研等大数据技术服务。

在“互联网+”的驱动下，众多互联网企业也纷纷加入到医疗健康云的建设中。在2015中华医院信息网络大会上，阿里云正式宣布推出医疗云，为面向医疗健康行业的创新应用开发企业提供专业云计算解决方案。针对云底层切入的方式，阿里医疗云将整合医疗行业资源，彻底实现“互联网＋医疗”生态圈。2015 年 4 月，阿里云还与西安国际医学中心、东华软件共同推出智慧“云上医院”——西安国际医学中心，以数据驱动精准医疗和健康管理。腾讯则侧重布局整个“医＋药＋患”医疗产业链的后端，向大健康领域蔓延，同最终用户及医疗机构进行对接。

随着移动医疗的快速发展，可穿戴设备企业也开始积极构建自己的云数据平台。继 Apple Health、Google Fit 发布之后，九安医疗联合小米科技共同打造了健康云平台。2010 年就涉足移动医疗的九安医疗，长期实施“以可穿戴设备及智能硬件为起点进入移动医疗和健康大数据领域，进而围绕用户建立健康生态系统”的战略。九安医疗将借助小米实现以硬件为入口的战略突破，加快旗下“iHealth”产品及服务在国内的推广，快速积累用户，形成健康大数据，并向用户提供医疗健康及相关服务。

（三）医疗大数据来源多样化且快速增长

随着各类医疗机构的信息化水平不断提高、移动医疗产业的快速崛起，医疗数据呈现出多元爆发的增长态势。IDC《数字宇宙驱动医疗行业数据增长》报告指出，全球医疗数据每年以 48％的速度增长，是数据量增速最快的新兴行业之一。预计到 2020 年，全球医疗数据将急剧增长到35 ZB，相当于 2009 年数据量的 44 倍（见图 16）。

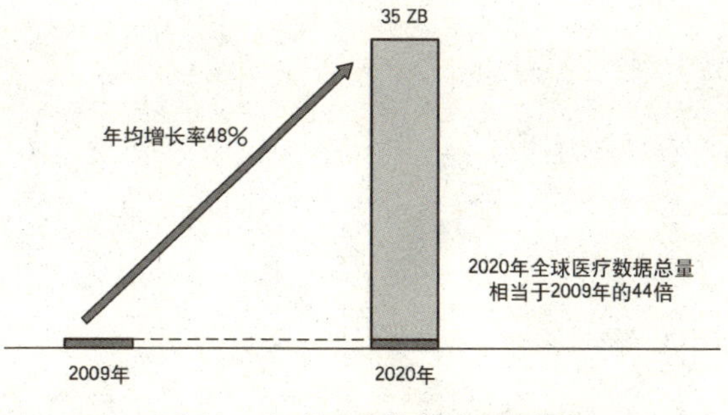

图 16　全球医疗数据总量预测

我国医疗大数据主要由医院临床数据、公共卫生数据和移动医疗健康数据三大部分组成，各数据端口呈现出多样化且快速增长的发展趋势。从传统意义上看，医疗大数据主要是指病人基本信息、电子病历、诊疗数据、护理数据、医学影像数据、药品管理信息等产生于医院的临床数据（见图 17）。

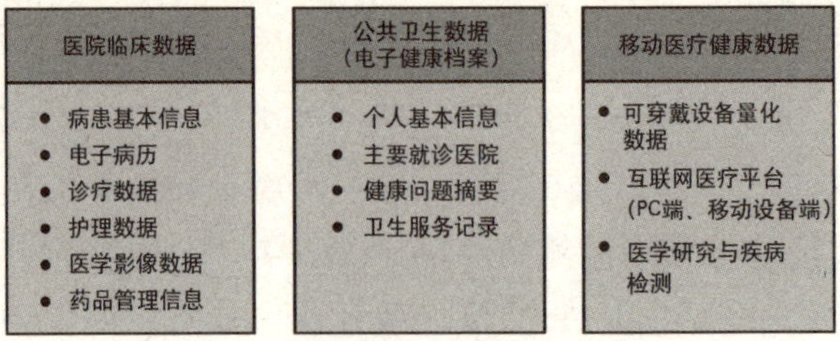

图 17　我国医疗大数据主要来源

医疗健康数据库中最基本和最重要的，也是数据量增速最快的，依然是基于基础诊疗信息的电子病历数据库。由于当前移动医疗的数据挖掘模式尚未成熟，医疗机构拥有的患者数据的价值和意义相对更为重要。目前大部分医疗机构都在信息化建设方面加大投入，预计到 2016 年，医院的 IT 支出将超过 300 亿元，医院电子病历数据仍将成为医疗大数据的核心增长点。

区域公共卫生信息平台以居民电子健康档案为核心，包含了居民个人基本信息、主要就诊医院、健康问题摘要以及主要卫生服务记录等数据。在国家积极倡导“3521-2”区域医疗系统的背景下，预计全国将出现上百个医疗数据中心，而每个数据中心都将承载近 1 000 万人口的医疗卫生数据。根据估算，中国一个社区医院累积的结构化和非结构化数据就可以达到数个 TB 级别，一个中等城市按1 000万人口计算，50 年所积累的医疗数据量就会达到 10 PB 级，医疗数据增长体量巨大。根据 IBM 提供的数据，上海市卫生信息系统每天生产 1 000 万条数据，已建立起3 000万电子健康档案，每大调阅10 000万次，信息总量已达 20 亿条。以“3521-2”工程为蓝图的区域卫生平台建设，在促进区域健康档案建立的同时，也将积累大量的公共卫生数据（见图 18）。

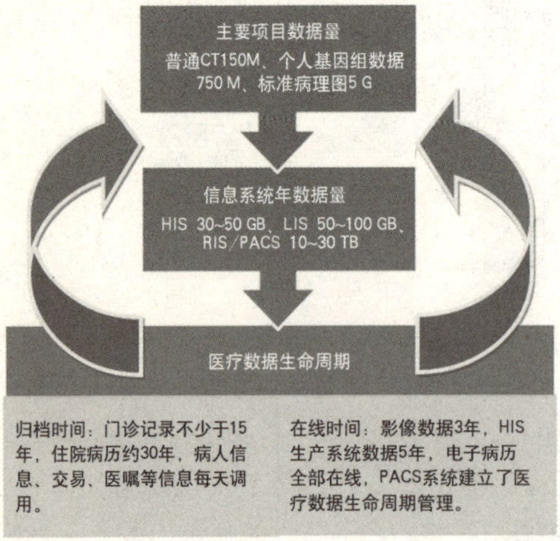

图 18　我国三甲医院医疗数据量示例

另一方面，随着移动互联网、数据存储和计算平台的技术支撑能力不断增强，移动医疗行业也呈现出数据爆炸的态势。国际医疗卫生会员组织 HIMSS 对移动医疗的定义为 mHealth，就是通过使用移动通信技术提供医疗服务，其中也包括移动互联网领域的医疗健康类 App 应用。从这个层面上讲，医疗大数据的含义，扩展到智能可穿戴设备收集的自我量化数据、互联网医疗平台的网络数据、医学研究或疾病监测的数据等所有与医疗健康相关的数据。

各种健康可穿戴设备的出现，使得血压、心率、体重、血糖、心电图等指标的监测都变为现实，数据获取的速度已经从原来的按“天”计算，发展到了按“小时”甚至按“秒”计算。其次，互联网医疗平台依托新一代信息网络技术，积极推动医疗信息的深度整合和医疗应用的高度智能化，对医院外的患者进行相关数据的跟踪、反馈和评价，使得医疗大数据具备连续性、跨区域性、非结构性的特性，大大丰富了数据的广度和维度。如，春雨医生通过其移动医疗平台全方位汇总了人体健康数据，涵盖了运动、饮食、体重、血压、血糖等多种人体数据类别，可将可穿戴设备、家用医疗器械、数据采集 App 等多种来源的健康数据导入到春雨医生平台中。在人工智能监测数据的同时，方便对接春雨医生“轻问诊”咨询服务，为用户健康创造更大的价值。根据最新数据显示，春雨医生激活用户超过 4 500 万人，签约医生达 5.5 万人，每日提问量超过 5.5 万。制药企业、科研机构在进行药品研发、医疗健康方面的研究时积累下来的数据，包括临床试验数据、高通量药物筛选库等，集合了来自个体或临床的基因或蛋白数据，也是急速增长的医疗大数据的重要组成部分。

（四）智慧医疗与大数据产业链条初步形成

目前我国智慧医疗与大数据领域新进入者多，市场较为分散，集中度低，整体处于行业发展初期。企业以医院、医生、患者等为入口，纷纷布局智慧医疗与大数据，抢占蓝海市场。医院信息化、可穿戴设备、在线医疗咨询服务、医药电商等行业蓬勃发展，保险公司、互联网企业也纷纷进军智慧医疗与大数据领域，智慧医疗与大数据产业链条初步形成，智慧医疗与大数据对健康服务行业的重构与推动正加速进行。

1. 医院入口：打通最后 1 厘米，连接患者与信息化服务

从医院角度切入的服务主要集中在医院信息化、就医移动信息化和远程医疗方面。

传统的医院信息化系统，如电子化病历、电子挂号系统和院内网络建设等，为就医移动信息化、远程医疗等更进一步的服务提供了基础。国内医疗信息化市场活跃着为数众多、规模不等的系统供应商。其中，硬件系统供应商相对集中，而软件系统供应商则比较分散。所提供的产品在价格（有的产品可以免费下载使用）、

系统可靠性等方面差别明显。按竞争力划分,国内医疗信息系统供应商可分为"三大阵营",竞争力依次递减(见图 19)。

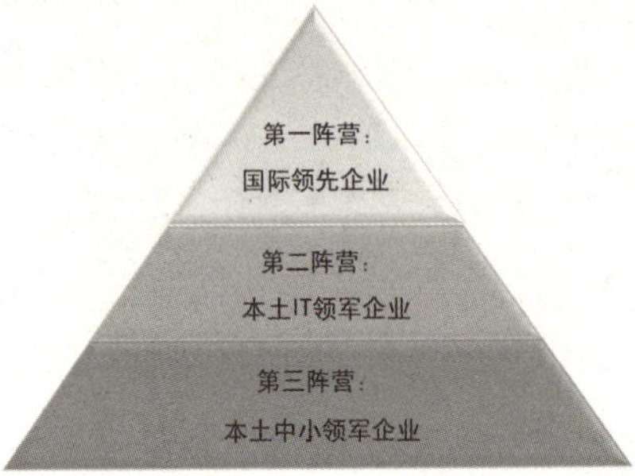

图 19　国内医疗信息化市场竞争格局

从图 20 可以看出,不同阵营的竞争者所具有的竞争力、面向的客户、所提供的服务等均有所不同。

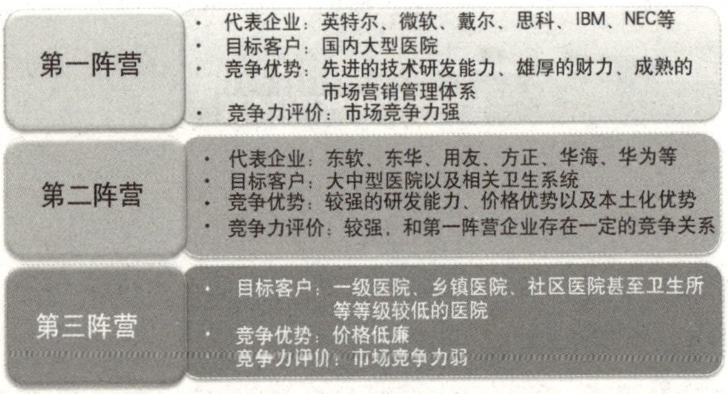

图 20　国内医疗信息化市场不同阵营的目标客户、竞争力、竞争优势

从所处阶段来看,我国医疗信息化行业尚处于临床管理信息化的初级阶段。从发展情况来看,当下参与医院信息化建设的主要是国内几百家 HIS 厂商,绝大多数的 HIS 企业规模都非常小,大多数企业只有 50 家以下的用户数,许多企业通过战略合作来抢占医疗信息化建设空间。相关企业情况可参见表 8。

表 8　2014—2015.5 国内医疗信息化企业主要事件

企业	事　　件
鱼跃医疗	与阿里健康合作,推出"大医生"App,打造"医云"商业模式,建立云诊所。

续　表

企业	事　件
东华软件	与阿里战略合作，与西安国际医学中心共建“云上医院”。这是全国首个以数据驱动精准医疗、健康管理的实体医疗机构，其90%以上的医院后方平台信息系统布局在阿里云上。
国际医学	与东华软件、阿里云计算签署战略合作协议，开展“未来医院”。
创业软件	面向医疗卫生行业提供信息化建设整体解决方案。
和佳股份	收购四川思迅，进军医疗信息化领域。

就医移动信息化将医院服务与患者的智能终端连接起来，使其能够在手机上就完成挂号、医患沟通和医保药费支付等操作。当前，以此为切入口的公司主要有两类：一类以腾讯的微信智慧医院计划和阿里巴巴的支付宝未来医院计划为典型，打造连通各医院服务的智能云平台；另一类，如卓健科技的掌上浙医，专注于为特定医院打造云医院平台。

在远程医疗方面，由于政策的支持以及日益成熟的远程医疗技术，以医联体和“医院＋药店”为代表的远程医疗协作模式正在兴起。随着移动医疗终端的普及、医疗物联网的发展、医疗机构参与度的提高，企业纷纷布局远程医疗（详见表9）。

表9　2014—2015.5远程医疗企业布局事件

企业	事　件
东软集团	参与远程医疗诊断的医疗机构达到500多家，所服务的基层社区医院达七八千家。
宜华健康	收购广东中安康后勤集团，全面转型健康医疗，打造“网络医院”。
远盛实业	收购麦迪克斯、融达信息，合资设立远盛健康科技公司，全面转型智慧医疗。
和佳股份	设立北京汇医在线，布局在线远程医疗。
乐普医疗	建设心血管病网络医院，提供远程会诊服务。
海南海药	出资3000万元增资重庆亚德科技，亚德科技医疗信息化体系有区域卫生信息平台、远程会诊系统、医事通、医保控费系统等。

2. 医生入口：提供专业医学信息，连接医生，重构医医关系

从医生角度切入的服务，当前以移动电子病历、用药词典、医学文献库等临床决策工具，及病患管理与医医社交网站为三大主流。

以医学知识库为切入点的企业，针对的是医生提高工作效率的需求，连接的是医生与辅助工具。医学知识库的应用最具代表性的要属全球第一家上市的移动健康公司 Epocrates，他们的主打产品是药品和临床治疗数据库，上市时用户已覆盖全美 50%的医生（见图 21）。国内类似的应用平台有丁香园和杏树林等。丁香园拥有行业内最大的生物、医学和医学生社区，近年来还推出了用药助手、丁香客、丁香学院和其他几乎覆盖医药研全产业链的应用；而杏树林则专注于为医学专业人士开发移动工具，旗下目前有“病历夹”“医口袋”“医学文献”三款产品，覆盖了电子病历、国内外医学期刊定制和医学资料库（如临床指南、药典、检验手册、医学量表等）这三个应用领域。

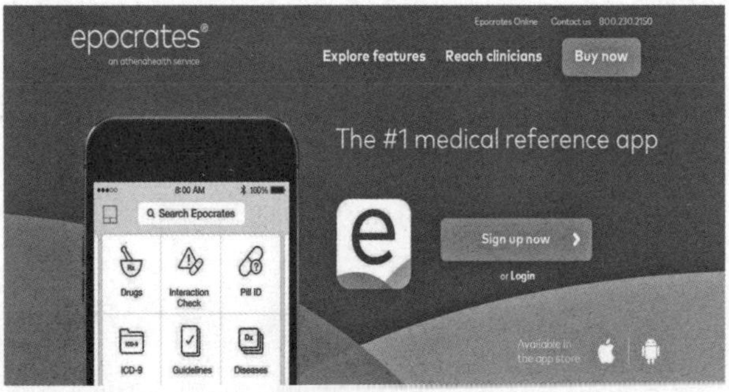

图 21　全球首家上市移动健康公司 Epocrates

以病患管理为入口的企业主要针对慢性病和重大疾病患者的健康数据收集与监测。国内九安医疗的 iHealth 智能云血压计、三诺生物的糖护士移动血糖仪、宝莱特的移动互联体温计等产品，深耕于细分医疗方向的移动医疗服务，不仅可以随时随地记录用户的健康信息并为用户设计保健方案，还能在患者入院时为医生提供及时准确的健康信息，提高医生的诊疗质量，更能在患者出院后随时获得患者的健康数据，高效跟踪患者的康复情况，进行跟踪治疗。

医生间交流平台建立的目的主要是为了共享医学知识和患者数据，提高医生之间的沟通效率，同时也满足社交、学习、工作和商业合作等需求。如国外的 G-Med、Doximity、Sermo、Doctor at Work 等平台，而国内也有如云医、医脉通、爱医生网等医生社交应用和网站。目前这类平台在深度垂直于医生交流外，均开始横

向探索智慧医疗的其他方面，与医学知识库、医学工具、医患交流甚至远程诊断治疗等应用领域互相交叉覆盖。

3. 患者入口：打破传统，以患者为核心重构各方关系

以患者为入口的企业主要切入的是患者在医疗信息获取、就医流程和沟通交流方面的需求和痛点。目前三个热点主要是在线问诊导诊服务、移动医疗 App、可穿戴设备等。

提供在线问诊导诊服务的优秀企业和应用十分丰富。以在线问诊为切入点的优秀企业和应用有很多，如春雨医生、紫色医疗、好大夫在线。其中，春雨医生可为患者提供基于自诊辅助的问诊和用药咨询，通过诊前简单的人机沟通对患者进行相关病症的基础知识教育，可有效提高医患沟通的效率(见图 22)。而紫色医疗则专注于皮肤科，以文字和图片结合的方式为皮肤病患者进行异步问诊服务，利用皮肤科远程和面诊的准确性相似的特点，为患者提供高效又高质的医疗服务。在我国，由于互联网问诊平台政策还未放开，第三方问诊平台目前仅限于健康咨询服务。同时，我国长期以来门诊服务收费相比美国处于极低的标准，单纯的在线问诊服务模式盈利困难。因此，如好大夫在线、春雨医生、就医 160 等在线问诊服务平台同时提供在线导诊和挂号服务，构成诊前医疗服务闭环。

图 22　春雨医生可为患者提供基于自诊辅助的问诊和用药咨询

目前国内的移动医疗 App 已达 2 000 多款，主要为患者提供寻医问诊、预约挂号、购买医药产品以及查询专业信息等服务。截至 2014 年 11 月 26 日，春雨医生作为一类综合型健康类 App，累计下载量超过了 3 210 万次，在移动医疗健康类 App 中位居榜首；快速问医生下载量为 2 245 万，位居第二；问药排行第三，下载量

为 961 万次，不足第二名的一半；第四是掌上药店，下载量为 708 万次；用药助手、丁香医生、丁香客作为丁香园“三剑客”，下载量分别是 273 万次、239 万次和 23.7 万次；好大夫在线下载量为 140 万次，排在第七位。目前比较为大众所接受的 App 主要是综合类、药品信息和保健类，较为专业的可提供核心类医疗服务内容的 App 仍比较缺乏。

国内医疗健康可穿戴设备已超过 150 款，主要面向大众、儿童、老人、女性、婴幼儿和孕妇等群体，提供对运动、睡眠、体温、心率、血压、皮肤水分、孕妇胎心、脑电、体围等体征数据的记录和监测功能。目前既有为慢病管理服务的医疗级智能设备，如糖尿病管理（三诺生物、Welldoc）、高血压病管理（九安医疗）、心血管与心脏病管理（乐普医疗、中卫莱康）等；也有以日常健康管理为主的体征检测设备，如步数（咕咚手环、Jawbone）、体重\体脂（PICOOC）、血压心率（康诺云）等。发展趋势具体表现为医疗设备的移动化和移动设备的医疗化，体征数据与临床数据的融合，以及数据采集方式的标准化、结构化。

4. 医药入口：医药电商连接医与药

药企、药店等都开始重度参与智慧医疗，产业集中度逐渐提升。但由于国内政策改变较缓慢，医药电商的发展始终不温不火。国家药监局规定，网上售药必须具备《互联网药品交易服务资格证》和《互联网药品信息服务资格证》。据 CFDA 数据统计，截至 2014 年 9 月 17 日，获得互联网交易资质的企业合计 460 家，其中 B2C 350 家，B2B 111 家，O2O 19 家。销售额中 B2B 占 90%，占居明显优势。2015 年上半年新增的第三方医药批发采购平台“国裕医药在线”，已有将近 2 000 家企业用户入驻。2014 年，中国医药电商市场交易规模 68 亿元，分别占药品零售市场规模、药品市场规模、电子商务市场规模的 2.41%、0.51%和 0.06%。而美国网上售药占药品零售市场规模的 30%。相较而言，中国医药电商发展差距较大，渗透率低、市场规模小。平台式的医药电商，如天猫医药馆、一号药店等，主打的是药品类的网上交易平台；自营式的医药电商，如健一网、七乐康、好药师网等，通过在线服务构造新的营销渠道。同时，互联网巨头布局健康领域，甚至直接入局药品分销，医药电商竞争转为平台之争。阿里健康在 2015 年 10 月发布“阿里健康未来药店合伙人计划”，打造连通线上线下的 B2C+O2O 的“未来药店”模式，将实体药店延展为“便利店”。随着百度、腾讯、京东等相继入局，电商渠道格局将会更加多元化。

5. 医险入口：保险业重度参与智慧医疗

为提高对医疗保险费用的风险控制能力，保险业目前也在大力发展智慧医疗服务。其中既有与智能硬件相结合提供健康管理服务的（如泰康人寿、Oscar Insurance），也有与在线问诊、在线健康咨询相结合提供在线医患沟通服务的（如中英人寿、平安健康），结合在线问诊、在线购药和在线保险支付的保险服务模式也已经展开（如阳光保险）。此外，平安养老保险与卫宁科技已签署战略合作协议，双方将在大病医保及相关医疗保险领域开展近似排他性的合作；中国人寿提出“大资管、大健康、大养老”的发展战略，着手打造“保险＋医院”的健康布局；而中国平安提出“万家诊所”计划；人保健康则着手筹建健康管理公司。智慧医疗与保险业的结合，使风险管理机制更进一步提高了保险公司在服务方面的主动性，将促使保险公司与客户之间关系的转变。

6. 医检入口：第三方医检完善智慧医疗服务链

2015年6月，国务院常务会议部署了社会办医的健康发展，提到“要探索以公建民营、民办公助等方式建立区域性检验检查中心”，成为第三方检验机构与上下游产业链联动的全新契机。2015年8月，国内首家移动医疗检验服务平台“Go健康”正式上线；金域检验收购了可提供上门采血检验服务的互联网企业金埻，与天猫网上药店、GO健康商城合作推出国内首个酒精基因检测项目；迪安诊断与阿里巴巴旗下的阿里健康签订战略合作框架协议，共同探索“独立检验机构互联网运作模式”；此外阿里健康与锐珂医疗签署战略合作协议，将在阿里健康云医院平台上搭建影像诊断平台。随着医检环节的切入，智慧医疗服务链得到进一步完善。

7. 互联网巨头纷纷抢滩蓝海市场

百度、阿里、腾讯三大互联网企业凭借自身的技术及资金优势，抢先布局智慧医疗与大数据领域（见图23）。

百度采用“平台大数据”策略，凭借自身大数据优势，深入数据挖掘及人工智能领域，为用户提供专业化服务。2014年7月百度与北京市政府合作“北京健康云”项目，在原Dulife设备＋平台的基础上，借助可穿戴设备、强大的云计算和大数据处理技术，为用户提供个性化服务，如减肥瘦身指导、健康管理咨询、远程心电监测等。2015年4月，百度推出药品O2O“药直达”，从连接购药者、药店、药企，向连接人和咨询转型，对接药店ERP系统，从咨询、交易、支付到配送，构建药事服务闭环。2015年7月，百度医生与天津医指通社区同步挂号服务平台，在医疗信息服

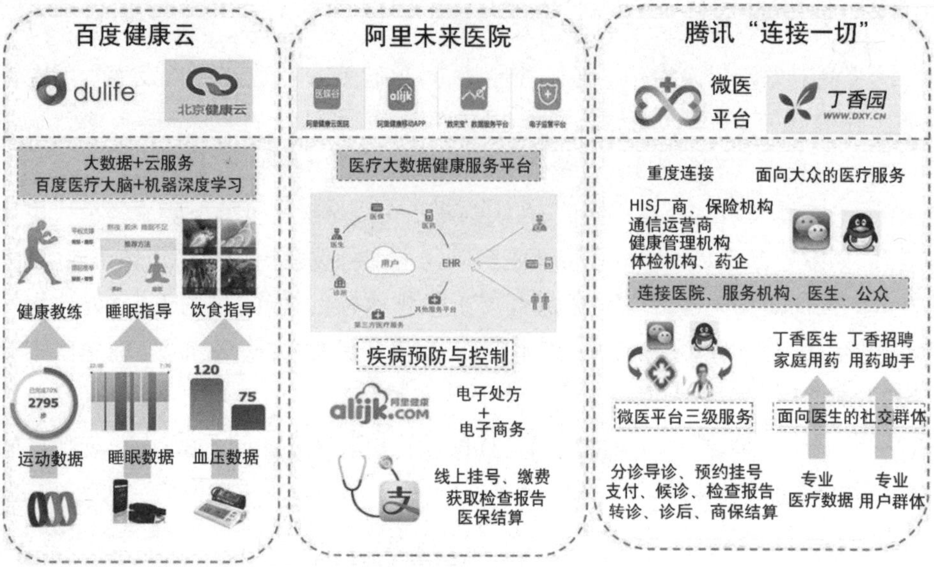

图 23　BAT 三大巨头布局智慧医疗市场

务平台、医疗服务支付、医疗大数据、个人医疗消费信贷等领域建立战略合作伙伴关系，共同在互联网医疗领域探索创新模式，建设全国最大规模的智慧医疗平台。

阿里巴巴以并购实现在医疗领域的大跃进。2014 年 1 月阿里投资并控股中信 21 世纪科技有限公司，后改名“阿里健康信息技术”，掌握全国最大的药品流通监管码，并率先进入电子处方环节，涉足医药电商，倒逼医药分家；随后 2014 年 5 月宣布“未来医院”计划。支付宝将对医疗机构开放自己的平台能力，包括账户体系、移动平台、云计算及大数据能力等，意在改变中国大部分公立医院拥挤不堪的现状，提高医院的运转效率，优化医疗资源的配置。紧接着，2014 年 7 月阿里系的云峰基金又向国内统一挂号平台华康全景投资数千万人民币。

腾讯于 2014 年 6 月推出微信“全流程就诊平台”，患者只需要扫描医院二维码或者添加关注，就可以实现预约、挂号、缴费等就诊环节，提高就医效率；微信智慧药店和各连锁药房合作的 O2O 解决方案，包括会员管理、疾病档案、慢病管理服务、送药到家等；“腾爱—糖大夫”智能血糖仪打通了糖尿病管理服务；腾讯网与地方媒体频道合作传递健康与疾病科普知识，协助各地卫生部门与医院搭建智慧医院与城市服务。但腾讯更侧重于直接投资在线医疗入口，如 2015 年 9 月和 10 月投资丁香园和挂号网，增强移动医疗领域的布局，打造医患互动平台。

除 BAT 三大巨头之外，其他大体量级的科技公司在医疗领域的布局也暗藏野心。京东着重云端布局，并同时发力医药电商。2014 年 6 月京东推出“京东云助手”，通过与智能硬件相连，随时随地收集监测数据；同年6月与腾讯一起投资缤刻普锐；12月京东获得互联网药品交易服务A证，利用其电商基因，布局医药电商。2014年2月360和国家药监局战略合作，利用其搜索优势，为用户提供药物数据查询。小米沿着智能硬件布局，2014年1月投资以小米手环为主的华米科技，9月投资iHealth等。

（五）智慧医疗与大数据商业模式创新加快

1. 医药电商服务协助医药分开

我国药品流通需要经过药厂、药品代理公司、各层次的分销商、药店和医院药房，这些环节层层加价导致了药价虚高。医药电商经营者整合药品上下游资源，重构药品供应链，推出药品在线交易平台为消费者提供在线购药服务，通过ERP系统提高药品流通效率，并加入药店联盟与上游药厂协商药价。

目前，医药电商的商业模式主要有B2B、B2C和O2O三类。其中B2C模式的医药电子商务从获得牌照的经营者数量到实际进入市场的经营者数量都是最多的；B2B模式的医药电子商务中获得牌照的经营者数量和实际经营者数量都不多；社区O2O模式在我国刚刚开始，未来可能会有较大的成长空间（见表10）。

表10　医药电商三大类商业模式

医药电商模式	类型	平台属性	盈利模式	代表网站或企业
B2B模式	非营利性的B2B模式	多是政府药品集中采购电子平台，为公立医院采购药品提供服务	非营利性	各地政府医药招标采购平台
	盈利性B2B模式	多由药企或药厂转型，为药品交易双方提供交易平台和药品配送	收取交易佣金以及广告费	医药在线
B2C模式	自营式B2C模式	经营的药品在线经营者多是传统药企、药厂和连锁药店，他们推出网上购药平台将线下药品交易放到网上	通过销售药品差价、从商家抽成、广告费获利	健一网、七乐康、好药师网
	平台式B2C模式	经营的药品在线经营者多是传统电商，虽推出网上药品平台，但自己不经营药品，仅作为第三方平台为药品交易双方提供医药交易服务	通过从商家抽成、广告费获利	天猫医药馆、一号药店

续 表

医药电商模式	类型	平台属性	盈利模式	代表网站或企业
O2O模式	药企 B2B	生产商、批发商、医疗机构之间的交易平台	收取交易佣金、广告费、物流配送	珍诚在线
	连锁药店	推出送药 App 销售自己店内药品	通过药品销售获取利润	叮当送药
	具有药品配送资格的物流商或原有的 O2O 电商	推出药品在线销售平台让某区域的零售药店在平台上入驻，患者可以在平台上下单，由该平台提供线下送药服务	从商家抽成、广告费获利	美团外卖医药板块

目前，部分省份试点医保支付与医药电商接轨。未来随着处方药允许在线销售和在线医保支付，医药电商可能会成为处方药销售的重要渠道。

2. 在线问诊导诊服务模式重构传统医患关系

在线问诊导诊是当前智慧医疗中的重要形式，其核心作用表现为对医疗服务形式的互联网化。

在线问诊的模式主要为两种：第一，轻问诊模式，通过邮件或文字信息进行异步问诊。轻问诊模式自 2011 年起在国内开始有一定用户群，如春雨医生、快速问医生、百度问医生都属于轻问诊模式，通常医生的响应时间相对较快，春雨医生承诺 15 分钟内就能给出答复。第二，视频问诊，直接对接医生和患者进行实时同步问诊服务。通过视频途径进行的在线问诊专业度要求更高，对远程设备和网络技术的要求也更高，但因为沟通更充分，医生能掌握的信息相对更丰富，因而能提供的诊断或建议确切性更高。目前国内的“微问诊”是中国最大的免费药学、医学服务平台，同时也是国内首家 24 小时免费的音视频健康咨询服务平台，探索出一种全新的移动医疗服务模式。

导诊服务则存在着“自诊—导诊”“问诊—导诊”和“导诊—挂号”等多种服务形式，为患者提供疾病情况、区域卫生机构条件和医生口碑等信息，指导患者就医。在许多情况下，在线导诊平台通常都会同时提供在线问诊和挂号服务，构成诊前医疗服务闭环（见表 11）。

表11 在线问诊与导诊服务模式

服务类型	属性	代表应用
在线问诊服务	视频问诊：直接对接医生和患者进行实时同步问诊服务	微问诊
	轻问诊：通过邮件或文字信息进行异步问诊	快速问医生、百度问医生
在线导诊服务	自诊—导诊	春雨医生
	问诊—导诊	丁香园
	导诊—挂号	就医160

医生通过专业平台搭建的医患、医医网络空间，充分与患者沟通，以低廉的成本提供高效的医疗服务，这大大改善了医患信息不对称的局面。同时，区别于传统模式下的"患者—医院—医生"的就医模式，在线问诊、导诊的方式将医患沟通的双方直接联系起来，引导医生个人价值体现方式的转变——由过去依靠医院和职称等级改变为依靠所提供的医疗服务质量所带来的个人口碑，从而激发医生主动提高医疗服务质量的动力。通过对医患沟通模式和衡量标准的改变，达成对医患关系的重构。

3. 远程医疗助力分级诊疗

我国目前分级诊疗推行困难，双向转诊(尤其是向下转诊)在实践上面临医院动力不足、机构协调难和患者意愿低等问题。远程医疗模式的发展对推动分级诊疗，实现双向转诊十分关键。通过远程医疗将患者引流到基层医疗机构，不仅方便了患者，也对医院意义重大。对上级医院而言，缓解小病大治的情况，可以解放过去被占用的优秀医疗资源，从而提高整体运营效率。从基层医疗机构来看，采用远程医疗服务模式，不仅能提高基层医疗机构设施的使用率和盈利能力，还能弥补基层医疗在医生资源上的不足，在上级医院医生的指导和管理下，保证医疗服务质量。对患者来说，远程医疗模式可以在保证医疗质量的情况下方便就诊，改善就医体验，提高就诊意愿。

随着近几年我国网络覆盖率的上升和医联体模式的发展，远程医疗在我国推广的条件已趋成熟。从技术层面上来说，我国推行远程医疗模式并无障碍。许多大医院，如中日友好医院、北京协和医院等，都已经开始应用远程医疗的模式为下级对点医院的患者进行诊疗指导和治疗安排，针对一些疑难杂症甚至有能力联系国际一流医疗机构进入病例讨论和研究。同时，利用远程医疗直接对患者进行诊疗服务的模式在2014年也已经在广东开始试点。广东省网络医院通过"医院+网络平台+药店"的形式，使居民能够在就近药店完成"问诊—开药—购药"的服务流程（见图24），达成患者方便、医院提高工作效率、药店客流增多的三赢模式。

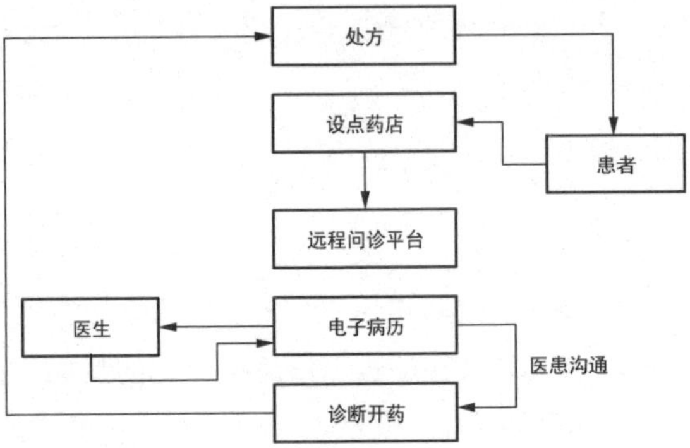

图24　广东省网络医院远程问诊服务流程

4. 智慧医疗与保险融合创新发展

在线保险支付解决支付困境。从技术上看，线上医保支付试点表明线上医保支付在技术上不存在难题。以电商为例，近期珍诚医药联合海宁老百姓大药房网上药店，推出医保在线支付试点。珍诚医药医保在线支付解决方案的实践程序是：医保系统与网上药店的系统互联，网上药店会员信息与个人医保账户共享，账户通过oAuth授权登陆，网上购药可用医保账户资金在线支付，且具有账号余额查询、订单传输、医保产品支付比例确认、在线付款结算等多种功能。医保支付的技术关键点在于医保账户的安全性、医保支付的身份真实性、医保数据与网上药店系统安全对接等问题，珍诚医药通过指纹、面部识别安全验证等手段解决了这些问题，说明线上医保支付的安全性可以保证（见表12）。

表12　珍诚医药试点线上接通医保支付难题解决方法

难题	解决方法
医保账户的安全性和真实身份认证	通过指纹、声纹、面部等生物特征进行识别，具体包括数字证书、手机验证码、面部识别等多种手段，使支付系统更加安全
医保数据与网上药店系统安全对接	网上药店会员信息与个人医保账户共享，账户通过oAuth授权登陆

智慧医疗企业与商保合作创新。2015 年 5 月 12 日，财政部、税务总局、保监会联合出台了《关于开展商业健康保险个人所得税政策试点工作的通知》，对于购买商业健康保险产品的支出，可在个人所得税中扣除。这项国家商业健康保险政策的制定，给商业健康险提供了更广阔的发展空间。各大智慧医疗企业纷纷与商保展开战略合作，打造"互联网＋医疗＋商保"新模式（表 13）。

表 13　智慧医疗企业与商业保险合作模式

企业	战略合作	模　式
阿里健康	与中国太平洋保险旗下太保安联健康保险股份有限公司签署战略合作协议，就互联网健康险产品进行探索，以求达到开发商业保险健康服务新模式。	大数据分析用于互联网保险产品研发，可以更精准、有效地满足参保人需求，结合阿里巴巴在互联网电商领域的深厚积淀，将有机会形成"中国特色"的 PBM 模式，促进医疗、医药、保险和健康管理的良性互动。另外，如果将医保控费解决方案服务于商业保险，不但能为商保公司提供医保经验，还能帮助商保公司建立风控系统，实现精细化管理，控制理赔风险。
春雨医生	与中英人寿达成战略合作，春雨医生进驻中英人寿健康平台，共同在"互联网＋"背景下，探索中端医疗商业险的广阔机会与可能性。	在春雨医生与中英人寿合作开发的新型中端商业医疗保险的合作中，双方将发挥各自的优势，春雨医生将为每位购买此类保险的消费者配备一位线上专属私人医生，随时看护用户的健康。"春雨私人医生"线上的私人医生将作为健康管理者，帮助用户解决各类健康问题，线下春雨诊所的诊疗、检查、体检等费用，都将由商业医疗保险来赔付，是一款帮用户保健康的服务型医疗险产品。
平安好医生	平安集团旗下的互联网医疗 App"平安好医生"宣布推出国内首款管理式企业中端医疗保险产品，打造线上 HMO（即 Health Maintenance Organization，又称"健康维护组织"）。	平安的布局将以健康管理、商保、医保、信息为发展重点，搭建医网、药网与信息网三网合一，为有诊疗需求的用户提供线上健康咨询和线下医疗相结合的健康服务、药品器械、电子健康档案、医保、商保支付等服务。为此，平安将构建医生与医疗机构网络、网上售药平台、云技术信息平台等，做好医保大病业务，并不断创新商保产品。

PBM 模式开始起步。PBM 提供医疗福利管理，在不降低医疗服务质量的前提下，帮助医保监督药企、医疗机构行为，通过影响医生和药剂师的处方行为，达到控制药品费用增长的目的。PBM 公司引进处方数据库和医保机构的药品参保目录，系统审核医生出具的处方是否有过度医疗行为，以及是否存在将药品调换为低价药品的可能，有助于降低药品的医保支出。应用医保总额预付制，医院医保支出低于医保总额会有奖励，超过了则需要医院自筹资金，PBM 控制药品的医保支出

一定程度下能够帮助医院提高利润。

目前,海虹的 PBM 模式、万达的 PBM 模式,都是三医联动的雏形。但我国 PBM 目前的权力还相对弱小,在大多数地区仅仅实现了将 PBM 信息化数据系统引入医院,监管医院的用药治疗行为并给出一定的建议,让医保部门和医院能够明晰自身的医疗行为和开支并获得改进建议,但还不能强势影响医院诊疗行为,没有制定药品目录集的权力,也没有获得代表医保客户向上游药企进行集中采购和谈判药品价格的权力。我国 PBM 的发展尚处于起步期(见表 14)。

表 14　中国 PBM 模式创新

PBM 模式创新	
卫宁软件	PBM 云公司拥有风控引擎和知识库,通过研发中心多年技术沉淀形成的自适应能力,能够有效地检测高额保单的疑似费用,从而为保险公司创造价值。
万达信息	万达公司承建的医保控费系统近日正式“落户”上海。据了解,该系统主要通过“事前预防、事中控制、事后审核”的模式,实现医保全流程监管。
海虹控股	2009 年年底,海虹控股公告与美国 ESI 集团合作开展国内的 PBM 业务,医保控费系统建立在美国 PBM 巨头 ESI 系统基础之上,医疗流通和电子商务有较好的协同效应;2014 年年底,海虹控股与中再寿险、泰康寿险、通用再保险等商业保险机构签订了合作意向书,与商业保险的合作标志着公司的盈利模式逐渐清晰。

(六) 各地智慧医疗与大数据应用呈现多层次阶梯式发展格局

当前,国内各地区智慧医疗与大数据应用呈多层次阶梯式分布。从城市的角度看,以上海、杭州、宁波等为代表的城市,在智慧医疗与大数据服务建设方面起步较早,应用水平处于全国领先;以广州、深圳、厦门、成都、重庆、南京、哈尔滨等为代表的城市,在智慧医疗与大数据服务上已经形成特色应用;以武汉、长春、沈阳、济南、福州等为代表的城市,智慧医疗与大数据服务应用已处于初级阶段;以银川、南昌、贵阳、沈阳等为代表的城市,智慧医疗与大数据服务开始起步(见表 15)。

表 15　我国智慧医疗与大数据各地发展类别与特征

类别	名称	特征	典型城市
第一类	智慧医疗与大数据服务强区	发展起步早,公共医疗服务体系较健全,区域医疗信息化基础好,云计算、大数据、移动互联网在就诊、健康管理等方面开始普及应用。	上海、杭州、宁波等

续 表

类别	名称	特征	典型城市
第二类	智慧医疗与大数据特色应用区	发展起步较早,医疗信息化基础较好,已建成区域卫生信息平台,电子病历实现广泛覆盖,云计算、大数据、移动互联网在就诊、健康管理等方面应用取得一定成效。	广州、深圳、厦门、成都、重庆、南京、哈尔滨等
第三类	智慧医疗与大数据初步应用区	区域与医院信息化建设取得一定成效,建立了卫生信息交换平台。云计算、大数据、移动互联网在就诊、健康管理等方面初步应用。	武汉、长春、济南、福州等
第四类	智慧医疗与大数据发展起步区	推动医疗信息化建设,提出智慧医疗发展理念与规划,探索智慧医疗发展模式。	银川、贵阳、南昌、沈阳等

1. 第一类:智慧医疗与大数据服务应用先行区

智慧医疗与大数据服务先行区,以上海、杭州、宁波等城市为代表。主要特点为:以医疗信息化为基础,积极推动医疗信息的深度整合;以健康云、区域卫生信息平台等为支撑,实现患者与医疗机构、医务人员之间的互联互通,持续优化和改进医疗流程,构建高效、安全、覆盖面广的医疗公共服务;移动医疗、在线挂号、远程会诊、个人健康档案管理、家庭医生等创新服务模式开始普及应用;互联网医疗的应用改变了健康管理方式。

表 16　上海、杭州、宁波智慧医疗与大数据应用情况

城市 指标	区域智慧医疗	移动医疗应用
上海	上海在全国率先实现市、区两级公立医疗卫生机构的互联互通和数据共享。市级卫生数据中心已经成为卫生"大数据"中心,汇聚 3 000 多万份动态更新的居民电子健康档案,并实现健康档案的"两个任何"(即"任何一位在市内联网医疗机构就诊过的患者电子健康档案,可以被任何一家联网医院的医务人员在业务规范制约下,通过医生工作站进行调阅")。建立上海"健康信息网"。	2015 年 6 月,上海首个区域分级远程移动医疗系统上线。截至 2015 年 4 月,上海已有 155 家医院被纳入微信预约挂号系统。

续 表

城市 指标	区域智慧医疗	移动医疗应用
宁波	初步建立了两级卫生信息网络，积极开展了社区卫生信息化建设。8 家市级医院和疾控、妇幼等公共卫生机构与市区域卫生信息平台成功对接，至今共收集 1 000 万条健康档案信息和 3 亿条健康档案数据。	“掌上云医院”App 平台提供 28 家市级医院、区级医院以及部分特色专科医院共2 700 余名专家在线预约挂号、咨询等服务。
杭州	推动医养护一体化，推进诊间结算，搭建区域卫生信息平台，已实现“全城通”智慧应用、“全院通”智慧结算、“全自助”智慧服务、“全人群”项目覆盖。建立以病人电子病历为核心的医院信息系统和实现病人信息互联互通的卫生信息平台。2014 年年底，全市 870 万常住人口中，已完成电子健康档案 784 万份，建档率达 90%。	市一医院、杭师大附属医院、市三医院、市肿瘤医院、市红会医院、市西溪医院、市七医院、市中医院、市儿童医院、市妇幼保健院等 10 家医院开通智慧医疗移动 App 服务。

(1) 上海——建立全民健康信息网

上海通过“健康信息网”工程，在全国率先实现市、区两级公立医疗卫生机构互联互通和数据共享。市级卫生数据中心已经成为卫生“大数据”中心，汇聚 3 000 多万份动态更新的居民电子健康档案，并实现健康档案的“两个任何”(即“任何一位在市内联网医疗机构就诊过的患者电子健康档案，可以被任何一家联网医院的医务人员在业务规范制约下，通过医生工作站进行调阅”)。

上海“健康信息网”工程于 2011 年年初启动，2013 年 11 月开通上线。通过建立市、区二级平台及其应用系统，实现全市所有公立医疗卫生机构的互联互通，实现各业务信息系统在平台上的数据整合，动态形成个人健康档案，实现健康档案的共享服务，进一步拓展基于健康档案的各类业务综合应用，支撑医改以及卫生事业发展(见图 25)。

目前健康信息网对外服务门户已经能做到百姓在家中就能实现寻医问药、预约挂号、健康档案查询、检验检查报告检索、医护满意度评估等一系列功能。健康信息网已实现医生在诊治前就能充分了解病人历史病情和过去接受的医疗服务(如动态查询病人就诊史，充分了解病人情况和病情)，诊疗过程中接受各类提醒(如重复检查、重复用药、过敏史、免疫史提醒等)，诊疗后能及时随访和跟踪(信息自动转到社区)。试点范围的医院全面实现了自费就诊“一卡通”。同时，所有卫生服务信息都将并入患者的健康档案，患者如果患有慢性病，这些信息还将进一步推

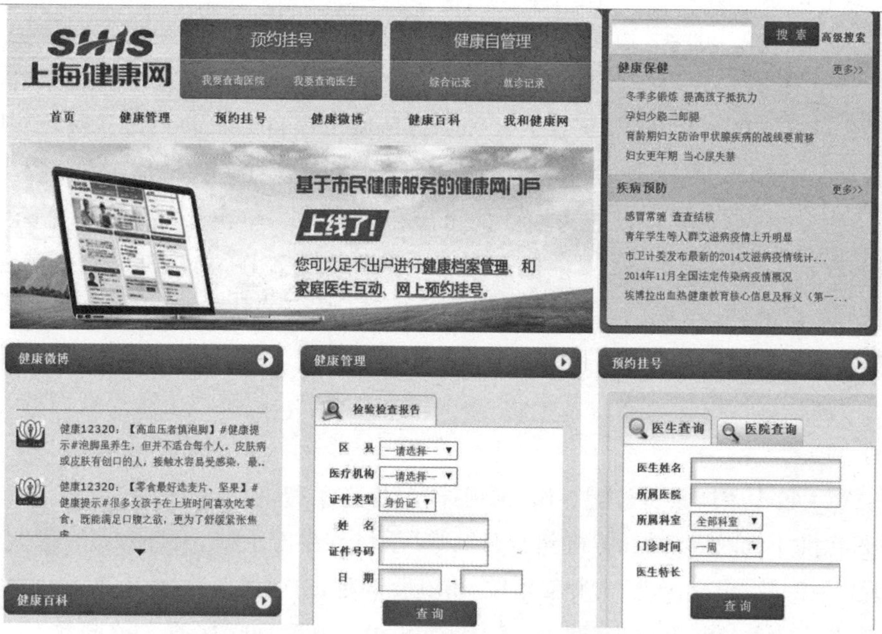

图 25　上海健康信息服务网

送到公共卫生部门和社区卫生服务中心，从而形成医疗诊治、公共卫生、社区服务三大体系的联动，完成对患者连续的健康随访、健康管理和健康服务。

(2) 宁波——实现医疗资源互联互通

“宁波智慧健康区域卫生信息平台”荣获 2014 年全国智慧城市创新应用奖。截至 2014 年 3 月，全市共建设 7 家区域影像中心、1 家区域病理中心、2 家区域心电中心和 2 家区域临检中心，实现区域内优质卫生资源的共享和优质医疗服务的下沉。据统计，全市已有 9 个县(市)区与市区域卫生信息平台实现了数据交换、信息共享，8 家市级医院和疾控、妇幼等公共卫生机构与市区域卫生信息平台实现了系统对接，共收集 1 000 万条健康档案信息和 3 亿条健康档案数据。

2015 年，宁波市通过打造区域医疗信息云平台，形成了全国首家智慧医疗“云医院”，利用云计算、物联网、移动互联网及传感器技术，开展网上健康管理与疾病预防、网上诊疗、康复等医疗服务。首批接入“宁波云医院”平台的基层医疗机构共有 100 家，签约的专科医生、家庭医生达 226 名；“宁波云医院”首期线上开设高血压、糖尿病、心理咨询、全科医生等 4 个“云诊室”。此外，“宁波云医院”已经与宁波本地连锁药店等第三方机构实现互联，“云医生”线上处方可以方便地流转到连锁药店，居民可以根据实际情况做出购药选择。

（3）杭州——推动“市民卡”智慧医疗应用

杭州“智慧医疗”已经成为又一个杭州品牌，杭州市民卡“智慧医疗”被国际数据公司（IDC）评为“2015 年亚太区领军智慧城市项目”。杭州“智慧医疗”从最初的顶层设计、试点探索，到整体推进、全面应用，主要有三大特色：体现以人为本、体现以用为本、体现以通为本。杭州市在国内率先推出诊间结算，缓解了看病难，改善了医患关系；建立了基于居民电子健康档案的区域信息平台，实现了医院与医院之间、医院与社区之间、医院与市民之间的信息交换和共享。2014 年杭州依托区域卫生信息平台，推出了医养护一体化方案，推行分级诊疗，逐步建立了双向转诊平台和远程会诊平台，不受时间地域限制，实现了医疗资源的纵向流动。

2014 年 10 月，具备智能导诊、预约挂号、检查单查询、排队叫号、门诊排班、就诊评价、健康宣教等功能的“杭州智慧医疗”手机客户端上线。目前，市一医院、杭师大附属医院、市三医院、市肿瘤医院、市红会医院、市西溪医院、市七医院、市中医院、市儿童医院、市妇幼保健院等 10 家医院已开通智慧医疗移动 App 服务。

同时，滨江、萧山等地智慧医疗产业基地已初步形成，滨江正致力于打造千亿级智慧健康产业基地。

2. 第二类：智慧医疗与大数据服务特色应用区

智慧医疗与大数据服务特色应用区，以广州、深圳、厦门、成都、重庆、南京、哈尔滨等城市为代表。这些城市医疗信息化基础较好，已建成区域卫生信息平台，电子病历实现广泛覆盖，云计算、大数据、移动互联网在就诊、健康管理等方面的应用取得一定成效（见表 17）。

表 17　广州、深圳、厦门、成都、重庆、南京、哈尔滨智慧医疗与大数据应用情况

城市	区域智慧医疗	移动医疗应用
广州	2014 年 11 月，微信携手广州市卫生局推出“广州健康通”，市民将可以通过“广州健康通”微信公众号享受广州市 60 家医院的预约挂号、健康档案查询、微信支付等全流程服务。	广东电信“翼健康”联合省内 100 多家知名医疗机构推出便民移动医疗信息服务。12 家三甲医院启动移动医疗 App 服务。

续 表

城市	区域智慧医疗	移动医疗应用
深圳	深圳“健康云”的数据整合平台包括居民电子健康档案管理、健康信息服务、医院信息化系统、远程健康管理、自助健康体检等功能模块。2014 年深圳市“健康云”平台已经覆盖全市 58 家公立医院及 634 家社区医疗机构，纳入 1 600 多万居民的健康档案信息、超过 10 亿条诊疗数据。	深圳华康推出“就医宝”和“医客”两款移动医疗 App 应用，共同打造 O2O 平台。
厦门	厦门在国家“十一五”科技计划支撑下，积极推进区域医疗信息化工程建设，大力发展健康信息数字化、网络化和医疗服务人性化、医疗卫生资源利用最大化。截至 2015 年 3 月，厦门市已有百万人建立了电子健康档案，占全市户籍人口的 60%；36 家医疗单位实现联网，占全市医疗资源的 86%。	2014 年 12 月 3 日，厦门大学附属第一医院正式宣布与支付宝达成合作，开启手机在线预约挂号、查询检验报告和充值缴费功能。
成都	成都市市级平台(一期)于 2012 年 5 月 29 日投资 2 300万元，接入 14 家试点单位(含 6 个县级平台、4 家公共卫生机构、4 家市属公立医院)以加强中心数据库和市级平台建设，推动市级公立医院信息化建设。	2015 年 7 月，成都首个民营“移动牙科医院”进社区。
重庆	建设区域卫生信息平台，推进公共卫生、医疗服务等六大业务应用。推进诊疗信息分级共享，制定卫生计生信息化建设统一标准。建设“移动云医院”。开放健康信息实时知晓，开通健康微博、门户网站等，定期发布分季节、多指标的综合统计分析及预警预测。2014 年 2 月居民电子健康档案建档率达 77.6%。多社区设置“携康驿站检测仪”，检测后相关数据传送到智慧社区服务平台，并建立老人个人健康档案，还可联系签约的社区医院，由医生对数据进行分析。	2015 年 7 月，由重庆医科大学承担的市级科技惠民示范工程“基于大数据的移动医疗健康服务模式示范工程”已获批立项，预计 2016 年上半年在重庆投入应用。
南京	2015 年，南京 80%以上的居民将拥有自己的健康档案，每千人拥有医生数达 2.8 人。同时，还将建成“幸福家庭建设示范街道(镇)”30 个、“幸福家庭示范户”1 000 个。争取到 2020 年，在全国率先构建人人健康、家家幸福的家庭发展示范区。2011 年 5 月开始，南京鼓楼区政府与南京电信合力打造了信息化养老服务系统——“智慧社区、感恩养老”服务平台。	2015 年 3 月，南京必拓狮网络科技有限公司开发的 App 软件，成功打造“淘宝”式移动医疗平台；3 月底上线的“家庭健康卫士”，让用户可以免费拥有私人医生。

续 表

城市	区域智慧医疗	移动医疗应用
哈尔滨	2004年起，哈尔滨乐辰科技公司开始立足科技，发展医疗卫生信息化，探索云医疗产业；2012年，以乐辰医疗云计算应用系统为依托的区域卫生信息化建设在方正县试点。2015年，南岗区已有三个社区卫生服务中心开展智慧社区试点，有900多名慢病患者享受到了慢病“云服务”。预计2015年年底，将在该区19个社区卫生服务中心全面开展这一服务模式。	2015年3月19日，省内首家移动智慧医疗项目“掌上心电”落户哈市第一医院，并启动第一个“心脏远程健康管理移动医疗”项目。

(1) 广州、深圳——发展移动医疗、远程医疗

广州、深圳的智慧医疗与大数据服务中，区域卫生信息平台、医疗影像云、远程医疗、健康小屋、掌上医疗等发展迅速，促进了医疗大数据共享，推动了智慧医疗绿色平台建设。2014年6月，广州、深圳两市在移动互联网产业联合创研基地、社区医疗管理、集团信息化建设、移动信息化建设、药品流通体系建设等方面开展“智慧大健康”项目合作，推动智慧医疗绿色平台建设，共同探寻移动互联网渠道、应用及平台的建设。

2014年11月，“广州健康通”微信公众服务号正式启用。全部联网后，市民可以通过“广州健康通”微信公众号享受广州市60家医院的预约挂号、健康档案查询、微信支付等全流程服务。

2015年6月，广东省12家三甲医院与医享网联合启动移动医疗服务，在国内首次打通了从门诊到住院、出院的全流程服务。患者只要在手机App上搜索、关注各大医院的微信服务号或支付宝服务窗，就可以很方便地使用微信和支付宝进行预约挂号、分诊候诊、支付医药费、查询检查检验报告、每日清单查询、药品配送、体检预约、入院预约、入院登记、医患互动等功能。此外，全国首个“4G智慧医疗系统”现身广东深圳。“4G智慧医疗系统”包含健康互动、医患互动、移动医护和院前急救功能模块，涵盖诊疗全过程。借助4G网络服务，患者挂号后，医护人员便可将病人病历、病史以及监测的信息录入到信息管理系统中，降低了数据录入成本。

2011年起，深圳市开始建设云计算公共服务平台，名为鹏云。该平台包含了政务云、教育云、健康云、工业云等众多云服务，其中健康云是鹏云平台中的重要惠民云服务之一。健康云的数据整合平台包括居民电子健康档案管理、健康信息服务、医院信息化系统、远程健康管理、自助健康体检等功能模块。2014年，深圳市

健康云平台已经覆盖全市58家公立医院及634家社区医疗机构，纳入1 600多万居民的健康档案信息、超过10亿条诊疗数据，全年门诊量达7 900多万人次。健康云以市民健康档案为基础，建立覆盖医疗卫生体系的信息共享平台，围绕居民医疗健康需求提供快捷的健康信息服务。市人民医院建设的“网络医院”是云健康管理服务的一个试点。健康云改变了市民传统的健康管理方式，血糖、血脂等常规体检检测可以在家完成，通过远程健康监测、分析和主动干预，医疗团队可在患者疾病初期提供主动健康干预，把疾病的防线前移。

(2) 厦门——构筑市民健康信息系统

2014年，厦门试点的健康“医疗云”，开启了智慧医疗与大数据应用服务。“厦门市民健康信息系统”以现代信息技术为支撑，为每一位市民构建从人生起点到终点的完整终身健康管理信息链，构建患者从健康到疾病再到康复的全息化诊疗康复管理信息链，实现了区域协同医疗、终身健康管理和一体化网络医疗。例如，通过健康管理公共服务平台，借助市场力量开发适用于个人和社区居民的健康管理平台，形成自我健康管理及健康监测、健康风险评估和远程医疗协助有机结合的循环系统，实现对个体健康的全程监控。居民也可利用各种健康管理终端，采集个人健检数据并上传至云端，结合厦门市区域平台建立个人完整的电子健康数据库(HER)，以便得到专业的健康管理规划。

(3) 南京——全面建立卫生信息平台

南京以医院信息化为主，积极推进居民健康卡与市民卡的融合，并开通手机、微信等“一账通”支付功能。部分医院还在“互联网＋医疗”方面，形成了网上挂号、远程医疗、网上数据共享等服务。

2014年1月，南京市开始全面建立卫生信息平台，并融合电子病历、健康档案、移动医疗、远程会诊等功能，让患者在家中就能查询到检验报告，医生登录该平台后，还能请其他专家帮忙会诊。目前包括南医大二附院、鼓楼医院、第一医院等12家医院表示有意愿加入这个平台开启智慧医疗建设。2014年12月，南京都市圈城市卫生信息化协作会议在南京召开。本次会议上，南京都市圈卫生信息化协作小组成立，同时确定南京都市圈两省八市将在卫生信息化领域加强交流、合作，如专家预约挂号、医检共享、远程医学会诊、自助智能医疗服务等，推动城市间卫生信息的共享交互。

(4) 成都——探索“云医院”O2O模式

2015年，成都市温江区按照“1＋N”架构，积极探索医疗产业“云医院”O2O模式。“云医院”中的“1”指一个实体医院。与一般医院不同，“云医院”的大部分医生通过云端网络“坐诊”，帮病人排忧解难；“N”则包括多家社区基础医院的网络诊疗室和移动客户端。同时，“云医院”项目还将引入社区医院的家庭医生服务。家庭医生会为患者提供全年体检报告分析和建立个人电子健康档案，全面记录患者健康就诊信息，提供健康动态和疾病预防预警专业指导。目前，“云医院”服务平台重点针对社区妇幼人群、老年人群、慢性病人群等提供多元化、多层次的疾病诊疗及健康管理服务。

成都青羊区推广“智慧医疗”，扫二维码可查验诊所真伪。用微信扫一扫二维码，就能清楚查验诊所资质、人员配置等信息，一旦发现现场情况与之不符合，可以立即举报。该系统整合了诊所注册、医师执业注册、护士执业注册三个信息系统的信息，群众通过二维码扫描就可以查验诊所的全部信息，进一步加强了对个体诊所的日常监管，构建起“服务—管理—执法”三位一体的执法模式。下一步，成都青羊区卫生系统还将在该区注册医院和门诊部全面推开互联网信息系统，并将在二维码查验内容中增加诊所量化评定等级、医疗机构不良行为积分等日常监管信息。

(5) 重庆——建立区域卫生信息平台，推动分级诊疗

重庆市智慧医疗与大数据服务建设主要的特色做法有四：一是建“集中云平台”。以“全员人口信息、电子健康档案、电子病历”三大数据库为核心，完成覆盖 2 个县属医疗机构、44 个乡镇卫生院、733 个村卫生室(社区卫生服务中心)的区域卫生信息平台，推进公共卫生、医疗服务等六大业务应用，配套制定认证、考核、评价体系，从源头、过程和结果对卫生管理服务进行全程监管，大幅降低群众保健和诊疗成本。二是建“标准云网络”。推进诊疗信息分级共享，制定卫生计生信息化建设统一标准，规范整合全县卫生医疗机构 HIS 信息系统，确保各医疗卫生机构信息系统与市、县区域信息平台无缝对接、数据共享，实现群众就诊电子病历、电子健康档案、检查结果数据在市、县各医疗机构实现相互调阅、相互补充、信息共享、档案活用，有效解决重复诊疗难题，切实减少群众看病难、看病贵现象。三是建“移动云医院”。开放健康信息实时知晓，开通健康微博、门户网站等，定期发布分季节、多指标的综合统计分析及预警预测，有效预防和控制各类传染病、慢性病和地方病等。最后，开通个人掌上健康监护、居民智慧自助健康管理、网上预约诊疗服务、远程影像诊断、远程会诊等服务，着力构建“保健在家中、小病在社区、大病进医院、康复回社区”的就医新格局。

2014 年 4 月，银江股份与重庆南岸区政府签订了《战略合作框架协议》，共同推进南岸区“智慧健康”5 亿元项目。重庆南岸“智慧健康”项目计划总投资主要用于实施包含“智慧健康”公众云服务平台建设、智慧健康之区域医疗等项目，预计

3～4 年实施完毕。

(6) 哈尔滨——开展慢病“云服务”试点

2015 年 1 月，哈尔滨市南岗区打造智慧医疗，开启慢病“云服务”。南岗区卫生局以智慧医疗建设为抓手，以信息化、智能化建设为依托，依靠社区全科医生团队，结合社区慢性病信息管理系统的总体架构，探索实践“智慧医疗＋全科医生团队＋签约服务”的健康管理模式。该区为慢病患者配备了自主研制的血压血糖远程检测仪、指尖单导远程心电仪等家庭健康监测终端。患者自己使用仪器检测后，仪器自动连接 3G 移动系统，将检测到的血压、血糖、心率、心电等 4 项检测指标自动上传到社区卫生服务中心。家庭医生通过上传的指标及时分析后指导患者科学用药，实施健康管理，实现了现场检测结果及远程会诊功能“云”监测。2015 年 3 月 19 日，省内首家移动智慧医疗项目“掌上心电”落户哈市第一医院，并启动第一家“心脏远程健康管理移动医疗”项目。该院在国内首家引进国际最先进、便捷的远程心电监护系统并在省、市、县、乡广泛推广。同时，探索建立“预防监护与治疗一体化”的区域心脏病急救中心。

3. 第三类：智慧医疗与大数据服务初步应用区

智慧医疗与大数据服务的启动区，以武汉、长春、济南、福州等城市为代表。在这些城市，区域与医院信息化建设取得一定成效，云计算、大数据、移动互联网在就诊、健康管理等方面形成一定应用规模。

(1) 武汉——开展国家居民健康卡试点

2014 年，武汉市把实施市管公立医院就诊“一卡通”列入市政府“十件实事”内容，国家居民健康卡在江夏区和市中心医院进行试点。江夏区已向参合农民发放 2.2 万张健康卡进行试运行，持卡农民到辖区 30 家医院、247 家村卫生室就诊，凭健康卡即能完成就诊、挂号、缴费、报销等流程，将来还可实现全国跨区域就诊一卡通。根据《武汉智慧城市医疗卫生领域规划设计方案》，武汉计划以居民健康卡为纽带，构建以“1135 规划”为蓝图的智慧医疗卫生框架体系，包括建设智慧医疗卫生专网、智慧医疗卫生信息平台，发展医疗服务类、公共卫生类、医疗保障类、用药监管类、综合管理类业务应用系统，提供全生命周期自我健康医疗管理服务和公共卫生服务，实现“健康武汉”。

2015 年 2 月，“武汉市中心医院”微信服务号正式上线，这是湖北省首个实现“就诊全流程”的微信智慧医院，患者可以通过微信公众号预约、挂号、缴费、查询报告。

武汉市积极推进智慧医疗产业链发展。2015 年 8 月 18 日，武汉·中国光谷智慧医疗及健康产业联盟、湖北省智慧医疗健康产业基地正式成立，吸纳智慧医疗及大健康产业链上下游各环节的优势企业近百家，致力于聚合形成健康管理与大数据平台、医疗服务及康复平台、医药类产品电子交易平台等三大平台，打造集医疗服务、健康管理、医学成果转化及产品推广应用为一体的专业园区。

(2) 长春——建立区域卫生信息平台，推动移动信息查询

长春市建立一个平台、三个数据库，融通七个系统，实现八大功能。即建立 1 个市级区域卫生信息平台，建立居民健康档案、电子病历和公共卫生服务 3 个数据库，联通医疗、疾控、妇幼、血液、急救、卫生监督、卫生行政等 7 个管理信息系统。

2013 年 6 月，长春市建设全市区域卫生信息平台，以智慧医疗平台为主体，医院可以公开其医疗资源、医疗技术方案和医药价格。“智慧医疗云”由政府主管部门负责组织建设，运营管理实行企业化运作，首先在三甲医院开展，逐步在全市推广。“智慧医疗云”拥有八大功能：一是医疗资源公开，二是可以接受患者门诊预约，三是具有门诊预处置功能，四是具有一站式服务功能，五是检验报告上网，六是检查结果共享，七是患者可以进行知情权查询，八是监督评价功能。

2015 年长春开启了“移动医疗”模式，“医付通”作为“爱长春市民主页平台”的移动应用功能。患者通过手机可以实现信息自动分类获取和针对性推送，从挂号到支付，从诊间检查到结算，从获取报告单到诊后医院随访的整套就诊流程都可以在手机上完成。通过“医付通”还可以为就医者建立医疗就诊电子健康档案。

(3) 济南——搭建覆盖市县乡三级医疗卫生机构的卫生专网

2014 年，济南市试图通过完善资源布局来打造“智慧医疗”高地，按照“东部做优、西部做大、北部做强、中部做精”的卫生发展总体思路，完善省会城市医疗资源布局。山东移动济南分公司与济南市卫生局签署“智慧医疗”专网合作协议，采用“专线+有线宽带”的方式，共同搭建覆盖市县乡三级医疗卫生机构的卫生专网。根据协议，定点医疗门诊全部接入卫生专用网络，可向患者提供身份识别、诊疗服务、医保实时结算、个人银行账户支付和健康档案查询等服务，门诊也实现了对医疗信息、药品销售数据的存储、收集和分析。通过该平台，实现了全市医院、乡镇卫生院、社区卫生室等医疗卫生机构的药品信息及居民医疗诊断信息的实时统一管理，提升医疗信息数据集成和资源综合利用水平，为政府下一步医改工作推进提供了有力的数据支持。

(4) 福州——与运营商联手推进医疗信息化

2011年,福州市联通公司在与福建省人民政府搭建了个人医护、医患互动、无线诊疗等环环相扣的智慧医疗与大数据服务平台。2011年9月,中国电信福建公司与省卫生厅签订战略合作协议,共同建设基层医疗卫生信息系统、居民健康档案信息系统等六大应用项目,促进医疗卫生行业信息化发展。其中,居民健康管理信息系统为市民建立了电子档案,记录了一个人从出生到现在的健康状况。与此同时,在福建医科大学孟超肝胆医院等多家医院,医生和护士已开始使用"移动医疗系统",用iPad或PDA对着病人的腕带扫描之后,可随时记录重要信息,开立医嘱,调阅所有的病历,了解患者的病情、体征和输液情况、对应的药方,既能减轻医生护士的工作强度,提高工作效率,又可减少医疗差错和事故。

4. 第四类:智慧医疗与大数据服务发展起步区

以银川、贵阳、南昌、沈阳等城市为代表,这些城市的智慧医疗与大数据服务开始发展起步。

(1) 银川——启动医疗信息服务平台建设

2015年1月,银川市启动银川医疗信息公共服务平台项目。该项目功能构架包括电脑、手机、微信和电话座机,具体由医疗机构信息服务系统、公告服务系统、预约诊疗系统、评价管理系统、个人健康管理、网络医院六大内容18个小项组成。未来,该项目将覆盖银川市三区二县一市15家医院、53家社区卫生服务中心(站)和38个乡镇卫生院。社区接种疫苗、查询医院床位和药品信息、医院导航三维立体图、建立个人健康管理档案等,均能通过掌上App和电脑实现。

(2) 贵阳——致力于依托大数据,打造中国的"健康谷"

2014年,贵阳市作为全国首个大数据中心,开始筹建智慧医疗与大数据服务项目,依托贵州省健康大数据,建设贵阳健康大数据产业园,推进贵阳市医疗健康云的研究开发和行业应用,以把贵阳建设成为中国的"健康谷"。2015年2月10日,惠普公司入驻贵阳综合保税区。目前,惠普已与贵阳携手建立统一的智慧医疗云平台。初期,将打通9家市立医院数据,建立全市统一的电子数据库。未来,市民可通过医疗云平台进行医保的相关操作,医院和医保单位也可通过后台对数据进行统一管理和结算。

(3) 南昌——试水"互联网+"医疗

2015年江西南昌市正式试水"互联网+"医疗,开始了智慧医疗与大数据服务应用。其主要实践为两个方面:一是医院平台开通了微信、支付宝功能,使患者实现了在线预约、挂号和缴费;二是可穿戴智能医疗设备的应用。2015 年 4 月,南昌市智慧医疗云项目规划汇报会在市洪都中医院召开。中国电信南昌分公司、浙江联众智慧科技股份有限公司详细汇报了南昌市智慧医疗云项目的规划情况,阐述了智慧医疗云建设愿景,并提出未来南昌智慧医疗云的建设思路、近期建设目标及计划。

(4) 沈阳——建设“微信全流程接入”的智慧医疗平台

沈阳积极推进智慧医疗,根据 2015 年智慧沈阳规划,沈阳将建设区域卫生服务平台,重点推进就医流程扁平化和集约化,建设居民电子健康档案、电子病历等基础数据库,推进全市医疗机构实现信息化管理,形成全市覆盖广、统一可靠的区域卫生信息体系,实现区域内医疗机构互联互通、居民健康档案与电子病历信息共享。市民可以通过手机预约挂号,还可以查询健康档案和享受远程医疗等服务。2015 年 9 月,沈阳市首个“微信全流程接入”的智慧医疗服务平台在市第六医院启用,从挂号、缴费、取药到检验、查询等整个就医流程都可以通过微信来完成,系统还可以根据患者的描述进行智能分诊。

三、我国智慧医疗与大数据问题解析

(一) 医疗数据标准不统一,归属权不明确

数据标准不统一。医疗行业的区域行政管理模式,导致了各地智慧医疗建设的条块分割与资源分散现象较为严重,各地医院信息化建设程度不一,各个医院信息管理模式也不统一,缺乏全国统一的较高水平、可广泛推广的医院管理软件。医院管理者往往要求软件适应医院现有的甚至是不科学的管理模式,导致医院信息管理系统的通用性差、产品化程度低。甚至每家医院的信息化工作都涉及几十个厂家,每个厂家的数据、标准、采集、存储都不一样,不同服务商在为医疗机构建设数据库的过程中自然形成了大量“信息孤岛”,在同一单位各部门之间就存在着信息割裂。另一方面,医疗数据种类多样化,也为数据标准的制定和应用带来了挑战。医院信息涉及医、教、研、人、财、物等诸多因素,且国内尚无统一的具有权威性的医院数据标准字典,各医院管理系统设定的病历、药品、人员、器材、检验检查项目名称、编码和标准均不一致,各个系统有各自拟定的标准,数据接口不一致,无法实现信息的互联互通。此外,行政管理部门对软件开发缺乏应有的统筹规划与控制,缺少监督管理。

数据归属权不明确。随着医院电子病历的普及,患者医疗数据作为一个可复

制的数据资源，存在着医疗体系内各方共享和使用权的争议，包括相关职能部门、医生和医疗机构、医院信息化系统服务商、研究人员以及患者本人。大多数患者主张对自身健康数据具有毫无争议的拥有权，认为数据属于个人隐私范畴。医院则认为患者自身信息、检查结果属于患者，而病历、处方、手术及就诊过程等涉及医生的脑力劳动成果，是医生对治疗过程的总结和加工，应属于医院。此外，相关职能部门，如卫计委、人社部等均可调用患者医疗数据，可穿戴设备及其他医疗器械所采集的数据的归属权也不明确。

（二）数据共享面临多重阻碍

当前，虽然我国医疗大数据的来源种类多样化且各自呈现快速增长的趋势，但是大部分医疗健康信息仍处于完全沉默状态，医疗大数据的利用率处于较低水平。

医疗信息系统的标准和规范不统一、医疗数据归属权不明确当然是阻碍我国医疗行业信息共享和大数据应用的一大困境。但另一方面，数据共享机制缺失，医疗数据共享背后隐含的数据隐私、数据安全、医疗纠纷等一系列问题，形成了医疗数据共享的制度性障碍。

从数据隐私的角度看，大多数患者认为自身健康数据属于个人隐私，医疗机构在未征得允许的情况下不得将医疗数据进行流通，这就造成了数据共享在内容、范围等方面的规范性问题。从数据安全性的角度看，各个医疗机构的信息系统互联互通，会成倍地增加数据丢失和盗用的安全隐患。

一般情况下，我们很难将医疗数据共享与医疗纠纷联系在一起。然而，当医疗数据实现流通共享并成为评判医生主观行为的价值标准时，就容易激化潜在的医患矛盾从而引发医疗纠纷。例如药物使用是否有效，手术操作是否得当，是否存在过度治疗等。在这样的情况下，医疗机构显然会失去共享数据的动力。

（三）旧利益格局成为智慧医疗与大数据应用的最大阻力

我国医疗体系存在一条根深蒂固的利益链，涉及多方利益，彼此间互相掣肘。智慧医疗与大数据现有的商业模式和服务方式创新，都未促使原有的利益结构和分配方式有根本性改变，或者说尚没有较为完善的利益激励机制去促使各方主体积极响应智慧医疗的发展。

对医院而言，智慧医疗与大数据的发展一方面需要医院投入人力、物力推动并支持医疗信息化水平建设；但另一方面也需要医院能够开放医疗数据，支持分级诊疗、多点执医等政策的实行，改变现有的机制体系。这涉及医院人才、技术、资源的分配问题，势必重新架构利益分配体系，会受到现有利益格局受益方的阻挠。

对医生而言，现有的医疗体系为他们创造了一个相对稳定高效的收入模式。医疗重线下的属性和传统的就医习惯，使线上医疗能做的事情相对有限，且医生收益最大的环节在诊断和治疗。目前智慧医疗与大数据的发展过程中，利益分配机制尚不成熟，风险却已隐现，医生的积极性也难以全面调动。

对政府而言，多个部门联合呈现“九龙治医”的局面（见图 26）。卫计委把控医院评级和医生职称，党委组织部负责医院高层人事任命，财政部管理医院财政补贴，人社部统管医保，药监局把控药品和器械准入，发改委掌管医疗定价，教育部负责医学教育。还有引进大型医疗设备需要环评，开诊所需要消防验收。要让这些部门联动，改变现有的利益格局，牵一发而动全身，需要部门间的高度协同。

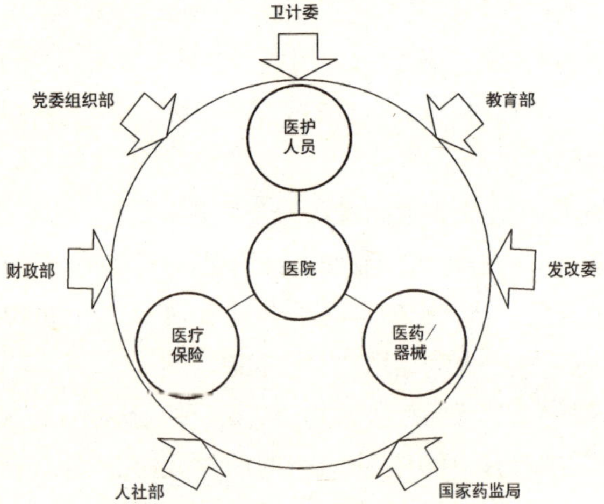

图 26 “九龙治医”下的医疗体系

（四）整体缺乏有效的运营机制

线上线下医疗闭环难形成。虽然我国在智慧医疗系统技术、产品应用方面呈现出良好的开端，但由于医疗产业存在着众多利益相关者、严格的政策约束和复杂的商业规则等特殊属性，使其相对于日常消费行业而言跨界难度更大，线上线下的融合速度更慢，产业核心领域的大数据革命还远未到来。目前线上的医疗服务在挂号、诊断、治疗、康复等各个环节介入，但是每一个环节都是碎片化的，都需要分别下载 App，不能为用户提供一站式服务，尤其是治疗这一环节很难在线上实现，特别是一些重大的疾病和急症。因此治疗这一环节往往在挂号、诊断之后脱钩，难以实现一个完整的服务。无论是线下还是线上医疗，专家都是稀缺资源，优质的医生尚不足以满足线下需求，更没有时间和精力关注线上。线上与线下的医疗难以联系，仍处于脱钩状态。

整体运营机制不成熟。我国智慧医疗与大数据发展过程中，缺乏整体有效的运营机制，包括建设、维护、使用、管理等各个方面。目前尚无长期商业运作的智慧医疗与大数据运营平台，且缺少后续的开发与维护，使用效率低下，运营成本高昂。在运营过程中，多数产品停留在对就医流程的信息化改造，并非信息化下的流程改造，缺乏对医院工作流程的深入认识，产品流程设计不合理，难以让医生、护士、患者等实际使用者获得真正的便利，产品无法得到广泛有效的应用。在管理方面，数据安全问题仍是关键性问题，目前仍没有针对医疗数据的相关隐私规定，法律法规滞后于发展。

缺乏可行的盈利模式。我国智慧医疗与大数据发展涉及的行业领域范围宽泛，产业结构和利益链形成过程复杂，相关领域的行业基本都处于资本投入的阶段，尚无有效的运作模式和商业模式整合利益关系，需调整利益结构和转变分配方式，达到盈利的目的。

目前企业在产业链的各个点上切入，但切入后如何获得足够的收入仍然是个大问题。国外互联网医疗起步较早，商业模式相对成熟。以软件类企业为例，其收费对象主要包括药企（为其提供广告和问卷调查服务，如 Epocrates）、医生（根据地理位置、保险状态及专业专长等信息将其推荐给患者，并提供预约服务，如ZocDoc）、保险公司（基于软件经济价值吸引其承保，如 WellDoc）。与之相比，我国智慧医疗商业模式还处于不断探索的过程，大部分企业的生存主要依赖融资。部分企业开始探索结合我国国情，营收模式从传统的付费下载转向基于服务的收费，收费来源包括医药厂商、民营医院、商业保险、政府采购、企业雇主等，但尚未形成比较成熟的模式。

（五）产业可持续发展战略规划和体系不健全

可持续发展战略规划不健全。我国现有的智慧医疗与大数据产品多数尚处于初级阶段，缺少对系统性的重视，没有形成系统性较高的产品与服务体系，在复杂、尖端、跨学科的产品研发方面缺少系统性的社会化研发体系支持；研发资源分散，产业整体运行效率低，既存在着高水平重复，也存在着低水平的恶性竞争；产品同质化严重，产品与服务质量良莠不齐。基于长期研究基础之上的智慧医疗与大数据产业可持续发展战略规划仍不健全，尚未进行完整的产业链梳理，明确产业发展目标与重点，并制定产业发展技术路线图。

缺少顶层设计，相关政策法规尚不完善。我国智慧医疗的推行过程中存在缺少顶层设计和相关法律法规的问题。目前针对智慧医疗建设的只有城市制定的规划目标和实施意见，没有专门针对智慧医疗建设的宏观指导性文件，出现宏观指导缺位的问题。这在一定程度上造成了部分地区和单位参与建设智慧医疗的积极性不高，各个城市推进智慧医疗的步伐不一致，影响数据的互联互通。同时也缺少相关法制建设，存在法律空白和相关法规不完善不健全的问题，无法使智慧医疗相关各方的服务和管理行为有法可依。

行业监管缺位。相对于传统的诊疗模式，智慧医疗所产生的医疗纠纷将更加多样化、复杂化，责任归属难以判定，而我国智慧医疗的监管尚处于准真空状态。早在 2013 年美国参议院就批准了美国 FDA 安全和创新法案，从法律层面正式确立 FDA 为医疗类 App 的监管机构。在我国，目前仅有 2009 年卫生部颁布的《互联网医疗保健信息服务管理办法》，该办法属于部门规章，法律效力极为有限。这一局面对智慧医疗的发展形成了两大制约：一是知识产权保护不力，产品同质化现象严重，市场无序竞争现象突出；二是个人隐私安全保护不足，既制约需求潜力的释放，也存在数据泄露的巨大风险。

（六）医疗与信息技术复合型人才缺口明显

智慧医疗与大数据的高速发展，使医疗大数据的体量不断增加，其能否被有效利用已经成为发展的关键问题。医疗行业具有特殊性，医疗大数据类型复杂多样，囊括电子病历、生化检查、多种影像或病理切片检查的生物学信息等多种专业知识，所以在数据的处理及分析过程中，对从业人员有较高的专业要求和资格要求。

无论是医疗行业还是大数据领域，对人才的需求都非常紧迫。医疗行业人才一直处于供不应求状态，工作压力大、风险高、收入少等多方面原因，导致选择从事医疗行业的人越来越少。另一方面，大数据人才同样供不应求，大数据人才需要综合掌握数学、统计学、数据分析、机器学习和自然语言处理等多方面知识，但目前国内尚缺乏培养大数据人才的专门机构，使得人才供给出现断档。

医疗大数据领域复合型（HIT）人才不仅需要懂大数据相关（IT）的知识，而且还要懂医学和管理方面的专业知识，具有良好的沟通协调能力，可进行跨界翻译、对接、转换并最终进行高效实践。目前既懂大数据技术又懂医疗知识的 HIT 人才十分匮乏。因此，如何找到应对大数据挑战和机遇所需要的人才，培养和造就一支懂管理、懂指挥、懂技术的大数据专业队伍是医疗机构面临的又一大难题（见表 18）。

表18　医疗大数据分析团队组成

岗位	职　　责
数据科学家(Data Scientist)	数据科学家是能创造新的数据服务应用，可从海量数据中提取出简单易懂、有价值的信息并传递给决策者的人才。数据科学家大多应具有统计分析、数据挖掘等技能且拥有计算机科学背景，同时具有沟通能力、创新精神和好奇心等素质。
数据专员	数据专员收集与汇总所有进入医疗行业的高质量数据，并编成目录，最终确定上游数据模型。因此，数据专员需要具备数据抽取及数据建模等基本素质。
系统维护员	负责数据系统、信息平台等的常规维护工作。包括日常软件和硬件的管理与维护工作，同时需要确定软硬件的额外需求并实际落实。
开发人员	负责搭建平台、开发分析应用程序。这部分人员可以采用雇佣外包的方式由专业的大数据公司提供。

四、智慧医疗与大数据的百人会共识

（一）智慧医疗和大数据是医疗行业发展的必然趋势

国内医疗卫生体系存在若干问题，痛点多。中国医疗资源配置极度不合理，让本来就稀缺的医疗资源更加匮乏。从患者角度而言，看病难、看病贵、看病没有“售后服务”等问题长期无法解决；从医院角度而言，存在医院拥挤、床位少、低效、超负荷运营、被迫不断扩张等急需解决的问题；而从医生角度来说，则有医患关系紧张、工作风险大、工作量过大、工作收入相对低等痛点，尤其与美国相比，中国医生没有很好发挥其职业性。

互联网与医疗行业的融合因此应运而生，在技术及社会需求的共同推动下，智慧医疗是医疗行业的必然趋势。智慧医疗通过优化就诊流程、医院协同模式、健康管理方式、药品服务形式、保险支付管理结构、治疗诊断方法和数据分析处理能力等方面的服务，将更进一步重构医疗生态，从而改善就医体验，让患者能安心就诊；使医生能专心治病，促进医疗服务效率提高；使医疗费用降低，减少患者和国家医疗支出。智慧医疗和大数据的应用在中国刚刚起步，但健康医疗产业痛点很多，需求具备刚性和快速增长的特征。随着互联网对就医各环节的进一步渗透，智慧医疗和大数据正以几何速度加速医疗产业的重构。智慧医疗和大数据发展是必然趋势，所有相关者，包括政府、医疗机构、大众等三类主体都应该顺势而为。

（二）医疗大数据应用助力实现智慧医疗服务

以大数据为基础的新医学时代，将对循证医学、关注病征的传统医学产生强烈冲击。由于新技术的支持及对个体的医学数据的大量获取，医疗服务更加关注个体，治疗、检查、健康管理会更有针对性，医疗服务模式和质量将产生飞跃。

医疗大数据的应用将利用互联网以及大数据技术对各个层次的医疗信息和数据进行挖掘和分析，为医疗服务的提升提供有价值的依据，使医疗行业运营更高效，服务更精准，最终降低患者的医疗支出。目前，基于互联网的数据传输与分析技术，大数据在医疗行业的应用已逐步受到市场的关注，越来越多的企业开始发展互联网及移动医疗服务，大数据的应用也被逐渐提上日程。医疗大数据的应用能够提升医院管理水平、服务效率以及临床诊疗的效果；医疗大数据应用于药品的研发，可助其节省研发成本、缩短研发周期；应用于药品的销售，可助其节省营销成本，提升营销精准率。医疗大数据的价值还在于提供更精准的保险服务，降低赔付支出。

（三）智慧医疗有利于提高优质医疗资源的配置效率

各级医疗机构发展的不平衡，主要体现在优质医疗资源过度集中于大城市、大医院等方面，促使病人集中流向三级医院。不合理的病人流向，一方面使基层医疗机构的资源利用率和技术水平下降，另一方面也使大医院的资源得不到合理利用。当前医疗卫生资源分配的失衡是导致医疗服务中“看病难、看病贵”等问题的关键，重组优化医疗资源配置是未来医疗改革的主要方向和核心诉求。

2015 年 1 月 19 日国务院常务会议通过的《全国医疗卫生服务体系规划纲要（2015—2020 年）》将有效配置医疗资源列为改革的重点任务和方向，也为智慧医疗行业开启了发展的大门。随着云计算、物联网、移动互联网、大数据等信息化技术的相继成熟，智慧医疗在医疗资源重塑方面具备了条件和能力。借助互联网超越物理时空的特性，智慧医疗能够推动医疗卫生服务模式和管理模式的深刻转变，实现医疗资源的合理有效配置。

（四）个人健康数据归属权亟须界定

个人健康数据主要包括了人们的日常健康体征数据、体检数据、病例数据、处方数据、用药情况数据、基因数据等围绕着人体各项健康指标以及与健康行为相关的数据。但个人健康数据分散在不同部门或机构，如医院采集的体检数据、电子病历数据、电子处方数据，线上问诊平台采集的患者基本信息，在线随诊平台采集的患者康复阶段的健康数据，医药电商平台采集的患者用药购药数据，可穿戴设备采集的体征数据。我国当前的法律法规未对医疗大数据的所有权进行界定，也未出台对用户数据进行商业化的规范。随着数字医疗技术的应用推广，患者、企业和政府终将就这些医疗数据的所有权发生冲突。个人健康数据归属权不明确，将阻碍医疗大数据的采集、应用，并会产生信息安全问题，不利于智慧医疗的发展，因此亟须国家出台法律界定。

（五）智慧医疗和大数据发展需要国家顶层设计

智慧医疗建设涉及范围广、内容涵盖多、技术含量高、工作难度大，需要良好的顶层设计，以免产生"信息孤岛"和重复建设。各地投入的卫生信息化工程呈现百家争鸣的局面，体现了地方政府对卫生信息化工作的重视和支持；但是也因为缺乏统一的标准和规范，会形成新的"信息孤岛"，造成资源的浪费。我国在智慧医疗系统技术、标准、产品、应用以及政策层面均呈现出良好的开端，但政府在推行医疗制度改革过程中，还需制定出相应发展规划和产业政策加以推动。

全国智慧医疗和大数据发展需要做好统筹规划、顶层设计和规范管理，不可简单盲从和闭门造车，更不能贪大求全和一哄而上。在充分调研的基础上，应制定完整设计、分步实施的智慧医疗建设规划，遵循循序渐进、规范标准和实用为主等基本原则，抓好系统的顶层设计，从技术、管理、应用层面真正把各个单位的"信息孤岛"连通起来，把海量的沉淀数据利用起来，让每一个人在任何地方的医疗和健康信息都能被记录、随时查询和信息共享，使得智慧医疗真正成为惠及广大人民群众的一项惠民工程，真正实现"我的健康我知道，我的健康我管理"。

（六）智慧医疗服务体系需要逐步实现 AAQES

智慧医疗是世界各国政府都面临的一个重大机遇。从国家的层面上来说，应建立一个公民够得着（Access）、付得起（Afford）、质量高（Quality）、公平性强（Equality）、可持续（Sustainability）的医疗服务体系。作为一个发展中国家，中国要解决全球五分之一人口、13 亿人的健康问题，现阶段面临的这几个要素问题也是不一样的。医疗信息化为我们快速实现公民够得着、付得起、质量高、公平性强、可持续等提供了良好的条件。因此，我国要抓住信息化的机遇去满足 AAQES 的智慧医疗服务体系建设。

国家的长期义务是建立五个要素的医疗服务系统。在过去5年，在医疗的"全覆盖""付得起"这一块，国家在基层布点以及逐渐建立医保系统方面的投入，使我们完成了人类历史上的一个奇迹，使我们在实现"全覆盖""付得起"方面走得快一些。接下来的问题还要加快医疗信息化的改革，在不同的医疗模式中间找到一个高效、公平、可持续的医疗模式。同时，政府需承担推进基础设施建设、信息化医疗、智慧医疗标准建设、适应信息化社会的医生和公民培养等方面职能。从企业的角度来说，医疗资源的整合、信息技术的发展，为智慧医疗与大数据企业提供了比较大的创业发展空间，未来会出现一批类似阿里巴巴网购平台的健康大平台、智慧医疗领军大企业。

五、智慧医疗与大数据前景展望

（一）智慧医疗与大数据应用进入快速发展期

随着大数据、云计算等新技术的发展，智慧医疗与大数据已呈现快速发展态势，在医疗信息化、移动医疗、医药电商、可穿戴设备、在线医疗服务等医疗及健康服务多个领域迅速发展。据国家发改委披露，2018年以前，我国要建成国家政府数据统一开放门户，医疗领域数据将优先开放，未来几年将是医疗大数据快速发展的时期。根据贵阳大数据交易所预测，2014年中国医疗大数据应用市场规模为6.06亿元，预计到2020年，这一数值将达到390亿元（见图27）。

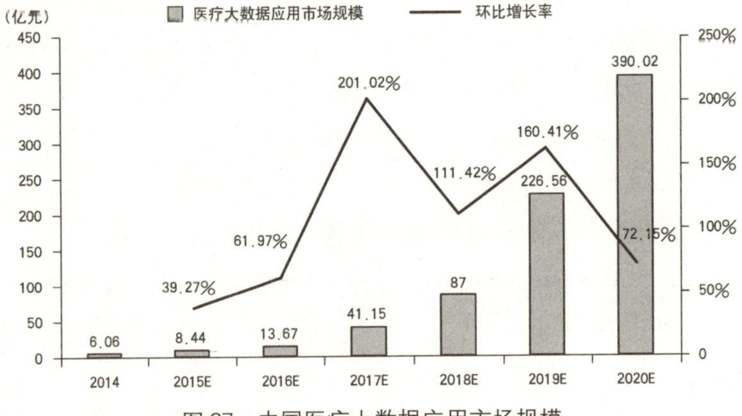

图27　中国医疗大数据应用市场规模

数据来源：贵阳大数据交易所

线上医疗数据服务市场前景广阔。线上医疗数据服务以挂号为切入点，服务包括在线问诊、在线挂号、在线咨询、移动医疗、远程医疗等，将整个医疗服务流程放到线上，优化就医流程。目前，在线医疗数据服务(问诊、挂号、咨询)呈现稳定增长。随着移动医疗高速发展，在线医疗数据服务企业加速布局移动医疗，移动医疗应用软件数量激增，结构日益丰富，融资频发。2014 年中国移动医疗市场规模为 30.19 亿元，预计到 2020 年将达到 310.90 亿元(见图 28)。

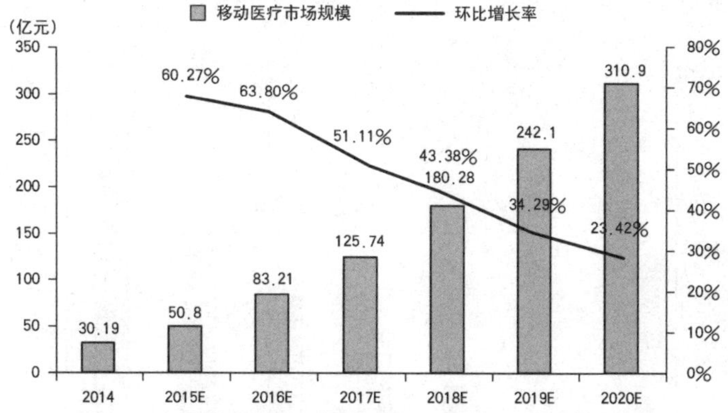

图 28　中国移动医疗市场规模

数据来源：贵阳大数据交易所

个人健康管理及咨询快速发展。随着物质水平的提高，以及老龄化社会和各种慢性病的出现，人们对健康的需求年年增长，健康消费将不断升级。个人健康领域将会受到关注，健康咨询、健康管理等领域的企业将会快速成长起来(见图 29)。针对不同收入对象以及年龄阶段，尤其是针对高端收入人群的健康管理与咨询，具有巨大的市场空间。

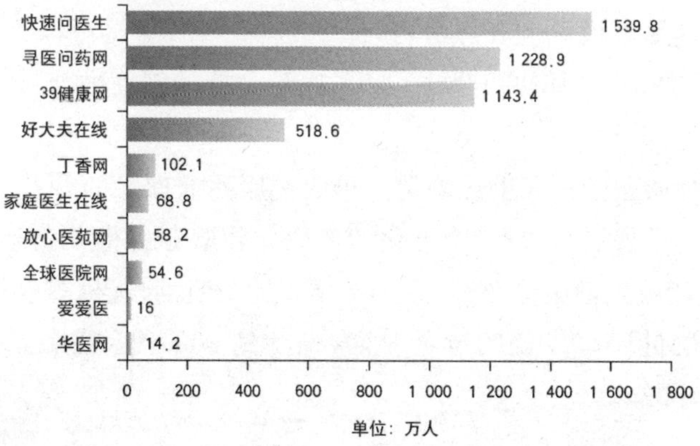

图 29　2014 年 10 月在线咨询网站用户覆盖人数

可穿戴设备的市场前景十分乐观。BI Intelligence 预测 2018 年全球可穿戴设备出货量将达到 3 亿台。按平均每台 42 美元的出货价格计算,2018 年全球可穿戴设备销售规模将达到 120 亿美元。在我国可穿戴设备市场,目前利用可穿戴设备的大数据医疗健康服务仍不完善,市场以硬件销售为主。预测 2016 年后,随着大数据服务的进展,除了硬件销售外还将包含数据服务费用,据预测 2020 年我国可穿戴医疗设备市场规模有望接近 260 亿元(见图 30)。

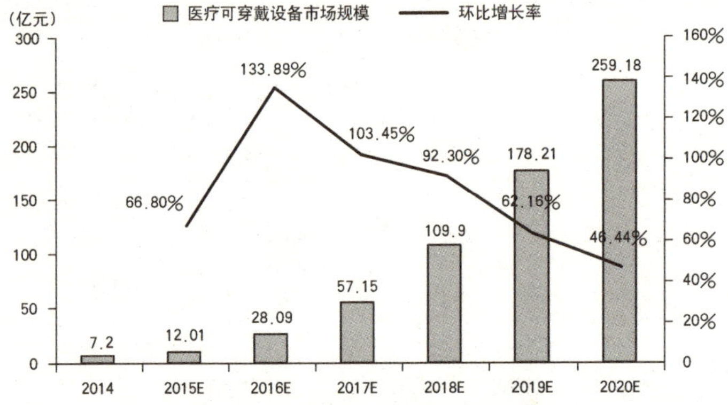

图 30　中国医疗可穿戴设备市场规模

数据来源:贵阳大数据交易所

医药电商市场规模迎爆发式增长。随着政策利好、社会需求高涨,医药电商发展迅速,大型区域性连锁药店积极向线上转型,互联网巨头、传统医药企业、新兴医药企业也纷纷瞄准这一领域,该领域成为投资热点。国家商务部发布的《2015 年上半年药品流通行业运行分析及发展趋势预测》统计,拥有互联网资质的医药电子商务营业收入平均增幅超过了 50%,远高于传统药品流通销售模式的增幅。中国医药电商交易规模呈上升态势,预计 2020 年 B2C 医药电商市场规模将达到 746.83亿元(见图 31)。加快"互联网+"与医药产业的深度融合、拓展医药产业供应链,已成为行业共识。

健康商业保险呈阶梯式上升趋势。目前健康商业保险的普及率比较低,但是随着医疗大数据的发展与渗透,个性化的健康保险服务也将会在医疗领域占有一席之地。2014 年我国健康保费收入为 1 587 亿元,在税收优惠等政策的支持下,未来几年将是我国健康险发展的黄金时期,预计到 2020 年,健康保费收入将超过 8 000亿元(见图 32)。

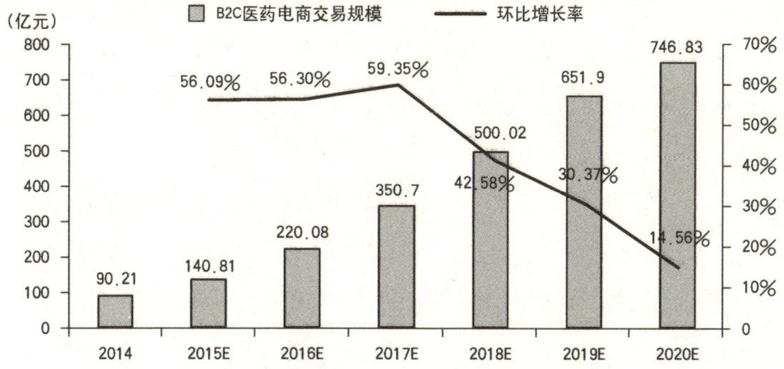

图 31　中国 B2C 医药电商交易规模

数据来源：贵阳大数据交易所

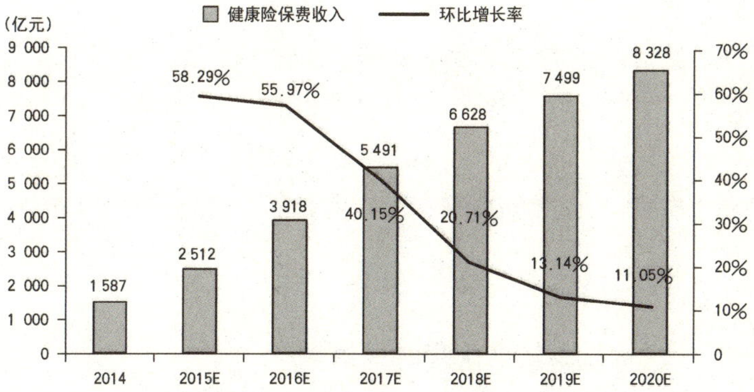

图 32　中国健康险保费收入

数据来源：贵阳大数据交易所

（二）智慧医疗与大数据将重构医疗行业秩序

智慧医疗的商业模式涉及医政、医药、医保、商保等一系列体系的重建，而最核心的仍然是医疗质量和病人安全。智慧医疗将重构以患者为中心的行业秩序，逐步形成家庭健康管理、社区医疗服务、智慧医院三级递进，并具备迅速响应、相互辅助、完整协同等特性的医疗服务架构。

家庭健康管理的普及转变了大众被动接受医疗服务的观念，能够激发个体对自身健康状况的主动可控潜能，是实现智慧医疗快速响应的基础环节。具备健康感知功能的智能可穿戴设备，能够激励、引导大众健康生活，不但调动了个人对于健康管理的积极性，还能有效预测和预防疾病发生。在身体状况出现问题时，专业性不断提高的在线问诊平台，还能以最快速度满足患者对于常规疾病的自诊和用药需求。

社区医疗则将侧重点放在疾病预防、慢病护理、健康教育等方面，使普通大众能够便捷获取较高品质的医疗卫生服务和全面完善的终身健康管理。同时，通过物联网技术，社区医疗服务可以在诊断、治疗、康复等各个环节加深与上级医院的业务交流，有效调配医疗资源并大大提高诊疗效率。

在医院层面，不断完善的智慧化建设将提升患者在诊疗全流程的服务体验。在导诊环节，病人可以在线上确定自己应该去什么医院，到什么科室，找什么医生。网络预约、微信预约、手机 App 预约等多样化的分时段预约方式，也让患者省去了不必要的候诊时间。在康复环节，患者可以通过多种方式与医生互动，咨询康复进展，促进医患沟通，使医生服务最优化。除此之外，智慧医疗能够突破传统医疗模式的禁锢，通过在线问诊和远程医疗实现优质医疗资源的跨时空配置，帮助病人免去不必要的到院就医。

智慧医疗还能够促使不同医疗机构间建立起医疗信息整合平台，将各机构之间的业务流程进行整合，使医疗信息和资源可以共享和交换，跨医疗机构也可以进行在线预约和双向转诊。这使得“小病在社区，大病进医院，康复回社区”的居民就诊就医模式成为现实，从而大幅提升了医疗资源的合理化分配，真正做到以病人为中心。

（三）医疗大数据推动精准医疗时代到来

精准医疗是指根据个体基因特征、环境以及生活习惯，精确判断疾病并进行干预和治疗的最佳方法。对于医生来说，就是通过比对病人信息与大数据样本并进行生物信息学分析后，为临床决策提供精确支持和依据。随着生物医学大数据分析技术的不断进步，精准医疗将为病人提供更精准、高效、安全的诊断及治疗。

近年来，基于基因测序和生物大数据应用的不断成熟，使精准医疗从概念到落地实施成为可能。美国医学界在 2011 年首次提出了“精准医学”的概念；2015 年 1 月 20 日，奥巴马在美国国情咨文中提出“精准医学计划”；2015 年美国创新战略中明确把精准医疗作为美国在医疗领域的未来发展战略，计划在 2016 年投资 2.15 亿美元分别用于百万人群规模的医疗研究、肿瘤基因组学研究、跨系统数据标准制定等项目。我国政府也加快开展了发展精准医疗的全面部署。国家卫计委和科技部等相关部门正在研究制定精准医疗战略规划；国家科技部牵头成立了精准医疗战略专家组，并提出中国精准医疗计划；“十三五”期间我国将启动精准医疗重点科技研发计划，选择性地在全国各个具备条件和优势的区域中的医院和社区建设示范中心。与此同时，北京协和医院、四川大学华西医院等三甲医院开始筹建精准医疗研究中心。华西医院计划开展总数达100万人的全基因组测序，建立数据库和样本库，用于分析疾病发生和发展的规律，为精准医疗奠定基础。

我国智慧医疗与大数据的应用不断成熟，必将推动精准医疗技术不断向前发展。2015年8月，贝瑞和康与阿里云宣布共同打造以中国人群基因组数据为核心的数据云，实现对个人基因组数据的精准解读。贝瑞和康自主构建的中国人群基因组大数据库目前已包含超过40万份基因组数据，蕴含了海量的中国人群基因突变信息。对这些信息的深入挖掘，将极大提高中国人遗传病诊断的效率和精准程度。

精准医疗的发展还需要借助智慧医疗搭建临床转化科学研究平台，把各种现代科技手段集成地运用于传统医疗，包括组学技术、数字影像、系统生物学、信息科学等等，通过智慧医疗的手段和传统医学的融合创新，最后成为精准医疗的体系和范式。正在筹建中的清华大学精准医学研究院就将建成一个开放、共享的科研平台。同时，其重点建设的健康科技孵化器将把企业和科技研发结合起来，实行产学研一体化，从而推动精准医疗的发展。

（四）区域医疗平台推动区域内医疗健康数据互联互通

数据互联互通是智慧医疗与大数据发展迈向下一阶段的重要步骤。值得肯定的是，我国各级医疗机构已经开始实施信息系统的接口改造，加快自身数据整合。全国三甲医院已基本实现院内数据互联共享，部分医院通过区域信息平台实现了区域内共享检查检验结果。

为了实现更大范围的医疗数据互联互通，还需要构建统一的区域医疗信息平台作为支撑。当前，我国正在积极打造国家级医疗卫生云平台，并制定统一的医疗健康数据标准规范。下一步，通过区域性医疗信息平台的标准化建设，加上国家医疗数据中心的枢纽作用，我国将加快实现以电子健康档案和电子病历为核心的数据共享。

《全国医疗卫生服务体系规划纲要（2015—2020年）》提出，到2020年，我国将实现全员人口信息、电子健康档案和电子病历三大数据库基本覆盖全国人口并实现信息动态更新，同时全面建成互联互通的国家、省、市、县四级人口健康信息平台。目前，天津、上海、江苏、浙江、安徽、福建、山东、河南、湖南、重庆等10省（市）已建成省级信息平台，全国一半地市和30％的县区基本建立了区域卫生信息平台。随着全民电子健康档案和电子病历建档率的不断提高，区域医疗卫生信息的互联互通有望全面实现。预计到2016年，我国将建成标准统一、接口统一的国家级医疗信息化平台，各地医疗数据将在平台上实现互通互联。

（五）新型商业模式开拓智慧医疗与大数据发展新空间

在线问诊导诊、远程医疗、医疗电商服务、可穿戴设备数据服务、PBM 等方面的医疗大数据商业模式创新将加速，拓展医疗行业发展空间。

在线问诊导诊模式：医生通过专业平台搭建医患、医医网络空间，充分与患者沟通，以低廉的成本提供高效的医疗服务，这大大改善了医患信息不对称的局面。同时，区别于传统模式下的“患者—医院—医生”的就医模式，在线问诊、导诊的方式将医患沟通的双方直接联系起来，引导医生个人价值体现方式的转变——由过去依靠医院和职称等级改变为依靠所提供的医疗服务的质量所带来的个人口碑，从而激发医生主动提高医疗服务质量的动力，医生的个人价值将被解放。通过增强医生与患者之间的联系，医生而非医院，将在未来医疗服务中掌握越来越多的话语权。2014 年 11 月，国家卫计委和相关部门印发了《关于推进和规范医师多点执业的若干意见》，医生被逐渐解放，将促进医生多点执业及自由执业体系的形成。这给在线问诊导诊服务，乃至整个智慧医疗产业，都带来了巨大的想象空间。

远程医疗模式：通过发展远程医疗服务模式，可以解决当前基层首诊和双向转诊制度实践中的痛点，从而引导医疗机构之间分工协调机制的完善，形成医联体模式，推动分级诊疗制度的建设。借助互联网高效易推广的特点，远程医疗服务模式将打破传统模式中的行政区划、专业局限和资源的限制，大大带动分级诊疗发展。

医疗电商服务模式：医药电商将逐渐向服务型医药电商转变，形成以医药服务为核心，以沉淀的用药数据、健康数据和处方数据为基础，以用户的重复购买为目标，以社区辐射为纽带的 O2O 电子商务系统。把传统电商的优势、医疗服务和大数据分析相结合，为用户提供用药指导、处方审核等药事服务，提供线上线下健康咨询服务以及在线健康管理服务，有助于提高用户回访率与药品的重复购买率，有助于增强用户黏性，构建终身购药模式。处方药能够在线交易且能够使用医保支付后，服务型医药电商有可能介入慢病管理。同时，基于药店联盟的药品销售大数据分析，将优化药品采购决策和药品配送方式，实现药品供应直达，降低运营成本。

医疗级可穿戴设备数据服务模式：比起单纯的运动或睡眠数据监测，消费者更愿意为医疗类产品买单。从运动健康向医疗保健方向的转变，或将是未来智能可穿戴设备发展的一大特点。医疗级可穿戴设备监测精度相对较高，可以介入到慢病的医疗诊断—监测—治疗干预的全过程，帮助医生和患者进行慢病管理。老年慢性疾病的监护与治疗占据相对较多的医疗资源，随着我国老龄化的加剧，所需的医疗资源可能会逐年增加。近年来“三高”人群数量增加较快，心脏病、高血压和糖尿病等将成为非常普遍的现象，用户需求急剧增加。而中国目前医疗级可穿戴设备几乎空白，未来发展空间巨大。医疗级可穿戴设备通过采集体征数据，建立患者电子健康档案。健康大数据分析有助于帮助医生提供更好的医疗服务，同时有助于患者进行自我慢病管理。

PBM 中国模式：三医联动可创造医保—医院—医药三者之间的合作和价格协商关系，不排除中国医保未来自设组织或者引入第三方来管控医院诊疗开药行为，并让这个组织代表医保部门与上游药企谈判药品终端价格。PBM 发展后，最终可实现多样功能，如远程审方、专业用药咨询、会员管理、药品邮购业务等。专业用药咨询可以通过远程咨询方式实现；会员管理可以采用互联网慢病管理方式，持续采集数据，持续跟踪结果，持续给予反馈治疗；药品邮购业务也是需要借助互联网和移动互联网，在线提供信息咨询和网上下单工具等。

六、智慧医疗与大数据：战略与选择

面对智慧医疗与大数据的蓬勃发展，我国亟须统一医疗行业数据标准，强化医疗行业体制改革，推动新的健康产业生态体系建设，推动医疗大数据产业有序发展与深入应用。

（一）统一医疗数据服务标准，明确各方产权归属

智慧医疗与大数据服务需要法律和标准体系的支撑，我国亟须制定智慧医疗与大数据服务的相关服务规范与操作规程、责任制度，建立失职违规责任追溯体系与追责制度，明确各方权责归属，确保各方面的合法权益。

推进医疗大数据立法工作，明确电子健康档案的法律地位及适用范围，合理界定医疗行业大数据的产权归属，明确居民个人拥有电子健康档案的所有权，明确患者本人及其家属、司法部门和行政部门、医疗卫生机构以及国家授权允许的其他合法机构或团体（科研单位、高校等）拥有医疗大数据的使用权。特别强调，医疗卫生机构掌握并保存电子健康档案，是信息制作、实际占有的主体，其作为电子健康档案的管理者，应当履行以下义务：合法取得、合理利用、安全保管。

建立相关服务标准，包括基础类标准、信息类标准、应用类标准、设施类标准、安全类标准、管理类标准。

基础类标准。制定数据来源标准、数据及数据元的标准、分类术语编码的标准以及信息模拟互操作的特色标准，并且建立质量管理机制。目前已经形成的智慧医疗基础类标准或规范有以下几项：卫生部《健康档案基本构架和标准》（试行）；卫生部医院信息系统（HIS）基本功能规范；疾病分类代码标准（ICD－10）；卫生部WS/T102-1998，临床检验项目分类与代码；医药行业标准YY0252-1997，化学药品（原料、制剂）分类与代码。

信息类标准。加快建立一套完善的信息化标准体系，实现医疗信息通信协议标准化，基于HL7（Health Lever 7）卫生信息传输协议和IHE（Integrating the Healthcare Enterprise，医用信息集成系统）等国际标准实现开放性和可操作性的信息整合与业务协同，促使医疗机构之间、业务流程之间成功对接，打破医疗行业信息化的壁垒，实现跨医院、跨地区的数据交换、信息共享。制定分级诊疗及转诊的标准规范，以便通过信息化的手段实现远程会诊、双向转诊、区域影像、区域心电、区域检验。

应用类标准。一是内部应用标准：医院或区域内的医疗数据应用标准包括个人身份标识、电子健康记录/档案（EHR）、电子病历、电子处方、数字医学影像、医院信息系统（HIS）、临床信息系统、区域健康信息服务平台、区域医疗资源信息目录、区域医疗门户平台等；二是外部应用标准：跨医院、跨区域、跨部门的信息交换和共享标准，包括不同大型医院之间的信息交换和共享，使用不同第三方服务的医疗机构之间的信息交换和共享，医疗机构与其他社会机构（金融、保险、劳保、社保、互联网电商平台）之间的信息交换和共享。

设施类标准。完善智慧医疗与大数据服务的基础设施标准体系建设，统一规范智慧医疗服务流程和业务内容，有效瓦解并防范"信息孤岛"和条块分割的低水平重复建设；加强对技术、业务、经营等基础设施的规范融合，形成并促进服务模式和服务内容的创新，充分发挥标准化建设对服务质量的规范保障作用。

安全类标准。加强具有完整性、机密性、可操作性、真实性、被授权和可认证等特性的医疗大数据标准化体系建设；明确界定患者隐私和个人基本医疗信息之间的差异，正确区分私人信息、私人领域和私人行为，进而分辨出哪些医疗数据属于患者隐私，哪些医疗数据可以开发共享，重点强化对患者个人隐私的保护力度；构建完善的数据分级制度，对于不同级别的个人信息和数据采用不同的保护措施，有效利用医疗大数据；建立泄露患者隐私的惩戒机制，推进医疗大数据交换过程中网络安全监管机制建设，加强电子健康档案信息系统安全建设；建立网络安全内控机制，加强用户管理与授权管理。

管理类标准。建立健康数据管理制度，加强医疗大数据内外部监管，实现对市民电子健康档案信息的动态管理、数据交换与共享，做到自动建档、自动更新、自动分析、自动维护，为市民“记录一生、管理一生、服务一生”。

（二）构建数据共享新模式，推动发展精准医疗

构建与创新数据共享开放模式，建立以政府、医院、企业、个人等多方为主体的共享开放平台，实现医疗数据的互联互通，开发基于大数据的医疗服务，推进精准医疗发展，开启个性化医疗时代。数据共享新模式可以包括区域共享模式、医联体共享模式、数据服务外包模式、企业共享模式、个人共享模式等。

区域共享模式。推动区域内医疗机构纵向与横向的信息交流与共享，不断强化医疗服务的协同性、连续性。加快建设由政府顶层设计、区域医疗机构协同合作的数据共享与交换平台，实现区域内医疗机构的信息互联互通。统筹规划区域开放合作步骤，逐步扩大开放共享区域，打破医疗行业区域行政管理模式的限制，消除各区域、各单位、各系统之间的“信息孤岛”。

医联体共享模式。建立以医联体为单位的数据共享平台，推进医联体信息中心一体化建设；以电子病历和居民健康档案为核心，促进医联体内的信息互通和资源共享；基于云平台实现优质医疗资源共享平台和同质化的检验、检查结果互认，满足一体化医疗服务需求。

数据服务外包模式。推进医院信息数据的开放共享，开放医疗机构等大数据的服务外包市场。鼓励医院在保障患者个人隐私安全的前提下，将医院数据库的建立、数据整理分析与挖掘等工作外包给软件信息工程公司，形成医院—IT 企业互利互赢的合作模式。应用大数据、云计算等新一代信息技术，共同开发和利用医院海量的医疗数据，解决医院信息化人才缺乏问题，全面挖掘医院数据的价值，提高医院科研效率。

企业共享模式。加强医疗相关企业间的数据交换共享，建设医疗企业健康数据共享云平台，推动企业多样化的健康数据整合、共享与高效利用，更好地了解用户需求，融合与创新发展新技术与新应用。

个人共享模式。建立个人健康云平台，以保障个人隐私安全为前提，鼓励公民上传个人健康数据，将个人健康数据共享给有资质的组织或企业，形成大规模人群的健康数据库和疾病数据库。鼓励公民以志愿者形式积极参与相关组织开展的大规模人群全基因组测序，完善人类基因数据库和样本库，基于大数据的分析与挖掘方法，了解疾病发生发展规律和机制，为我国精准医疗的实质性推进奠定基础。

(三) 强化医药卫生体制改革,构建利于智慧医疗的新体制

推进医药卫生体制改革,放宽市场准入条件,建立健全数据共享机制,推动健康数据开放共享,构建有利于智慧医疗与大数据发展的新体制。

推进医疗行业体制改革。加快推进公立医院综合改革,推动建立运行新机制,尤其是建立与智慧医疗和大数据应用相关的创新激励机制,建立健康医疗的大数据服务体系,加快大数据的检测与咨询服务发展;放宽市场准入限制,以依法监督为前提,促进医疗产业与市场体系建设,大力推进社会办医,加快形成多元健康服务格局,增强市场化健康服务供给能力;进一步放宽社会医疗机构大型医用设备配置要求,推动网络新技术在新型健康服务机构中的应用,放开非公立医疗机构医疗服务价格,清理取消妨碍社会办医的不合理规定;推进医师多点执业,推动健康服务资源的灵活流动与配置,支持医疗从业人员建立个人品牌,参与线上健康服务,实现线上线下健康服务对接;鼓励医务人员兼职家庭健康顾问,建立以家庭为基础的家庭医疗健康服务体系;促进医保支付制度的改革创新,推动医保与第三方网络支付机构的衔接;深化基层医疗卫生机构综合改革,促进优质资源下沉,提高基层医疗机构智慧健康服务水平,建立健全公共基本医疗体系、医疗保障体系;深化药品流通领域改革,推进医药分开,清理和废止阻碍药品流通行业公平竞争的政策规定,开放网售处方药,完善药品流通体制。

强化数据共享机制和信息应用,保障数据共享新模式的运行。建立医疗健康数据信息交换共享机制,推进医疗大数据交易规范、标准、定价机制等的制定;支持和鼓励一批有资质的企业建立健康数据交易平台,发挥桥梁作用,搭建医院与企业、企业与企业、个人与企业等之间的第三方交易平台,保障医疗数据安全开放与有序流通。加快推进全民健康保障信息化工程,促进公共卫生、计划生育、医疗服务、医疗保障、药品管理和综合管理六个业务系统的互联互通、数据共享。有序推进健康数据开放和市场化开发,在明确数据所有权和隐私权的基础上,促进健康数据资源的流通利用。鼓励和规范相关企事业单位开展医疗健康大数据的创新应用研究,构建综合健康服务应用。

(四) 优化产业运营机制,推动建立新的健康产业生态体系

智慧医疗与大数据的发展,拓展了健康产业链和产业生态圈。居民、医生、医院、健康数据服务平台、智能健康设备生产商与服务商、健康与医疗信息工程企业、

药企、保险公司、检验机构，都成为健康产业生态圈的重要环节。

构建新的产业协作体系。智慧医疗的实现，要求构建新的产业协作体系，以健康数据互联互通为基础，以网络新技术为纽带，围绕全生命周期健康管理，实现居民、企业、医院、医生等多主体的深入参与，形成以个体为中心的产业协作方式。新的产业协作体系需要各方紧密联动，建设一批跨界的新型协同网络组织，推动数据资源的整合与市场化有序开发利用，推动健康产品的智能化与互联互通水平，推动相关技术与产品的联合研发，合作制定相关行业标准，提高整体健康产业的智能化、个性化、精准化服务水平。

塑造新的产业利益格局。以新的利益机制打破传统医疗机构的垄断格局，推动现有医疗资源的有效配置。鼓励网络平台创新商业模式，吸引优质健康服务资源上线，开展网络健康服务。优化医院—医生—互联网平台—数据服务商的利益分配机制，调动各方积极性。逐步放开网售处方药，促进医药分离，击破传统医院医药领域的两大利益链条——医生与原厂商（医药代表）、医院与经销商之间的利益链条。充分发挥商业健康保险、PBM 对医疗机构的监督约束作用，重塑健康产业的整体利益链。

（五）加强顶层规划与市场监管，推动行业有序发展

加强智慧医疗与大数据服务相关领域的基础性研究，基于基础性研究加强整体行业的顶层规划和相关制度设计，明确行业发展目标、重点与技术路线图，建立权责清晰的行业监管体系。

制定中长期顶层规划。准确定义智慧医疗与大数据服务，明确智慧医疗与大数据是为健康服务提供技术性的保障，其实质是为“医疗”或“健康”提供大数据云计算的辅助性支撑服务。主攻“三大方向”，深化“五大模式”创新。主攻智能健康装备、健康与医疗大数据服务、健康与医疗信息工程等三大方向，不断深化个性化网络健康服务、移动医疗、医药电商、可穿戴健康设备、健康管理等五大模式创新。基于网络技术、装备技术、医疗技术、生物技术在智慧医疗中的集成应用，制定产业技术发展路线图。

建立权责明晰的行业监管体系。梳理相关部门职权关系，明确规定政府各个部门在相关领域的职权范围，建立权责分明的智慧医疗部门监管制度。推进医疗服务、医药和医疗器械生产流通、医疗保险等各个领域管理部门的联动监管，解决职能交叉重复、权责不清、孤立分割的问题，形成权责明确、协同配合、运转高效的行业监管体系，推动行业有序发展。

（六）创新人才培养与合作方式，为行业发展提供智力保障

人才是智慧医疗与大数据产业发展的核心要素，我国亟须加强智慧医疗关键领域的人才培养，着力营造有利于复合型人才发展的制度环境。

着力培养健康与信息技术复合型人才。推进大专院校健康医疗相关专业课程设置与教育模式改革，针对智慧医疗紧缺人才，增强临床医学、药学、护理、运动等专业与信息技术的跨学科合作，开设智慧医疗与大数据相关课程，着力培养精通健康与信息技术的高端人才。加强校企对接，针对智慧医疗技术发展难题，鼓励校企开展技术联合攻关，加强技术与人员合作交流。推进“全国医学卫生信息技术人才培养标准”的应用，针对医院医务人员、医院信息管理人员、医学院校在校学生、医疗卫生部门管理人员等不同人群，设置不同的人才培养标准。

创新人才合作方式。挖掘医疗健康领域的信息技术开发与管理人才，参照医生多点执业制度，允许其以灵活合作的方式参与智慧医疗与大数据的产品与服务开发，或为相关企业完善产品与服务提供专业化咨询，支持企业采用股权激励、技术合作、兼职顾问、远程交流等方式，与医疗领域信息技术人才开展合作。

推进住院医师规范化培训，提高对智慧医疗的认识与应用水平。目前，我国正全面推进住院医师规范化培训。2013 年年底，卫计委等七部门联合出台《关于建立住院医师规范化培训制度的指导意见》；2014 年，全国 31 个省（区、市）均启动实施住院医师规范化培训工作，2015 年招收规模已经扩大到 7 万人，预计到 2020 年，年招收规模将达到 9 万至 10 万人，覆盖所有临床医学毕业生。在住院医师规范化培训中，应增强对智慧医疗及大数据重要性、关键技术、发展前景及实践应用方面的全方位培训，提升住院医师对智慧医疗的理解与应用水平，推进智慧医疗的深入发展。

以开放激发电子政务创新活力[①]

前言

2001 年 12 月 26 日，原国家信息化领导小组第一次会议做出了“中国建设信息化要政府先行”的重要决策，标志着中国电子政务建设进入了高速发展期。电子政务成为当时信息化发展的排头兵，在建设理念、系统设计思路、技术应用等多个方面领先于时代的发展，是最具创新活力的代表。在“十五”“十一五”时期，中国电子政务建设迎来了高速发展时期，取得了重要的突破，全面提升了政府的绩效，成为全社会信息化发展的标杆。

进入“十二五”时期后，虽然在“智慧城市”大旗的引领下，电子政务进入了新的发展期，但是和同时期互联网跨越式的发展相比，却显得缺乏活力，与社会的创新差距越来越大。在“治理能力现代化”新要求面前，电子政务“如何走、如何做”，已经成为重要的命题。

关于电子政务发展的制约因素和解决之道，各方已经开展了深入的研究和讨论，却少有突破。互联网创新大爆炸为我们提供了鲜活的研究案例，使我们可以从创新的角度，思考制约电子政务发展的原因，探索一条通过激发创新活力促进电子政务发展的新路径。

我们发现，开放是激发电子政务创新活力的关键机制。开放，可以创造一种环境和制度安排，让尽可能多的主体参与到创新过程中，并分享创新所带来的价值，以此实现多元化的创新。这正是互联网创新大爆炸对电子政务发展思路的关键启示。

---

① 本报告为中国信息化百人会 2015 年年度课题研究报告，课题组长为中国信息化百人会成员、北京市经信委副主任童腾飞，课题组主要成员为长城战略咨询合伙人黄波、神州数码智慧城市业务集团总裁谢耘。

本报告将在创新驱动和互联网大创新的时代背景下，论述和分析开放对于激发电子政务创新活力的关键作用，并沿着这一思路研究实现开放的关键行动，为电子政务重新引领信息化创新浪潮提供一得之见。

一、电子政务发展面临新的挑战

党的十八届三中全会提出“推进国家治理体系和治理能力现代化”的治国理政新任务，对电子政务提出了新的要求。但是，在新的发展环境下，电子政务正面临着前所未有的挑战。

（一）电子政务发展落后于时代的步伐

我国电子政务建设从20世纪80年代末启动，已有20多年的发展历史，先后历经了“政府信息化前期”“大规模基础设施建设”“深化应用期”三个阶段。[①] 2001年12月26日，原国家信息化领导小组第一次会议做出了“中国建设信息化要政府先行”的重要决策，标志着我国电子政务建设进入了高速发展阶段。

在不到10年中，我国先后完成了一系列“金”字工程、政府上网工程、基础数据库工程等一批重大工程，有力地支持了政府业务，提升了政府服务水平和行政效率，其信息化发展理念和建设方式引领了时代的发展，激发了社会应用信息化的热潮，成为时代的创新标杆。

但是从“十一五”末期开始，电子政务发展逐步落后于时代的步伐，主要表现在两个方面：第一，发展速度落后于信息经济的增长速度；第二，技术应用水平落后于互联网创新应用水平。

根据联合国的评估，我国电子政务在2008年全球排名达到65位的高位之后，电子政务的创新速度明显停滞不前，发展到2014年，则下降到了70位[②]，排名下降的原因之一是联合国的测评越来越强调电子政务的开放和参与。而与之形成鲜明对比的是，我国信息经济在2008年以后进入高速增长期，2013年中国信息经济规模达到13.3万亿元，相比于1996年名义增长接近38倍，占GDP的比重达到23.7%，比1996年提高18.7个百分点，比“十五”初期高出10个百分点。[③] 2008年成为电子政务发展拐点，此后，电子政务开始落后于信息经济的发展速度。

---

① 源自国家行政学院汪玉凯教授在“2009电子政务经验交流会”上的讲话。

② 数据来源于《联合国2014年电子政务调查报告》。

③ 安筱鹏等.信息经济崛起：重构世界经济新版图[M].北京：电子工业出版社，2015.

在技术应用创新方面，2008 年前后，电子政务的技术创新水平被以 Web2.0 为代表的新一代互联网甩在身后。2009 年，新浪微博上线，标志着我国社交网络进入快速发展阶段，同期，政府依然将门户网站作为信息公开的主渠道。到了 2011 年 8 月，公安部正式开通新浪微博"打四黑除四害"，由此我国政府门户的新闻发布全面依赖微博，政务门户网站的作用日益减弱。2011 年腾讯微信上线，标志着我国迈入移动互联网时代，同期，电子政务的移动服务创新一直没有大的突破。到了 2013 年，广州公安在微信上开设"微办事"，之后电子政务迎来一波应用微信的热潮，政府服务全面转向以微信为代表的移动社交网络。总体而言，在 2008 年以后，电子政务的创新速度与互联网的差距越来越大，几乎失去了在信息技术创新领域的话语权。

在信息化对经济社会的提升方面，各种互联网创新成为信息化提升生活品质、优化经济社会结构的关键手段，实现了许多电子政务规划实现却没有能够达到的目标。例如，众多交通出行服务应用有效地解决了打车难、停车难的问题，众多医疗健康服务有效地解决了基本医疗服务普惠化的难题，众多互联网教育服务有效缓解了教育资源过于集中的问题，呈现出一派大众创业、万众创新的生机勃勃的景象。相比之下，电子政务虽借势"智慧城市"迎来了一波新热潮，但是总体而言创新乏力，相比互联网的爆炸式创新，显得相对沉静，缺乏发展的活力。

（二）电子政务面对的问题长期存在

虽然电子政务建设取得了许多值得肯定的成绩，但是在发展过程中一直存在着重复建设、市民满意度低、信息资源不共享等长期问题。十多年来，众多官员、专家和企业试图消除阻碍电子政务发展的制约因素，但是效果相对有限。目前各方普遍认为电子政务存在以下问题：

第一，投入大，市民满意度低。市民满意度与大规模投入形成了鲜明的对比。中国社科院信息化研究中心发布的《中国电子政务实施及应用调查报告》显示："在对我国当前电子政务建设与应用的实效评价方面，被调查者在 G2G(政府对政府业务)方面多数给予了正面评价，但对于 G2B(政府对企业业务)，正面评价的比例则低于负面评价的比例，对 G2C(政府对个人业务)实效的总体评价更低。"

第二，项目失败率高。经验表明，我国信息化项目的成功率不足 30%，而电子政务项目的成功率更低。"僵尸"网站就是电子政务建设项目失败率高的一个表现。2015 年 12 月，国务院办公厅发布《关于第一次全国政府网站普查情况的通报》。通报显示，截至 2015 年 11 月，各地区、各部门共开设政府网站 84 094 个，但是其中存在严重问题，要求关停上移的以及要求整改的分别达到 16 049 个和 1 592 个，比例达到 19.08%和 1.89%。

第三，资源共享和利用率低。我国电子政务积累了丰富的信息资源，但是这些资源没有得到充分的共享和利用。据统计，2013 年我国电子政务系统网络的平均利用率只有 5%，大部分在闲置，远低于美国的 35%；在已建电子政务工程中，面向公众服务的业务应用功能不到 3%；面向决策支持的业务应用功能不到 5%。① 数据利用率低，根据九次方大数据创始人王叁寿的预测：仅北京市政府就拥有几百个 PB 的数据容量，这相当于 10 个阿里巴巴，但是政府积累的这些海量数据并没有向社会开放。

第四，电子政务体系工作压力大。电子政务工作人员在政府体系中长期处于边缘位置，虽然已经摆脱了电脑维护的角色，成为系统的设计和项目管理者，但是一直被认为是业务的支撑力量，信息化对于业务的创新引领价值得不到认可；同时，电子政务系统长期跟着需求跑，永远处于不断修改完善的过程中，甚至因为更换领导而导致系统的彻底重构，使电子政务的工作人员长期处于高强度的工作状态中；面对互联网快速提高的薪酬水平和诱人的发展空间，众多有担当的电子政务技术人才处于焦虑的状态之中。众多的因素导致电子政务的从业者缺乏主动创新的激情和勇气。

（三）电子政务正在失去创新的活力

近年来，信息化正进入创新指数增长区间，不到 10 年时间出现了 Web1.0、Web2.0、移动互联网等重大创新，物联网、可穿戴设备、智能汽车、人工智能等新技术应用层出不穷，软件企业、系统集成企业、互联网门户、电商企业等各类企业都加入到创新前沿中，激发了各式各样的业态。时至今日，互联网已成为最重要的创新创业领域。

在互联网创新一浪高过一浪的环境中，电子政务显得缺乏创新活力。对比“十五”“十一五”“十二五”三个时期的各省市电子政务规划文本不难发现，电子政务的主要任务、重点工程、保障措施在十多年中保持了高度的稳定性。例如，从 2009 年起，互联网进入移动互联网快速发展的阶段，各类技术创新和创业企业层出不穷，而电子政务一直依托互联网门户网站提供服务，对移动时代视而不见；当共享经济模式逐步在解决交通、教育、医疗等老百姓关心的老大难问题时，电子政务却坚持

---

① 罗旭.电子政务：共享难，利用率低，怎么办？[N].光明日报，2013-12-04(05 版).

固有的模式；当众多的互联网应用将“极致体验”作为第一生存法则的时候，电子政务系统却还在坚持以领导为中心的需求设计模式。

虽然多年来形成的经验和做法在特定的阶段发挥了重要作用，但是随着外部环境的发展，电子政务的创新活力越来越弱。在举国推进“创新驱动”的大背景下，电子政务的止步不前显得与时代大势格格不入。

二、电子政务失去创新活力的原因

相比互联网的开放性，电子政务长期处在封闭的发展体系中。按照组织理论和系统论的观点，任何一个组织和系统都必须与组织外和系统外的环境进行交换才能实现组织和系统的发展，这种交换可能是物质、能量或信息。随着电子政务外部发展环境的变化，封闭体系对于创新的制约作用日益明显，体系中稳定的主体、机制、结构、层级，使电子政务体系难以快速拥抱创新。

（一）现有体制不适应互联网时代的创新要求

“一把手工程”是电子政务建设的主要模式，也是重要的成功经验，但是，却很难适用于互联网时代的创新。互联网强调去中心、扁平化和允许试错，重大的创新往往出现在远离主流的区域。在电子政务的“一把手”模式下，采用的是自上而下的建设和管理思路，上下一盘棋，统一行动，虽然有利于提高速度和效率，却抑制了微创新。许多最符合基层需求和实践的创新没有机会转变成为现实，许多企业主导的外部创新很难进入电子政务体系中，这在很大程度上使电子政务错失了创新的机会。

（二）以部门为中心的建设模式阻断了大众参与式的创新

公民是电子政务的直接服务对象或用户，公民对电子政务的反馈意见和评价，是促进电子政务创新的最重要信息。在现行机制下，电子政务以服务政府部门工作为中心，公民只是服务的接受者，无论是服务的设计还是系统的设计和系统的优化，市民的意见和评价无法传递给系统的设计者。这一方面切断了创新反馈循环，另一方面也极大削弱了市民参与创新的动力，使电子政务成为政府部门的“独角戏”。

（三）过于强调安全使电子政务陷入自我封闭的体系中

开源和开放是软件技术发展的大势，微软和苹果都已宣布将其.NET 和 Swift

框架实施开源政策。此外，在云计算产业蓬勃兴起后，开放系统接口实现了系统之间的互联互通，已经成为各类应用软件的基本模式。因为技术开源和开放，互联网的技术创新门槛大大降低，任何人都可以基于前人的基础继续创新，技术开放在很大程度上激发了技术创新的活力。

与信息技术大开放的趋势相反，电子政务因为安全、稳定、保持传统等原因，长期坚持相对封闭的技术体系结构，形成了许多人为的壁垒，阻断了电子政务与互联网开放世界的通道，大大降低了电子政务使用最新技术的速度。例如，智能识别、大数据分析等互联网最前沿的技术应用到电子政务将是一个比较缓慢的过程。封闭体系使电子政务成为了信息社会的一座“孤岛”，外部的技术创新很难传到电子政务体系中。

（四）单一的工程建设模式压缩了模式创新的空间

商业模式创新是推动互联网产业创新的重要因素，通过对价值网络的重新组织，企业、创业者、金融企业、专业服务机构（咨询、法律、测评机构等）、科研机构等多种机构相互协同，寻找新的商业空间，共同促进互联网的大发展。

电子政务长期采取工程建设模式，将企业视为工程的承包方，要求企业严格按照政府项目的要求尽快完成，不允许开展商业模式创新。在这种采购模式下，企业没有必要也没有动力探索新的技术方向或者新的实现路径。此外，电子政务项目的资质要求，将大批的创业企业挡在了外面。长期以来，电子政务产业形成了以系统集成商为主的单一业态模式，缺乏业态的多样性，也缺乏商业模式创新的空间，优秀的人才、资本不愿意进入，在很大程度上挤压了电子政务的创新空间。

三、以开放激发电子政务的创新活力

（一）开放是创新的基石

1. 大众创新是国家繁荣的基础

最近，诺贝尔经济学奖得主埃德蒙·费尔普斯（Edmund S. Phelps）在《大繁荣：大众创新如何带来国家繁荣》一书中指出，繁荣就是生活的兴盛，即对事业的投入、迎接挑战、自我实现和个人成长；而国家的繁荣就是大众的兴盛，它源自民众对创新过程的普遍参与，涉及新工艺和新产品的构思、开发与普及，是深入草根阶层的自主创新；大多数创新并不是亨利·福特类型的孤独的梦想家所带来的，不是

科学技术的新发明，而是商业模式的创新，正是这种草根大众参与的创新带来了繁荣兴盛——物质条件的改善加上广义的“美好生活”。

中国正在实践大众创新促进繁荣的路径。2015 年 2 月 10 日，李克强总理和《大繁荣：大众创新如何带来国家繁荣》作者费尔普斯进行了深度交流，李克强表示：“中国人是有智慧的。如果这种‘大众创业’的局面能够形成，‘万众创新’的态势得以发展，这将会形成新的巨大动力，形成中国经济的新引擎。”

大众创新的关键思路就是创造一种开放的机制，让尽可能多的企业、个人、机构共同创新，以此形成巨大的经济发展推动力。

2. 互联网创新大爆炸验证了开放式大众创新的价值

所谓的开放，就是创造一种环境和制度安排，让尽可能多的主体参与到创新过程中，并分享创新所带来的价值。

通过开放激发创新的规律被互联网产业运用到极致，并创造出巨大的奇迹。互联网在设计之初就秉承开放的理念：网络没有控制中心，任何设备都可以接入，信息按照自组织的模式传播。这一开放的精神内核渗透到互联网相关的产业和社会领域，创造出诸如开源、众包、共享经济等一系列新经济模式，形成了巨大的创新力量。互联网的开放性大众创新突出表现在以下方面：

第一，创新民主化。创新手段的平民化使每个人都可以成为互联网的创新者。因为互联网的普及，历史上从没有任何一个时期，使任何人能够有条件把想法变成现实。大众创新的参与者包括了大学生、科技人员、公司高管、连续创业者以及众多草根。有些人因为心怀改变世界的梦想而创新，有些人因为个人的独特技能而创新，更多的人因为兴趣而创新。来自于不同方向的“试错”创新为互联网注入了源源不断的活力。

第二，开放式创新。互联网时代创新的技术难度已经大幅度降低，从开源软件的普及开始，开源模式已经渗透到开源硬件、开源生物工程、开放数据、开放式创新协作等领域，开源运动提高了知识传播的速度，消除了被大企业所垄断的技术；另一方面，基于众包机制的互联网开放式创新模式成为普遍采用的研发手段，大幅降低了全球范围内的创新协同成本，加速了组合式创新产生的速度。技术的开放以及创新活动的开放，使大众得以加入到创新的行列中，为大众创新提供了必要的基础条件。

第三，创造共赢创新生态。硅谷的发展历程呈现出了一幅创新生态变迁图，展示了创新生态的巨大威力。硅谷的发展历程主要经历了半导体时代、个人电脑时代以及互联网时代，每个时代的进步和交替演进的动力都是来自创新生态。特别在互联网时代，创业者主体出现多元化，包括大学生创业、技术人员创业、移民创业、连续创业者、孵化器等，社会文化出现去中心化、追求梦想、改变世界等特征。高校领域更加开放、出现 MIT 媒体实验室以及大学孵化器；专业服务领域更加多元，政府给予更宽松的政策，硅谷生态体进入更高的成熟阶段。

（二）多方参与有助于提升政府服务

2009 年，诺贝尔经济学奖得主埃莉诺·奥斯特罗姆（Elinov Ostrom）提出的“多中心治理”理论认为，除政府和市场以外的其他组织（尤其是自主的用户组织）可以更好地管理公共资源，实现公共服务的有效供给。

“多中心治理”理论的启示是深刻的。首先，“多中心治理”强调公民参与政府治理的重要性，认为治理源于政府和公民社会有序的互动，治理的质量取决于发生在政府和市民社会之间的互动的质量。其次，在“多中心治理”理论的指导下，可科学界定政府的公共服务职能，更多地利用独立机构、公私伙伴关系及合同外包，促进政策和执行的分离，增强公众参与，强调顾客导向；第三，“用户组织”的治理方式在很多条件下会比政府单方治理效果更好。[①]

“多中心治理”理论对于电子政务的指导价值在于，应该改变电子政务完全由政府提供的做法，建立多方参与的机制，创造条件发挥公民、社会、市场和第三部门的积极性，使其能够参与到电子政务的供给中，使众多市场和社会主体主动参与到电子政务的管理、建设和设计之中，弥补政府的不足，形成政府、市场、社会相互促进的发展机制。

（三）让创业者、企业、NGO、市民都成为电子政务的创新主体

政府是电子政务的首要创新主体，但还不够。电子政务需要让所有的相关方都成为创新者，这包括了政府体系内各级主管、业务和技术人员，同时也包括了心怀梦想的创业者、追求利润的企业家、心系民生的 NGO（非政府组织），以及对生活充满热情的市民。虽然价值导向和作用不同，但是如果能够通过有效的机制和环境将其引导到电子政务创新的轨道上，将会形成巨大的合力。

---

① 刘峰、孔新峰. 多中心治理理论的启迪与警示——埃莉诺·奥斯特罗姆获诺贝尔经济学奖的政治学思考[J]. 行政管理改革，2010(01).

1. 政府是电子政务创新的“召集者”

需要转变政府在电子政务创新中的角色，政府不应仅仅是电子政务创新的执行者，更应该成为创新的“牵头人”。改变工程化的创新模式，学会开放式创新模式，提供一种创新的生态，允许各类主体参与创新。其中，政府不再是创新的发包方，而是机制的设计者、条件的提供者和规则的执行者。

需要设计一种制度，激活创业者、企业、NGO和市民的创新热情，使创新得以“自然”发生；需要洞察技术的价值，使信息技术的价值得到众人的认可，成为推动政府变革的重要手段；需要提供一种环境，例如开放数据、提供接口、降低门槛，使愿意创新的主体有条件将想法变成现实；需要熟悉市场规律和产业发展，成为创新资源的组织者，真正让市场和社会成为创新的主体。

2. 创业者是电子政务创新的“探路者”

在“大众创业、万众创新”政策的激励下，我国已经成为了创业的热土，大量的创业者、风险投资、专业服务机构承担了巨大的失败风险，在不断探索新的商业机会。在电子政务领域，特别是交通、医疗、教育等公共服务领域，存在巨大的商业创新空间，是创业者急迫希望进入的领域，也是市民需求最大、改进空间最大的领域。

恰当的制度安排和环境，将能够极大发挥创业者的价值。创业者对于电子政务创新的价值是全方位的，能为政府、企业和市民都带来巨大的价值，包括：(1)多方面“试错”，承担失败的风险，探索满足需求、符合市场要求的创新；(2)开发贴近市民需求的应用；(3)测试新技术的实用性；(4)集聚资源，把想法变成大事业。

3. 企业是电子政务创新的“合创者”

纵观信息技术创新和应用的历程，企业一直是创新的引领者。在新一轮的信息技术创新浪潮中，移动互联网、云计算、物联网、大数据等新技术率先在市场中实现突破和商业化应用，然后逐步推广到政府应用领域。领先企业的创新水平来自于高效率的创新机制，能够在短时间内调动技术、资金、市场等多方面的资源实现突破。

建立政府与企业的“合创”机制，将能激发企业的长期创新动力。通过购买服务、PPP模式等创新模式，可以在很大程度上激发企业深度参与电子政务创新的动力，更大程度地发挥企业的创新能力：(1)作为资源的整合者，组织技术、资本和专业服务资源；(2)引入企业领先的技术应用和商业实践，形成创新；(3)提供长期稳定有质量的服务；(4)降低政府财政负担；(5)倒逼政府改革，提升政府的服务能力，规范服务流程。

4．非营利组织是电子政务创新的“补全者”

虽然政务服务和互联网企业的商业服务已经提供了大量的信息化服务，但是，非营利组织的服务对于社会发展而言至关重要，例如在社区管理与服务、城市环境维护、生态环境监督等领域。在技术上，大量的开放数据、开源软件、开源硬件和非盈利的云服务，为非营利组织提供服务打下了坚实的基础。

适当的制度设计将能够使非营利组织填补电子政务的空白区域，在政府和市场无法发挥作用的领域提供有效的服务：(1)聚焦非盈利领域的创新和服务，(2)更好地利用开放、开源、免费等非盈利资源实现创新，(3)使民众的兴趣和社会责任成为电子政务发展的动力，(4)降低政府管理和服务的支出。

5．市民是电子政务创新的“投票人”

市民不仅是电子政务的服务对象，也是参与者。互联网改变了政府与市民之间的单向服务关系，使市民有众多的渠道参与电子政务的创新过程，包括为政府提供好的创意和想法、反馈城市和社会运行的动态、不断帮助优化电子政务系统的功能等方面，成为电子政务创新的重要组成部分。

赋予市民选择权是加速电子政务创新最重要的机制。市民应该成为电子政务服务优劣的裁判人，创造条件让市民评判服务的优劣，以决定一个电子政务系统和服务的发展方向。

(四) 分类推进电子政务

根据公共管理理论，政府提供的公共物品可以分为纯公共物品、准公共物品。公共物品的这种可分性，决定了公共物品的提供方式。政府不是公共物品的唯一提供方，具体到某一公共服务的提供时，提供方的侧重是不一样的。同样，电子政务提供的也是公共物品，公共物品的划分可以指导电子政务服务的提供方式。根据公共服务提供方的侧重不同，可以将电子政务分为三类：

1．核心业务类，政府自己负责

该类系统主要用于支持政务的基础系统和架构，由基础支持系统和核心系统构成。基础支持系统包括政府的OA，核心系统包括行政审批系统、审计等。

该类系统属于电子政务支持系统和核心业务系统，市场无法替代和补充，必须由政府来建设，政府可以选择向市场进行购买，适合典型的招投标的工程项目建设模式。

过去十多年来，电子政务建设基本实现了核心业务的信息化，这是巨大的成就。围绕核心业务领域，电子政务的未来发展方向应跟上技术发展的步伐，应用新技术改善政府的工作；同时应该深化信息资源的共享和利用，充分发挥现有系统的价值，避免重复建设。

2. 监管业务类，政府为主、市场为辅

监管业务包括了市场监管、社会管理、环境保护、运行监测等领域，这些领域是政府对社会履行的基本职能。但是由于这一领域的复杂性，政府监管并不能面面俱到，即使面面俱到也存在政府失灵的风险，此时市场作为一种补充显得十分必要。比如，环境监测领域，环境保护已经成为政府基本职能之一，但是政府环境监测和实时预报并没有比市场以及第三部门做得好，政府又不能放开不管，所以将市场和第三部门作为补充系统是最佳选择。这类系统应由政府为主建设，同时鼓励市场化的系统作为政府系统的补充。

这一类电子政务的关键是如何使政府能够很好地利用市场作为补充，传统的做法是通过对市场已有的资源进行授权，比如指定市场中已有的环境监测系统监测指定范围内的污染源。但是这种方式使市场处于被动地位，不能提高市场参与的积极性。寻找一种既能提高政府利用市场资源的效率，又能使市场的创造力得以发挥的方式是当务之急，而平台型政务提供了一条思路。

平台型的电子政务与传统的电子政务模式存在巨大的差异。在这种平台型电子政务中，政府是召集人、推动者而不是公民行动的先行者。平台型电子政务可以利用多方资源，市场中的系统可以与平台进行连接，政府获得市场系统的补充；与此同时，市场可以获得政府的数据资源。

建设平台型电子政务的关键在于建立一站式公共服务网络平台和数据开放平台。一站式公共服务网络平台的要点在于整合多方资源，打破碎片化，与市场系统做到接口对接、网连网；而建立数据开放平台的要点在于可以使用社交网络来做。

3. 服务业务类，市场为主、政府为辅

该类系统适用于教育、交通、医疗、社区服务等民生类公共服务，针对这一类公共服务，应该由市场负责建设具体的应用系统，作为政府则应该提供基本的支持，比如数据、服务接口和基础平台。

这一类公共服务和公民生活息息相关，呈现出个性化需求和共性需求共存的现象。深入挖掘这些需求会产生巨大的经济价值。日益兴起的电商、社区O2O等商业模式已经证明市场在这方面具有创造力；相反，政府不仅没有足够的创造力，也缺乏动力去提供这些服务。但是市场想进入这一领域，却苦于没有足够的资源，而在所有资源当中，政府所掌握的这一领域的数据是至关重要的，因此推进这一类公共服务的关键在于开放数据。

开放数据是实现市场参与电子政务应用创新的前提，推进服务领域的核心就是开放数据。政府要鼓励私营部门去创造政府不会考虑或没有资源创造的那些应用程序，而开放数据是促使私营部门能够做到的最佳路径。通过制定数据开放的规划和规范、建设数据开放平台、组织数据开放应用大赛、为数据开放提供稳定的财政支持以及引入社会力量参与大数据运营等一系列的工作，可以大大促进市场参与的动力。

（五）构建开放环境，激发创新活力

政府是构建开放创新环境的关键角色。构建电子政务的开放创新环境，就是要改变传统的电子政务建设思路，按照多中心治理和开放的原则，通过一系列的制度安排，打开电子政务的边界，在竞争的原则下，向内、向外提供创新的空间，吸引尽可能多的创业者、企业、市民参与到电子政务创新中。政府应退到后台，转变成为规则的制定者和服务的提供者，鼓励市场和社会主体创新，为创业者和企业提供足够的市场空间和自由创新的空间，使参与各方通过合作可以获得预期的回报；同时坚持契约精神保持政策的一贯性，按照合同约定保证各方的利益；建立有效的创新反馈和倒逼机制，使创新者能够获得正确的评价。通过开放创新机制，吸引创新主体，激发海量创新，并快速淘汰错误的创新，使资源迅速积聚到最有价值的创新点上，以此实现低成本创新。

就我国电子政务现阶段的发展，构建开放的电子政务创新环境包括五个方面的关键行动。

关键行动1：设立政府CIO，确定电子政务创新掌舵人

当代，信息技术已经成为驱动经济社会创新发展最重要的因素，信息化引领了时代创新的步伐。在“创新驱动”的国家大战略下，作为信息技术与政府业务相结合的关键点，政府CIO所承载的使命和职能已经超越了信息化范畴。设立政府

CIO,并让其掌舵电子政务创新的方向是时代发展的必然。

政府CIO应当是一种组织机制,而不仅仅是一个岗位。这种组织机制的主要目的是让信息技术在政府变革中发挥更大的作用,协调内部各方的行动形成合力,并组织外部资源加速电子政务的创新。

政府CIO对于加速电子政务创新至关重要。政府CIO要成为信息技术的价值发现者和洞察者,应站在时代的前沿,发现信息技术对于政府的作用点和创新价值;成为创新技术的宣传者,让官员、企业和社会认识信息技术的价值;成为创新资源的组织者,创造机会将政府、企业和市场等各类主体组织起来参与电子政务的创新;同时也要成为电子政务和信息产业协同发展的桥梁,实现政府和市场双重提升的目标。

关键行动2:提供试验环境,建立内部创新机制

互联网正在引发一次大规模的企业组织方式变革,以海尔为代表的企业正在努力将科层制组织模式转变成为平台型互联网组织,其目的就在于保持组织内部创新的活力。

内部创新对于电子政务至关重要,内部创新活力是电子政务自我演化的能力,源于自我改造、自我适应与升级的强烈需求以及为人民服务的组织价值主张。桑福德·伯林斯(Sandford Borins)通过对美国等联邦制国家政府创新案例的研究发现,"最常见的政府创新发起者并不是机构领导,而是机构领导层下面的职业公共服务者,即中层管理者和一线工作人员"。基层工作人员的创新热情、创新意识与执行能力,以及创新者之间的关系,都会对政府创新过程产生影响。

推进内部创新的首要任务是对内提供试验环境,在信息资源、服务接口等层面实现共享,最大程度发挥现有系统的机制;同时要建立激励机制,提高行政人员的创新积极性;在政府行政人员之间建立有效的沟通交流与协同创新机制,并提供有效的创新资源,包括电子政务创新所需要的平台资源、数据资源和技术支撑资源。

关键行动3:开放数据,建立社会创新公共服务机制

数据是信息社会创新的基础,政府应该将数据开放作为与信息基础设施同等重要的基本公共服务。政府开放数据对于经济社会的价值是巨大的,也是基础性的。首先,开放数据提高了政府的透明度、开放性,改善了政府治理,使政府与公众主动充分地互动,促进政府从单纯的管理角色向多元共同治理方向变革;其次,开放数据有利于创造巨大的经济价值,促进大数据产业的发展,加快产业结构的转型

提升；第三，开放数据有利于激发社会创新活力，激发大数据的创业创新，深化数据在经济社会发展中的创新应用，不断催生新的商业业态。

政府应当将数据开放服务作为政府提供的一项社会创新基本公共服务，切实保障数据开放持续发展所需要的财政资金；应建立多层次的数据开放平台，包括原始数据开放的平台、数据服务 API 平台、测试验证平台等服务平台，多层次促进各类社会主体增值开发利用；引入企业参与数据开放的运营，实现政企优势互补，盘活双方资源。

关键行动 4：连接市民，建立“大众点评政府”的倒逼机制

Web2.0 带来了互联网的巨大发展，其核心的特征是人人参与、所有人都是互联网内容的创造者。Web2.0 的环境下，政府提供的服务若要满足更大的公共价值，就必须与市民站在平等的角度，通过多元化的方式连接市民。

连接市民并不是指简单意义上的允许市民访问政府网站，而是通过移动互联网、大数据、云计算等方式，保持政府与市民之间实时、双向、参与式的“连接”。

通过连接市民，实现政民有效互动，推进市民从“被动使用者”向“内容提供者”转变。市民本身带来的创新、政府以市民需求出发的主动创新，将有效推进电子政务创新发展，形成更加以人为本、更趋公平的开放创新环境。让市民作为“投票人”参与评价，以此形成电子政务应用系统之间的竞争和倒逼机制，“筛选”优秀的电子政务应用。

需要采取一系列行动实现与市民的连接，包括：搭建电子政务的服务平台，强化服务支撑，将多种服务接入平台，为市民提供多种应用的选择空间；提供多渠道的服务，延伸实体服务渠道，拓展虚拟渠道，并实现线上线下结合；鼓励市民参与，健全评价机制，基于使用效果，持续主动优化；开拓创新渠道，催生新型服务。

关键行动 5：对接企业，建立城市级政府和社会资本合作（PPP）机制

各国政府都在创新电子政务建设模式，力求降低创新风险、降低政府财政负担、引入企业的最新创新成果，新的模式包括政府采购服务、竞争性的授权、PPP 合作。其中 PPP 模式被普遍认为具有广阔的发展空间。

政府和社会资本合作，即 PPP（Public Private Partnership），是指在基础设施及公共服务领域建立的一种长期合作关系。在电子政务领域引入 PPP 模式，有利于引入企业在技术、资金、管理和运营方面的优势，加速电子政务发展，降低财政负担。

一般而言，成功的 PPP 项目都具有规模大、项目周期长、运营空间大等特征。现阶段，大多数电子政务项目的规模、运营空间都难以满足实施 PPP 项目的要求，因此在城市层面总体设计 PPP 项目，装入多个电子政务项目，扩大项目的运营空间，有利于加快 PPP 模式在电子政务领域的应用。

城市级的 PPP 模式需要在顶层设计的指导下，建立城市级电子政务 PPP 总体运营机制。在总体运营机制下，通过建立项目运营管理实体、布局投资基金、开展项目分包等一系列的具体工作，实现“总体有统筹、分块有担当、多方有收益”的共赢格局。

四、关键行动 1：设立政府 CIO，确定电子政务创新掌舵人

（一）时代赋予了政府 CIO 新的使命和职能

互联网时代是信息技术全面引领发展的时代，信息化大发展已经不仅仅局限于对政府业务的支撑，而是从更高层面引领政府业务的变革。同时，互联网时代还向人们展示了一幅开放式创新、“大众创业、万众创新”的宏伟画面，对传统的政府信息化渐进沿革的发展路径产生了巨大冲击。在“创新驱动”的国家大战略下，作为信息技术与业务相结合的关键点，政府 CIO 所承载的使命和职能已经超越了信息化范畴。

政府 CIO 应当是一种组织机制，而不仅仅是一个岗位。这种组织机制的主要目的是让信息技术在政府变革中发挥更大的作用，协调内部各方的行动形成合力，并组织外部资源加速电子政务的创新。在实现形式上，政府 CIO 既可以是具体的岗位，也可以是联席会议制度，还可以是企业、市民都能参与的沟通制度。

设立政府 CIO 对于互联网时代的电子政务至关重要。首先，通过 CIO 能够更好地将技术与业务相结合，改变技术跟随业务发展的模式，这在互联网技术全面渗透的时代显得至关重要；其次，有利于转变政府治理模式，从传统管理走向善治；第三，有利于更好地组织各方资源，使政府真正转变成为电子政务建设的“召集者”。

（二）赋予政府 CIO 更大的担当

政府 CIO 对于加速电子政务创新至关重要，政府 CIO 要成为信息技术价值的发现者和洞察者，站在时代的前沿，发现信息技术对于政府的作用点和创新价值；成为创新技术的宣传者，让官员、企业和社会认识信息技术的价值；成为创新资源的组织者，创造机会将政府、企业和市场等各类主体组织起来参与电子政务的创

新;同时也要成为电子政务和信息产业协同发展的桥梁,实现政府和市场双重提升的目标。

1. 信息技术发展的洞察者

CIO 必须具有深邃的洞察力,做到时时关注信息技术的发展变化,并能在实时变化的信息技术之中,敏锐发掘出代表未来信息技术发展方向的技术。CIO 负有洞察信息技术发展趋势的责任。应组织 CIO 高端论坛,邀请各级政府部门的 CIO 以及企业中优秀的 CIO 参加,共同研讨信息发展新动向,并择机商讨展开信息技术发展方面的合作;应发行政府主办的权威 CIO 刊物,刊物以信息技术前沿、优秀互联网企业的 CIO 实践以及政府信息化实践为主,搜集并发布信息技术发展新动态;建立内部信息技术发展研究小组,作为 CIO 的智力支持部门,负责研究和搜集新涌现的信息技术以及信息技术发展规律、走向和趋势。

2. 信息化创新战略的制定者

梳理电子政务业务发展方向和信息化发展需求,提出业务创新和信息化创新发展战略规划;负责业务创新和信息化创新方案规划,掌控创新方向。

3. 信息化创新的宣传者

在出现创新型技术成果时,CIO 负有向部门和社会宣传推广的责任,以达到对新技术的推广和使用。组织新技术发展论坛,邀请业界优秀 CIO 参加或者和业界优秀 CIO 共同举办信息技术发展论坛,向业界同行推广新技术应用,并且鼓励新技术纳入政府购买服务范围之中;召开新技术新闻发布会,向公众以及同行推广新技术,鼓励大家使用新技术,并且鼓励就新技术展开多方面合作,包括政府购买以及 PPP 等合作方式;在电子政务平台集中宣传政府已经采用以及即将采用的新信息技术,介绍这些新技术的一些基本功能,使用这些新技术对改善政府服务以及公民便捷度的好处。

4. 创新资源组织者

CIO 的核心责任是组织各种创新资源实现电子政务创新,合理调配各种资源,使创新资源价值最大化。建立内部创新实验室,低成本模拟电子政务创新实践,探索创新资源的合理调配模式;管理、开发、利用政府数据资源;制定信息化创新人力资源规划,因为建立一支高效的、具有创造力的人力资源团队是实行电子政务创新的前提，所以 CIO 必须负责人力资源顶层设计；负责信息化创新项目的预算以及管理信息化创新专项资金的使用，以合理且最有效率的方式使用掌握的经济资源，使投入产出比最大化；举办创新大赛，鼓励创业者参加，鼓励市场创新，并将这些市场创新引进政府内部。

5. 产业发展的推动者

CIO 必须具有发展电子政务产业的战略眼光，扶持电子政务产业发展。出台支持电子政务产业发展的政策，鼓励公平竞争，为电子政务市场提供良好的发展环境；鼓励电子政务企业的业务拓展，尤其鼓励电子政务企业进行跨地区甚至是跨国的发展，为电子政务企业的业务拓展提供服务和指引；设立电子政务产业创新专项基金，鼓励电子政务产业创新，奖励电子政务重大创新发明，同时为电子政务创新企业解决融资难的困难。

（三）设立政府 CIO 的关键行动

1. 明确政府 CIO 的定位

不应将政府 CIO 定位为信息化的实现者，而是赋予其更多的责任，包括信息技术发展的洞察者、信息化创新战略的制定者、信息化创新的宣传者、创新资源组织者、产业发展的推动者。

2. 建立跨部门的协调会议制度

设立政府 CIO 协调会议制度，成员由各机构的 CIO 或信息化主管组成。有关跨部门的信息化建设议题都在会议上提出，由各理事讨论决定，形成跨部门的协调机制。

3. 建立企业和市民参与的会议机制

吸引业界的企业和市民，建立技术、安全、应用、绩效评估等主题的会议机制，让所有信息化建设的议题都在理事会上提出，由各理事讨论决定，有助于建立跨部门协调平台。

4. 建立产业合作创新联盟

可以采取合作创新联盟的方式，打开电子政务的边界，使电子政务建设成为促进产业发展和创新创业的重要手段。联盟的理事长可以由企业或者政府出任，创新联盟的首要任务是联系广泛的资源，使更多的主体参与到电子政务的创新过程中。

案例 4.1　作为新加坡 CIO 的 IDA[①]，引领新加坡智慧国建设

新加坡各级政府都设有 CIO，但是这些 CIO 很多都是直接由 IDA 派驻人员担任。CIO 和派驻在各部门的 IDA 官员，业务上直接向提供服务的部门领导负责，技术上向 IDA 报告。可以说，IDA 才是新加坡真正的 CIO。

新加坡 IDA 通过具体实施自身职能，引领了新加坡资讯通信产业以及智慧城市的发展。

(1) 制定总体规划。IDA 制定了新加坡资讯通信发展规划、智慧国发展战略。在智慧城市领域，循序渐进地出台了"IT2000 计划""智慧国 2015 计划"以及"智慧国 2025 计划"，旨在将新加坡打造成智慧岛和智慧国。在电子政务领域，先后出台了行政事务电脑化、两份电子政府行动计划以及整合政府 2010 计划，旨在提高公共服务水平，提高公民参与度和满意度。

(2) 营造公平竞争的制度环境。IDA 的主要目标之一是鼓励新加坡资讯通信市场的有效竞争，激发市场的创新活力。为此，IDA 制定了一系列政策、标准、指导方针及实施法则，致力于为市场创造一个公平竞争的创新环境。在"下一代全国宽带网络"战略中，为了避免出现运营中的不公平现象，IDA 将价值链的不同环节进行了严格分离，基础设施建设者、源设备运营商和服务提供商相互分离，对运营商提出价格和普遍服务的要求。IDA 在下一代宽带网络战略实施过程中，创建了一个公平、高效的平台，企业可以自由竞争。

(3) 鼓励创新，引导应用。IDA 通过实际行动鼓励创新，引导资讯通信、智慧城市以及电子政务领域的应用方向，鼓励企业对云计算、大数据及绿色 ICT 等新兴领域的创新研发，并且鼓励市民使用这些新兴技术。比如，借鉴 AppStore 的模式，IDA 启动了 mGov@SG 移动手机平台，在这个平台上架了 40 多个移动网页，同时包含了政府机构开发的很多适用于 iOS 以及 Android 系统的应用程序；新加坡政府计划发展类似的平台以鼓励创新。IDA 还计划推动社交网络的发展，鼓励新加坡人民使用社交网络。目前新加坡已有一半以上的公民在脸书上注册，市民被鼓励通过社交网络提出需求，与政府进行互动。

(4) IDA 助推本国通信企业在全球布局。IDA 中国区司长陈益民说："IDA 积极寻求资讯通信产业在国际市场的增长机会，为新加坡通信企业进入全球市场提供机会和便利。"每年一度的新加坡通信展就是助推新加坡本土企业走出去的重

① IDA，新加坡资讯通信发展管理局(Infocomm Development Authority)。——编者注

要桥梁，而这正是IDA搭建的。新加坡与多国政府签订双边协议，建立合作伙伴关系；IDA在班加罗尔、硅谷和卡塔尔等地都设立了办事处，为本国通信企业在全球的布局提供了便利。其中，IDA在中国的布局，最能说明IDA助推本国企业走出去的宏伟目标。2002年，IDA在上海设立办事处；2004年，IDA支持新加坡信息通信协会(SiFT)在上海成立了新加坡资讯通信中心，成为新加坡资讯通信企业和中国企业以及用户交流合作的商务平台。2009年，IDA的全资子公司——新加坡IDA国际有限公司成立，为各国政府提供国家资讯通信规划和电子政府咨询服务。IDA在中国的布局，使得新加坡本土企业在中国顺利地获得了商业机会。目前新加坡本土企业已与我国杭州东部软件园、重庆、佛山南海区达成合作，并与珠海、海南等数十个地方政府达成智慧城市合作协议。

五、关键行动2：提供试验环境，建立内部创新机制

（一）内部创新机制是创新活力的首要来源

互联网正在引发一次大规模的企业组织方式变革，促使企业从原有的科层制转变为扁平化的平台型互联网组织。首当其冲的是海尔，自2013年，海尔启动了“企业平台化、员工创客化、用户个性化”的“三化”改革，对其原有的科层制组织模式进行大幅调整，推进“外去中间商，内去隔热层”等一系列组织变革，目标是减少中间环节，激发员工的创新活力，使企业更加适应互联网的扁平化、网络化变革趋势。

海尔变革的核心，一是企业的平台化，二是通过创客模式激发员工的主动性。其背后的规律在于保持内部创新活力。内部创新活力是一个组织或者系统为适应环境变化，进行自我改进、自我创新的动力。在竞争性市场中，内部创新活力不足将会失去市场，被对手击垮。

对于电子政务而言，内部创新活力是电子政务自我演化的能力，源于自我改造、自我适应与升级的强烈需求以及为人民服务的组织价值主张。如果电子政务失去内部创新活力，则无法实现提供公共服务的组织使命。

内部创新可以调动电子政务部门长期沉睡的数据资源，通过分析、挖掘数据中隐藏的价值，发现电子政务发展的不足、公民的具体需求，进而发挥创造力弥补不足、满足需求；内部创新强调了行政人员在创新过程中的积极性，行政人员是电子政务具体的操作人员，熟悉电子政务业务以及症结所在，只有电子政务行政人员参与到电子政务的创新过程中，才能做到对症下药，促进电子政务发展。

（二）重组资源建立内部创新机制

基层公务员是电子政务创新最重要的来源。基层公务员通常被视为电子政务系统的录入者、操作者，是电子政务系统的组成部分，而不是电子政务创新者。桑福德·伯林斯通过对美国等联邦制国家政府创新案例的研究发现，“最常见的政府创新发起者并不是机构的领导，而是机构领导层下面的职业公共服务者，即中层管理者和一线工作人员”。基层工作人员的创新热情、创新意识与执行能力，以及创新者之间的关系都会对政府创新过程产生影响。如果能够为基层公务员提供内部创新的空间和机制，将可以激发大量的创新。

数据资源是电子政务内部创新的基础。目前，各级政府在努力推动数据的开发工作，以提升治理能力、促进创新创业。另一方面，这些数据也是内部创新最重要的基础。如果能够建立有效的数据对内开放机制，允许内部人员更充分地挖掘数据价值，就能激发电子政务内部创新活力，改善电子政务提供服务的效率和质量。

财政资金是电子政务内部创新的必要条件。财政资金是电子政务发展的主要经济来源。在现行的财政预算机制中缺乏对内部创新的支持。需要按照内部创新的规律和要求，安排专门的资金，面向基层创新，允许试错。

面向市民，重视与科技的融合是关键的内部创新理念。我国政府组织文化的核心是为人民服务，同样这也是电子政务部门最基本的价值观和组织文化；与此同时，电子政务部门又区别于其他政府机构的组织文化，这就是更加注重制度管理和信息技术的融合，具体体现在人力资源结构方面。“三分电子，七分政务”的工作属性，决定了既存在行政文化又存在技术文化。这就要求电子政务部门的组织文化是重视技术人员和行政人员之间的深度合作，追求两者的融合。

（三）提供试验环境的关键行动

1. 对内共享电子政务资源

打破部门边界，对内共享电子政务资源，包括基础设施资源、共性平台服务资源、信息资源和接口服务等资源。应采取平台化服务的方式，提供共享服务，允许其他部门利用共享的资源开展二次创新；同时建立共享资源的使用计量和奖励机制，通过提高预算、表彰、晋升等方式，鼓励共享资源的提供方。

2. 建立内部创新激励机制

一方面，创新具有很大的风险，往往需要付出代价；另一方面，成功的创新又能为社会带来极大的效益。创新活动的这种双重性，要求政府必须建立一套有效的激励机制，给创新者以人力、物力、财力、信息和政策的保证，形成足够强大的激励力量，激发人们的创新积极性。一些重要的做法包括：设立内部电子政务创新专项资金，奖励最佳创意工作人员或团队，奖励在 App Store 上下载量最高的前三名的研发人员或研发团队；建立“绩效—预算”挂钩机制，将绩效与部门下财年电子政务的预算直接挂钩，呈正相关，绩效越高，预算越多；建立创新保护机制，确保创新者不会因为失败而受到薪酬、声誉以及职业发展等方面的惩罚；奖励具有建设性意义的创新失败，对于虽然失败，但这些失败对下一次创新或下一个项目的发展具有建设性意义的，应该予以奖励。

3. 建立创新平台，鼓励竞争

参考互联网的开放机制，建立内部的电子政务众包研发平台，允许各类项目在众包平台上寻找问题的解决者；建立电子政务 App Store 平台，在平台上提供开发各类 App 所需要的资源，包括数据资源、API 服务、安全服务、数据分析服务、空间地理服务等；鼓励政府内部团队基于电子政务 App Store 开发电子政务应用，根据下载量和用户反馈来考核应用程序的优缺，确定应用程序开发者的奖金。

4. 链接外部创新要素

打开电子政务的创新边界，允许外部资源参与内部创新，邀请优秀的团队参与电子政务的研发工作；鼓励电子政务技术团队使用 Topcoder、JointForce 等编程众包平台，利用外部的程序员参与电子政务系统的研发；可以引入公益性的基金，与政府财政资金共同支持电子政务项目，引入市场的力量推动电子政务创新。

案例 5.1　世界各国的内部创新探索

1. 新加坡的 OneMap 是一个地理空间数据共享平台。新加坡土地管理局地理空间处处长黄晓勇指出：“希望所有的政府部门都能参与到这项计划中来。”目前该平台共有 60 种不同的地图主题，利用这些数据资源，已经开发了 100 多项应用，涉及停车信息、公厕寻找、野猫管理等，其中政府研发的应用也不在少数。

2. 新加坡人力部推出了一个全新互动网站，提供新加坡劳动力市场相关的官方统计数据。雇主和雇员都可以使用该网站上的工具，可以晒出工资、雇佣条件以及员工流动率等，可以与全国或行业规范进行比较。公务员同样可以使用该网站，这就改变了政府内部人力资源的结构。

3. 华盛顿特区应用程序商店 Apps. DC. gov 上的程序，都是由华盛顿特区自己的技术团队或者资助的团队编写的。

4. 英国游牧项目打造移动政务。游牧项目是一个分享平台，专门用来给各地方政府展示通过应用移动技术改善公共服务方面的实践成果。各地方政府分享在移动政务方面的经验，相互学习，激发创新活力，提高公共服务水平。

六、关键行动 3：开放数据，建立社会创新公共服务机制

（一）开放数据服务是信息社会的基本公共服务

数据是信息社会创新的基础，《国务院关于印发促进大数据发展行动纲要的通知》指出："信息技术与经济社会的交汇融合引发了数据迅猛增长，数据已成为国家基础性战略资源，大数据正日益对全球生产、流通、分配、消费活动以及经济运行机制、社会生活方式和国家治理能力产生重要影响。"

政府掌握了 80%的公共数据资源，这些数据对于经济社会的价值是巨大的，也是基础性的。在信息社会中，政府应该将开发数据服务列为与信息基础设施同等重要的基本公共服务。

政府掌握的数据具有公共性、普惠性和社会公平性：首先，政府掌握的数据来自于社会、公民个人以及社会组织，应该是一种公共财产，具有公共性；其次，政府掌握的公共数据具有巨大的经济价值，这种经济价值是普惠性的，不应该由少数人和企业独占；第三，开放数据能够修正数字鸿沟带来的信息不平等，改善社会公平。在信息社会中，数据对于发展经济、促进就业、改善公民生活质量至关重要，因此应将政府提供开放数据服务作为一项保障公民最基本发展权的基本公共服务。

根据英国开放知识基金会（Open Knowledge Foundation）的定义，开放（openness）需具备以下三项基本元素：（1）非歧视性：数据若开放，则其对任何人都开放；（2）机器可读性：数据若开放，则应是机器可读格式，例如对于表格数据，应该采用. csv 格式，而非. pdf 格式；（3）开放授权性：数据若开放，则其对应的授权条款应确保使用者自由免费访问、获取、使用、加值、演绎、拷贝、传播的权利。[①]

相对于数据共享，开放数据更强调非歧视性和开放授权性，强调将受限数据提供给每个人而不是特定群体。相对于信息公开而言，开放数据更强调数据的可机

---

① 高丰. 开放数据概念、现状与机遇[J]. 大数据，2015(02).

读性以及赋予数据使用者的自由利用权利和分享传播权利，延伸了信息公开所保障的公众知情权，更好地刺激了公众对政府数据资源的需求，并鼓励公众对政府数据加以利用。

（二）开放数据对于改善治理、促进创新具有重要价值

1. 开放数据有利于提升政府治理能力

政府数据开放提高了政府的参与度、透明度、开放性和责任。政府数据开放将新的参与方和不同利益者引入政府决策制定的过程中，扩大信息公开，改善政府治理，使政府与公众主动充分地互动，促进政府从单纯的管理角色向多元共同治理方向变革。同时，数据开放有利于多个部门之间数据的互联互通，提升政府在管理和决策方面的科学化、精细化，规避过去各部门主要依据自己本身的数据进行决策的弊端。

2. 开放数据有利于创造巨大的经济价值

大数据被认为是信息社会最重要的资产，美国政府把大数据看成是“未来的新石油”。开放数据的经济价值来自多个方面，包括效率提升、新产品与服务以及消费者盈余（成本节约、便利以及更加完善的产品）。2013 年 10 月麦肯锡公司发布《开放数据：用流畅的数据解锁创新与表现》（*Open data：Unlocking innovation and performance with liquid information*）报告测算，在全球教育、能源、医疗等七大行业中，开放数据将带来约 3 万亿美元的经济潜力。2014 年，澳大利亚咨询公司 Lateral Economics 发布报告《向商业开放：开放数据如何帮助 G20 完成增长目标》（*Open for Business：How Open Data Can Help Achieve the G20 Growth Target*），指出在未来 5 年中，开放数据可以帮助 G20（20 国集团）的经济实现总额为 13 万亿美元的增长。2012 年 3 月，美国奥巴马政府宣布了“大数据研发计划”，并设立了 2 亿美元的启动资金，希望增强海量数据收集、分析萃取能力，认为这事关美国的国家安全和未来竞争力。无论是麦肯锡报告提到的 3 万亿美元，还是 Lateral Economics 提到的 13 万亿美元的增长，都预示着开放数据所能带来的巨大经济价值。

3. 开放数据有利于激发社会创新活力

开放数据有利于社会公众和企业基于政务公开数据资源，开展大数据领域的创业创新，深化数据在经济社会发展中的创新应用，不断催生新的商业业态，培养

新的生产生活方式和消费习惯，使基于数据的、全社会的创新更加广泛，营造开放、创新、创业的社会氛围。此外，开放数据能够降低公众获取政府信息的成本，帮助公众在生活中做出更好的决策；基于开放政府数据开发的应用，能为公众生活带来方便。

（三）开放数据的关键行动

1. 制定数据开放的规划和规范

政府部门应该尽快制定具有针对性的、切实可行的开放数据整体规划，明确开放数据的战略部署，提出开放政府数据的原则和要求，确定数据开放的领域、任务、关键行动和时间安排。同时编制年度工作方案并公开发布，以利于社会公众知晓和参与政府开放数据工作。

出台相应的数据开放管理规范和具体标准，建立完善的数据采集、整理、发布和审核流程，明确政府数据开放的类型、数据字典、采集存储标准、元数据属性、数据集格式、API标准、可机读性和易用性指标、数据交互和加密方式等，使数据开放的前中后各个阶段有规范可依；根据不同数据类型规范数据更新周期，落实数据更新工作，保证数据的动态性和及时性；制定适用于中国国情的开放数据授权协议条款，从而清晰、明确地保证用户享有的数据访问、获取、利用和分享的权利及相应义务。

数据开放主管部门应加强隐私保护，注意规范政府、企业和机构对于个人信息的收集、保存和利用的行为，避免以开放数据的名义侵犯公众利益，为公共数据的共享和流动提供良好的法律环境。加强信息与网络安全，完善健全安全测评、风险评估、安全防范、应急处置等机制，确保网络数据和应用安全。

2. 建设多层次的数据开放平台

政府应建立多层次的数据开放平台，包括原始数据开放的平台、数据服务API平台，以及为社会化应用提供测试验证的实验平台，包括面向公众的通用平台和面向特别机构的专业平台，向公众提供数据产品浏览、下载、接口调用、应用开发等服务，方便各类社会主体增值开发利用政府数据。

政府数据开放平台应重视资源目录、数据接口、应用市场、互动沟通等关键点，包括：建立政府数据资源目录体系，理清政府数据资产，对内便于各政府部门了解和共享，对外便于公众查询；提供多元化的数据开放形式，针对企业和开发者开放可机读的数据集、API接口等；重点设立数据服务API，在开放多格式数据的同时开放应用程序接口(API),方便企业直接调用政府数据和进行二次开发,免去数据更新和维护的困难;建立开发者平台,为数据的开放利用提供实验环境,企业、组织、创业者可针对某个主题进行环境测试后再投放市场,及时验证和修正设计方案;建立 App 专区,数据开放平台应该成为社会上基于开放数据所开发的应用程序的展示平台,提供应用程序的下载,一方面为公众提供便利,另一方面激发用户对政府开放数据的增值利用;建立互动沟通专区:数据开放平台作为政府与用户,尤其是增值开发者进行互动沟通的纽带,应该体现以用户需求为核心的设计理念,设置数据请求、数据集评价、咨询提问等功能。

案例 6.1 北京、上海等城市加快建设政府数据开放平台

2012 年年底,北京市政务数据资源网(www. bjdata. gov. cn)(见图 1)开始运行,该网站致力于提供北京市政务部门可公开的各类数据下载、API 开发、应用程序的上传与下载等服务,为企业和个人开展政务信息资源的社会化开发利用提供数据支撑。截至 2015 年 11 月,北京市已有 39 个部门公布了 324 个数据集,涵盖旅游住宿、交通服务、餐饮美食、医疗健康、生活服务等 17 个主题,并向公众提供免费下载服务;网站提供 15 个 App 应用程序,主要基于 Android 和微信平台开发;提供三类 API 服务,满足二次开发用户对地理信息在线服务的开发与应用;同时,平台还设置了“互动交流”专区,发布调研问卷,接受咨询建议,收集数据集请求,等等。

2012 年 6 月,上海市政府数据服务网(www. datashanghai. gov. cn)上线运行,平台提供数据集、接口、应用(含移动应用)以及地理信息等服务,市民可以下载使用这些数据集,同时可以在线互动交流。截至 2015 年 12 月中旬,上海共发布可机

图 1 北京市政务数据资源网

读数据708个，涵盖经济建设、资源环境、教育科技等11大领域。网站提供61个App应用程序、27个接口、24个移动应用。

3. 组织数据开放应用大赛

在数据开放过程中，相应的政策法规、数据管理和平台开发水平，决定着政府数据开放的水平；而在数据开放之后，数据利用者的利用方式和利用能力，将直接影响开放数据利用的效果。两者间的动态互动关系，共同决定开放数据的价值创造过程。国内外许多城市都将数据开放与创新创业结合起来，通过创新大赛、众包研发等方式，鼓励企业、创业者、公众等使用政府和社会开放的海量数据，进行创意方案设计和实际应用，提高企业和公众的参与意识和创新积极性。

除大赛奖金外，政府可对接大数据、“互联网＋”领域的创新联盟、创业园、孵化器、公益性基金、知名企业家等，为参赛者进行创业政策、创业融资、商业模式等方面的创业培训，并在赛后对优秀项目提供投资对接和孵化落地支持，力争推动大赛向以项目孵化落地的视角发展，实质性体现开放数据对于促进商业创新和经济转型发展的作用。

案例6.2　威海：通过数据应用大赛促进开放数据的应用，激励创业

2015年9月，威海市引入政府开放数据资源举办创业创新大赛。此次大赛依托政府开放数据平台，面向公众开放包括政府、商业、互联网、企业四大类近300项数据，涵盖交通出行、教科文卫等21个领域，以及威海市19个委办局的88项政务数据；按照参赛规则，开发应用或者设计创意不仅可以获得高额奖金，优秀项目还将获得创业导师辅导、创业公司交流、金融政策和项目孵化等多项奖励。截至2015年11月底，已有69个参赛队伍、100个项目参赛。

此外，所有的参赛者均可免费参加威海创业大学的创业实训。进入决赛的参赛团队将获得更多的政策支持，包括：对符合条件的小微企业给予最高30万元创业担保贷款支持，财政全额贴息；对符合条件的小企业给予最高300万元创业担保贷款支持；优先推荐到威海市创业孵化基地落户，并给予相应的免房租及相关扶持政策等。

4. 为数据开放提供稳定的财政资金

数据从原始采集到成为可为社会使用的数据，需要进行必要的清洗、整合和处理等一系列专业服务，才能够面向社会，这需要投入大量的人力物力。当前，数据权已经成为信息社会环境下公众的一项权利，开放数据服务也是政府应该提供的一项基本公共服务，政府应该提供必要的资源，保障服务的提供。

应设立或指定开放政府数据工作的主管部门，并赋予该部门足够的职权以协调统筹其他业务部门的开放数据，明确业务部门和其他相关部门在开放数据工作中的分工与职责；安排专项财政资金，购买数据开放所需要的清洗、整合和处理服务；将数据资源开放情况形成相关绩效评估体系，与政府预算资金拨付等挂钩，并定期发布评估报告。

5. 引入企业参与大数据开发和运营

政府拥有大量政府和城市信息的基本数据，但缺乏系统和全面的数据应用配套支撑，而企业掌握着与数据采集、处理、分析相关的关键技术，因此引入企业参与数据开放的运营，有利于实现政企优势互补，盘活双方资源。

企业参与的方式很多，可以采取公共私营合作模式，企业与政府按照一定的股份比例，合资成立大数据公司，采取“免费＋增值”的模式实现运营盈利，即“用免费服务吸引用户，然后通过增值服务，将部分免费用户转化为收费用户，实现网站的收入”；推动产学研结合，鼓励企业、院校、研究机构等参与政府开放数据的研究、咨询和培训等；创建“数据再利用应用池”，汇集社会各界对开放数据开发的应用（付费或免费），调动公众的积极性，鼓励产业创新；搭建数据开放的共创平台，连接数据发布者、利用者、最终受益者等进行共同学习、支持和协作；开展大数据、“互联网＋”领域的创业企业孵化服务等，帮助企业更好成长。通过引入企业参与数据开放的生态建设，更好地释放市场活力、培育创新主体。

案例 6.3　英国：开放数据研究院（Open Data Institute，ODI）

ODI 由万维网之父蒂姆·伯纳斯-李（Tim Berners-Lee）创办，是一家独立的非营利机构，获得了英国政府为期 5 年共计 1 000 万英镑和 Omidyar Network 475 万美元的投资。其本身不仅针对开放数据进行研究、培训和咨询，同时还提供开放数据企业孵化服务。在孵化过程中，ODI 并不提供资金，而是借助其与英国政府、研究机构、媒体、非营利机构的强大关系网络，帮助孵化的企业解决核心技术问题，辅助其宣传并提高曝光率，促进其更好地成长。目前，ODI 作为孵化器已经成功孵化了 11 家创业企业，其本身也得到了可持续的成长和发展。

七、关键行动 4：连接市民，建立“大众点评政府”的倒逼机制

（一）连接市民是政府拥抱互联网的基本要求

Web2.0 带来了互联网新一轮变革，其核心的特征是去中心化、开放和共享，倡导人人参与，所有人都是互联网内容的创造者，所有的互联网服务都融入到这一变革过程中，电子政务也不例外。

互联网时代以扁平化、大众参与为主要特征，处处体现着以人为本、用户至上的思维理念。连接市民是政府拥抱互联网的前提和基础。政府提供的服务若要满足更大的公共价值，就必须与市民站在平等的角度，通过多元化的方式连接市民，实现政民有效互动，推进市民从“被动使用者”向“内容提供者”的转变。市民本身带来的创新、政府以市民需求为出发点的主动创新，将有效推进电子政务创新发展，形成更加以人为本、更趋公平的政务生态。

联合国每两年开展一次全球电子政务评估，通过电子政务发展指数（E-Government Development Index）评估各国的电子政务发展水平。电子政务发展指数由在线服务范围和质量、通信基础设施发展状况、人力资本、电子公众参与度、公共信息开放等指标构成，该指数反映了全球电子政务的主流发展趋势和权威意见。其中，电子公众参与度（E-participation）是指政府通过现代信息通信技术，在门户网站上提供公众参与平台，实现政民互动，具体形式可包括民意调查、电子投票、社交网络互动等。

普遍意义的“连接市民”是指通过信息通信技术架起政府与市民的多元化联系桥梁，让公众参与到政府服务和决策的过程中来，使公共行政管理成为公众参与度高、包容性强、以合作协商为主、实现内在目的和最终目的的重要手段。

互联网时代，“连接市民”并不是指简单意义上的允许市民访问政府网站，而是实时、双向、参与式的“连接”：（1）实时性。随着移动上网设备逐渐普及、网络环境日趋完善、移动互联网应用场景日益丰富，手机网民规模进一步增长，政民互动也向移动互联网转移，连接与沟通更加及时、高效。（2）交互性。不仅市民在发布内容时可实现与政府的交互，而且实现了市民与市民之间的交互，以及不同政府服务渠道、企业、机构与市民间的多向交互。（3）市民参与内容生成。市民不仅是电子政务的直接使用者，也是电子政务相关内容的生产者，参与城市管理和服务的过程；同时，市民反馈的信息能够促进电子政务优化，完善后续内容的生成。

（二）连接市民是建立“大众点评政府”倒逼机制的关键

1. 市民参与和评价有助于推进源头创新

市民是电子政务创新的投票人，也是公共服务的源头、流程参与者和最终消费者。市民的参与和评价是确保公共服务持续改进的最重要因素。通过市民评价能够更真实地反映建设成果、发现潜在问题，反向驱动政务服务进化，推进政府重构服务流程、改进服务方式。

2. 市场参与和评价有助于实现多主体创新

由于公共服务、金融服务、交通基础设施以及通信网络之间的关联越来越紧密，面对复杂问题时，政府独自应对的经济成本和技术成本都非常高，而企业、民间团体等商业机构的参与，将能扩充电子政务的创新主体，有效降低政府建设成本，且能发挥各个组织的优势，以市场化、专业化的评价和建议促进政府不断创新。

3. 形成反馈闭环，推动电子政务不断优化

在电子政务领域，政府、市民、市场之间的互动都是双向的。以问题导向建立起三者之间的评价反馈机制，将有助于政府更有效地收集市民、市场评价信息，从而针对具体问题进行改进和优化，再反馈至市民和市场，以市民、市场的实际使用效果来评定是否满足需求，进而促进政府管理和服务的不断优化和提升。

（三）连接市民的关键行动

1. 建立服务平台，汇集服务

梳理服务需求。以市民为中心，针对其不同生命阶段的需求进行服务梳理，例如孩童少年时期的教育服务需求、青年时期的就业保障需求、老年时期的养老医护需求等，整理与之相关的政府服务、公共服务和商业服务，作为聚合服务资源及融合服务内容的依据。

搭建公共信息与服务支撑平台。将各方提供的服务资源按照服务对象的分类进行人性化及主题化的集成接入，使其呈现和提供更符合人的自然需求和习惯的方式，设置各类主题服务。同时，通过动态SOA技术，实现平台服务的实时更新。

汇聚公共信息服务。市民的服务需求往往需要多个部门和机构提供。针对每个需求，需要进行流程梳理和优化，一方面推动各个部门的信息共享，低成本地将服务资源有效聚合；另一方面推动社会组织、机构等商业信息服务有效聚合。

案例 7.1　常熟：通过公共信息服务平台汇集政务服务

2015 年 9 月 28 日，常熟市公共信息服务平台首发上线，为市民和企业提供了众多公共服务的在线办理途径，面向市民、企业提供全天候、均等、便捷、优质的标准化服务(见图 2)。常熟市公共信息服务平台采用了创新的设计理念。首先，提供多种服务渠道，市民可以通过网页、手机 App、自助终端及线下的市民卡服务窗口等多种渠道接入平台。其次，广泛接入各类服务，为市民和企业提供不同的服务入口。第一阶段首先将实现 72 项公共服务一站式在线办理，根据规划，3 年内平台可提供的服务将扩展至 600 项。

常熟市公共信息服务平台面向市民和政府提供分类服务：(1)市民平台。市民可以获取网上办事、政务服务资讯，也可以在线办理与个人密切相关的水、电、气、社保、公积金等社会公共事业服务，同时还能享受便捷的家政、餐饮、健康、旅游、出行等方面的娱乐及生活类服务。(2)企业平台。企业可以便捷地发布、推介和管理自身的产品、服务、资讯等，快速找到所想、所需、所急的审批、融资、法律、技术、培训、人才等各类服务资源提供者，并进行对比、洽谈和评价以及信用监管，同时还可以对接各方商脉和资源(上下游企业、市场协会、商会、行会、产业园/政府)，实现高效沟通，获得更多信息。

图 2　常熟市公共信息服务平台

2. 多渠道融合，服务全覆盖

延伸实体渠道，提高政府内部在线协同水平。一是提供一站式并联审批服务。通过建立统一的行政审批服务平台，实现行政服务中心平台与各委办局业务系统间的数据和流程集成，促进个人和法人基本信息、行政审批数据、政务业务数据的交换和共享，对内提升行政服务协同水平，对外提供一站式便捷服务。二是梳理行政服务流程，精简规范审批事项。面向服务对象进行事项梳理，对于不必要的事项及时进行取消、调整、下沉，对多部门审批的环节予以梳理和归并，对重复不必要的材料予以精简，及时调整审批事项管理目录，形成动态更新机制。三是构建多级行政服务体系，推动行政权力下沉。建立市、县（市、区）、乡（镇、街道）、村（社区）四级联动行政服务体系，推动与市民生活关系密切的审批事项下放至街道、社区，为城乡居民提供高质量的便民服务。

拓展虚拟渠道，提高公共服务在线服务水平。面向市民整合包括网页、热线、数字电视、社区服务站等服务渠道，推进以微信、微博、微视频、客户端为代表的"三微一端"建设，满足不同年龄层级市民的服务需求。在实际使用过程中，应针对不同年龄层的使用习惯调整各个渠道的服务内容，如常住市民和年轻人以手机和 PC 端网页为主，老年人、外来人等特殊人群，对服务站、热线及数字电视等渠道需求较强。

线上线下结合，提高服务有效性和便捷度。面向公众、企业，整合网上综合服务大厅、移动审批应用、语音服务、自助服务终端和实体大厅等服务渠道，统一行政审批服务进出端口，提供预约服务、办事咨询、业务办理、进度查询、评价反馈和电子监察等服务，确保办事零障碍。

案例 7.2　张家港：建立多渠道的市民融合服务体系

在智慧城市和信息惠民领域，张家港积极探索、不断创新，始终走在全国前列。在基于实名身份认证的可信网络环境下，从"智慧城市以人为本、服务一生"的理念出发，基于多种渠道提供全面覆盖的市民服务。

一是张家港市民卡。张家港于 2010 年开始向全体市民发放市民卡，其应用范围包括政务应用、公共事业应用、商业应用和金融应用四大领域。通过一张卡片整合了社保、公积金、公交、公共自行车租赁、商店小额支付等 12 项服务。目前发卡量已超过 110 万，完全覆盖社保参保人群、卫生参保人群、教育人群和本地户籍人群。

二是张家港市民移动服务。在市民卡构建的市民服务体系基础上，张家港于 2013 年推出了市民融合服务平台，面向市民提供全方位的政务、商业和政民沟通服务。该平台整合了全市 35 个委办局的几乎所有行政服务，通过电脑、手机、热线、社区服务站等多种渠道，市民可以随时随地获得政务服务、公共服务、商业、娱乐及生活服务，以及相关增值服务，服务数量多达700项。目前该平台有注册用户14万，同时支持微信用户的非实名服务。以购买长途车票服务为例，用户可以在线购票，支付成功后收到提示短信，之后可凭此短信直接上车。目前通过平台卖出的长途车票已经占张家港市所有售出车票的15%。

3. 建立市民反馈闭环

众包激发市民创意。一方面，推进政府和社会组织发起市民众包，针对与市民生活密切相关的领域，政府依托互联网平台向市民发布任务信息，向社会征集优秀的项目创意、可行的策划方案等，并按照这些方案组织实施。另一方面，鼓励市民自发组织众包活动，公民参与到网络论坛集思广益、进言献策或通过社交媒体等网络平台进行公共产品、服务的创造，还可以自主成立组织或第三方机构，开展质量监管、食品安全、环境保护等旨在提升公民社会生活质量的活动。

及时反馈市民的诉求。首先，市民参与渠道要多样化，除传统的热线电话和网页外，应积极拓展移动互联应用中的市民反馈，使市民能够随时随地记录下观察到的问题，并通过便捷化、多样化的渠道提出建议。其次，政府接收反馈的入口要统一，对市民提出的问题和建议进行统一汇总，根据紧急度和重要度进行整理、筛选和分类，并协调相关部门进行反馈，促进政府与市民的及时互动，让市民更好地参与城市建设。

让公众参与政府决策。参与决策能够让市民感受成就感和使命感，这是连接市民的重要方式。政府在进行公共服务政策制定、重大基础设施建设可行性评估等与城市建设相关的事件决策之前，可以充分利用市民沟通渠道进行民意调查，收集建议，以帮助政府不断提升治理能力和决策水平。

案例 7.3　佛山：通过市民网“微观问政”

佛山市民网是面向市民提供综合性服务的网络平台，由佛山市经济和信息化局主办，由佛山智慧神州信息技术有限公司负责建设、服务、推广和运营(见图3)。

佛山市民网的一大亮点是推出“微观问政”板块，市民通过手机可以随时咨询政策和反映城市建设问题，佛山市各级政府部门相关工作人员必须及时回复公众的意见，并评估其提出的意见。

目前，市民网用户数量达到23万人；发送电子社保账单536万封，预计节约纸张600吨；接听市民来电咨询8 000多个，即时回复率达61%，两天内回复率及处理率达100%。“微观问政”版块促进了市民与政府的互动，增加了“佛山市民网”

的黏性，使“佛山市民网”成为政府连接市民的重要渠道，有效地推进了政府服务的互联网化。

佛山市民网保持用户高黏性的另一个重要支撑是后台的政务数据共享，并为市民提供了便捷的一键式查询。目前，市民网已完成与12个直属单位的数据共享，实现全市300万人的社保查询服务、70万人的公积金信息查询服务、28万户的水费查询服务、38万户的燃气和电费查询服务，以及覆盖120万车主的交通违章查询服务。

图3 佛山市民网

4. 引入竞争机制

政府为市民提供多种选择，通过引入竞争机制，让市民选择好的应用和服务。一是通过“资质认证”，选择信誉好、有实力的企业进行合作，建立有限市场竞争环境，推进政府服务的网上迁移和优化。二是在所有服务渠道中设置评价环节，让市民成为公共服务的直接评价者，从政府服务的及时性、有效性、满意度等方面进行评价和综合评级，依据市民评价对所有公共服务进行定期排名，并公布排名结果，直观、量化地展现各个部门和机构对市民服务的质量，促进政府部门不断从市民角度进行思考，持续进行服务改进，从根本上改变公共服务的生态环境。

5. 持续主动优化

借鉴互联网产品中用户行为分析方法，推进政府和第三方分析机构合作，对市民参与电子政务的有关数据进行统计、分析，从中发现市民参与的规律，建立起电子政务领域的市民参与行为分析模型，政府依据模型体现的问题，主动、持续地优化对公众提供的服务内容。

第一,网站数据分析,调整网站群运营策略。通过对政务网站群每个模块的点击率、点击量、访问量进行数据捕获,对本地市民、外地访问者的关注领域、使用频率等进行分析,及时调整针对不同角色用户的运营策略,确保市民、游客、投资者等不同群体获取目标信息的便捷性。

第二,用户操作习惯分析,优化政务服务产品功能,为市民提供更好的用户体验。首先,统计市民基本信息,以市民的地域、性别、年龄等人文属性建立分析维度,分析市民参与电子政务的群体特征;其次,建立多维度市民使用习惯模型,基于市民的人文群体特征,筛选所有轨迹信息,抽象出不同类别人群的使用模式和关注点;最后,针对模型的共性问题,形成政府改进服务的解决方法,促进电子政务的主动优化,针对不同类别用户模式的个性化问题,主动改进服务,推送与其普通属性相关的服务内容。

八、关键行动 5: 对接企业,建立城市级政府和社会资本合作(PPP)机制

长期以来,各个地方政府对电子政务建设模式进行了深入的、长效的、有益的探索,如:政府采购设备,政府采购服务,竞争性授权,服务外包以及近年来国内外兴起的 PPP 模式。其中 PPP 是当今时代有效推进政府职能转变、缓解财政压力、提高服务质量、创新服务模式的有效途径。而随着我国智慧城市建设步伐的加快,电子政务项目呈现建设规模升级、质量要求标准提高、运维服务周期长、重视市民服务体验等特点,因此城市级 PPP 模式作为 PPP 模式的延伸和创新,出现得恰逢其时,成为智慧城市建设浪潮下电子政务建设模式的重大创新突破。

(一) PPP 是新时期重要的电子政务建设模式

电子政务长期以来采取工程建设发展模式,政府发包,企业作为接包方,按照合同内容完成建设内容。这种模式对于信息系统的建设行之有效,却无益于电子政务的创新。因为在工程建设模式下,政府是主要出资人和风险的承担者,信息化的高技术性和不确定性让政府单方承担创新的责任是不能满足要求的,另外从企业创新的角度看,在工程建设模式下,项目的建设内容、工期和企业收益相对固定,企业缺乏创新的空间和创新的动力。

各国政府都在创新电子政务建设模式,力求降低创新风险,降低政府财政负担,引入企业的最新创新成果。新的模式包括政府采购服务、竞争性的授权、PPP

合作。其中 PPP 模式被普遍认为具有广阔的发展空间。

政府和社会资本合作(PPP)①是一种创新的政企合作模式,在城市基础设施建设领域已经有 30 多年的历史。电子政务领域的 PPP 合作处于起步探索阶段,对于加快电子政务的发展具有重要的作用。

一是推进政府职能转变。PPP 有助于明确界定政府的职责定位,推动政府主要做好政策制定、发展规划、市场监管和指导服务等方面,从公共产品的直接"提供者"转变为社会资本的"合作者"和 PPP 项目的"监管者"。

二是发挥社会资本优势,提高服务水平与投资效率。PPP 由于引入了投资方、建设运营方、监督方和专业中介服务机构(包括咨询、法律、审计、金融等),能够在项目实施及政务服务的提供过程中充分发挥各方专业智慧和力量,尤其是社会资本在技术研发、管理经验、人员配备、市场资源等方面的优势,提高电子政务领域整体投资效率,以最少的投入获取最优质的产品和服务。

三是缓解政府财政压力。全国近 300 个智慧城市试点资金需求接近 2 万亿元,电子政务的发展需要极大规模的投资,单靠地方政府的财政资金和银行贷款难以为继。采用 PPP 模式吸引社会资本参与电子政务建设,将在很大程度上缓解财政压力,使政府能够将更多的资金投入到公益性项目中。

四是激发创新创业,促进产业发展。在 PPP 模式应用过程中,开放政务数据资源、制定科学合理的盈利机制,有助于吸引更多企业参与到政务服务中来,推进企业进行商业模式创新,发掘政务数据潜在商业价值;电子政务领域逐步完善的竞争与孵化机制,也将引导平台性企业基于政务数据资源进行模块化开发,为中小企业及创业者提供优质的孵化平台与资源,促进形成一批服务于电子政务的创新创业企业,形成电子政务产业生态圈。例如,德国的 Initiative D21 就是以推进信息化发展为目标的自发性社会组织,成为德国最大的 PPP 参与者。

(二) 城市级电子政务 PPP 是现阶段有效的政企合作方式

1. 城市级 PPP 为电子政务运用 PPP 提供了可行的商业路径

相对于城市基础设施项目,电子政务项目单体规模小、运营空间有限,削弱了

---

① 政府和社会资本合作,即 PPP,指在基础设施及公共服务领域建立的一种长期合作关系。通常模式是由社会资本承担设计、建设、运营、维护基础设施的大部分工作,并通过"使用者付费"及必要的"政府付费"获得合理投资回报。政府部门负责基础设施及公共服务的价格和质量监管,以保证公共利益最大化。(资料来自财政部)

企业在电子政务领域开展PPP项目的积极性。

城市级PPP是针对城市电子政务的整体性、系统性建设，将一些投资规模较大、公共性较强、技术发展较为成熟、具有典型重点示范性的项目（如云计算中心、信息资源中心、市民融合服务平台、城市管理平台，以及交通、卫生、医疗、教育、公安等各个公共服务行业的信息基础设施和应用平台）进行打捆设计，有机组合，选择实力雄厚、技术领先的城市级战略合作伙伴（社会资本）进行合作建设，保障项目群建设的资金和技术的持续支持。

城市级PPP合作模式可以通过政府控股的城投公司，将股权/产权转让给社会资本以达成合作，或直接采用合资合作方式重新组建公司作为统一的运营实体，开展电子政务项目群建设。项目的建设通过社会资本以多种渠道引入资金，合资公司总/分包建设，通过市场机制、政府付费或政府资源置换等方式，使项目获得合理投资回报，保证项目的后期运营维护。城市的电子政务建设可以根据项目规模、服务对象、运营期限、收费定价机制、项目投资收益水平、项目风险水平等因素，选择有针对性的PPP运作模式。

2. 城市级PPP模式是实现电子政务长效运营的有效模式

城市级PPP模式有利于政府系统化设计和实施电子政务项目。随着智慧城市试点城市建设如火如荼的推进，电子政务的设计更加系统化、体系化，市民融合服务平台、城市综合管理平台、智慧城管、智慧交通、智慧医疗、智慧教育等多个重大平台级项目同时推进。采用城市级PPP模式，将项目打包设计，能够更加系统化、高效地统筹设计和推进实施。

城市级PPP模式丰富了企业参与电子政务市场竞争的方式。采用城市级PPP模式首先将成立本地合资合作公司，而合资合作公司可以根据企业自身实力将项目独立设计建设运营或分包全部或部分环节。一方面合资公司在项目的建设和后期运营过程中将产生长期的持续收入，也将直接贡献本地财税；另一方面，采用总包或分包的方式，直接调动本地信息技术、系统集成公司的积极性，使其积极参与到本地的电子政务建设中，直接拉动了本地信息技术服务相关产业的增长。

城市级PPP模式有利于政府对电子政务项目的统筹管理。政府的电子政务建设工作，将随着信息技术的不断进步而逐渐更新升级，对于庞大的后期系统维护运营工作存在巨大的需求。建设城市级PPP模式，使政府拥有稳定、可靠的合作伙伴，保障了电子政务各类项目的前期统一发包管理，中期建设监督，后期统一运营、维护、升级。同时，利用合资公司对项目群进行统一管理，能够有效避免各类政务系统之间的接口不畅、兼容性差等问题。

（三）实施城市级PPP模式的关键行动

1. 制定PPP总体规划

地方政府应结合区域实际情况，制定电子政务发展阶段性/五年规划，结合国家智慧城市建设战略，确立现阶段本地电子政务在信息基础设施建设、业务系统建设、公共服务平台建设等领域提升的重点任务。根据各个工程特点确定采用PPP模式进行建设的电子政务项目，进一步明确采用城市级PPP方式进行操作的项目群建设内容、建设运营方式、资金规模、资金来源等，明确政企合作方式。

2. 建立城市级PPP运营机制

首先，针对电子政务项目群，组织有关部门、专业机构、运营和技术服务单位等各利益相关方，对城市级PPP电子政务项目群进行项目建设前期、中期的项目评价，保障项目的执行过程与目标契合；第二，确定电子政务城市级PPP合作伙伴选择机制，确立资质要求、评价标准等；第三，选择合作公司以股权/产权投资或合资公司形式成立城市级PPP项目运营管理实体，由合资公司负责按合同进行设计、融资、建设、运营；第四，签订特许经营协议，包括电子政务服务内容期限、经营方式、产品质量标准、付费模式、特许经营各方权利义务、项目移交方式、违约责任等。

另外，在政策倾斜上，构建电子政务的城市级PPP合作模式，需要政府在财税、补贴、合作、利益共享等方面给予灵活的政策激励，为社会资本注入强心剂，提供体制机制保障。

3. 建立城市级PPP项目运营保障机制

构建多元的资金渠道来源。整合各类社会资金渠道，如成立创业创新投资产业基金、商业银行贷款、资产证券化、融资租赁、商业保理等，以多种方式吸纳社会资金参与城市级PPP项目投资建设。

建立丰富的项目群实施模式。针对电子政务城市级PPP项目的运营、建设，可根据项目群类型、建设规模、投资回收周期等特点，以及合资公司的擅长领域及技术实力，共同决定以自建或总分包的方式，集各类信息技术企业在电子政务领域建设所长，自建自营或与多个合作伙伴参与到项目群的建设、运营、维护中去。

设计持续的收入来源方式。部分城市电子政务项目（如市民融合服务平台、城市管理平台、云计算中心、智慧交通等）的前期建设投资大，后期运营时间长，财政支持资金有限，因此需要政府与社会资本建立双赢的利益分享方式。一方面，在政府允许的范围内，将与市民生活息息相关的商业、生活信息服务的经营权授权给企业，允许其通过信息服务获得合理收入；另一方面，从长期看来，合资公司不仅以电子政务城市级 PPP 项目群为主，未来也将成为为本地信息化建设服务的中坚力量，可为本地企事业单位提供长期、持续的信息化咨询规划、工程监理、项目建设、运行维护、项目管理等服务，以多方获取收入来源，保障公司持续运营。

4. 持续积累经验，不断改进城市级 PPP 运行模式

针对城市级 PPP 项目这种创新的政企合作模式，很多城市都在摸索中前行。因此，在这个过程中，政府应在每个合作中不断总结项目经验，不断复盘，分析得失、总结规律。通过不断的项目积累，使政府在操作过程中对自身市场引导、市场监督、社会化管理角色的认识更加清晰，不断提升政府在电子政务领域的城市级 PPP 项目中对合作模式的创新能力，总结一套典型的城市级 PPP 项目群管理方法论，突出合作原则、合作方式以及合作关键注意事项。

案例 8.1　本溪：探索城市级 PPP 模式

本溪作为东北中小城市的代表，正处在资源型城市转型、实现经济社会可持续发展的关键时期。建设智慧城市对转变经济发展模式、打造创业创新产业生态、带动民生服务发展、创新城市管理方式等方面具有重大意义。为此，本溪市政府牵头进行了智慧城市顶层设计，形成了良好的智慧城市发展模式，被称为"本溪模式"。"本溪模式"主要从体制机制、业务架构、投资运营三个方面进行了创新建设。

体制机制。首先，市级领导全面负责智慧城市的推进；其次，成立本溪市大数据局；第三，用"销号运作"的方式贯彻智慧城市各项细化工程实施方案；第四，实施智慧城市工程信息安全管理办法，要求智慧城市各分领域项目必须符合国家"自主可控、安全可靠"的战略要求；最后，聘请市内外信息化建设领域相关专家，组成智慧城市专家咨询小组，引入"外脑"参与到本地智慧城市建设。

业务架构。本溪市按照"条块结合"的指导思想，实践得出"137N"智慧城市建设架构：1 个顶层设计；市民融合服务平台、企业融合服务平台及扁平化决策系统等 3 个基础平台；健康医疗、优质教育、养老服务、就业服务、公共安全、家庭服务以

及信息惠民综合试点等7个信息惠民专项;根据本溪资源禀赋情况而开展的包括旅游、矿山、产业园区、活力本溪等N个特色领域信息化建设。

投资运营。本溪市采用PPP模式吸引社会资本的参与投入。在城市级,与神州数码(控股)有限公司签署战略合作框架协议,成立合资公司——本溪市智慧山水有限公司,政府企业投资比例为3∶7,负责智慧城市各类项目的规划建设运营工作;在项目级,吸引市商业银行、运营商等社会资本为市民卡、市民网、数据中心等投资近1.1亿元,为智慧城市建设奠定资金基础。本溪市政府在智慧城市建设方面创新融资渠道,联合神州数码等多家企业共同创立辽宁省创业创新投资基金,为智慧城市建设筹措更多的发展资金,并协调辽宁中部城市群共同发展。

在顶层设计方面,本溪市政府也在整体财政上予以倾斜,抓紧推动智慧城市相关项目的启动与实施,集中力量做好重点工作。

后　记

作为致力于研究中国信息化发展的学术研究平台，中国信息化百人会自 2013 年成立以来，广泛组织了学界、产业界、政府机构的资深专家，对全球信息经济发展趋势及中国信息经济发展方向等问题展开了深入研究，并推出了“中国信息化百人会”系列丛书。

该系列丛书的第一本《信息经济崛起——重构世界经济新版图》于 2015 年 7 月面世。该书是我国第一本深入研究与论证信息经济的专著，其采用增长核算方法，首次测算出我国信息经济的规模和结构，并对美英日三个发达国家和国内六个重点行业进行了同口径测算和比较分析。该书出版后，引起了相关各界和媒体的广泛关注。

本书是该系列丛书的第二本，集合了中国信息化百人会 2015 年、2016 年年初在信息化领域的最新研究成果，包括中国信息化百人会 2015 年的四大年度课题研究报告、九个《十方研究》报告，以及国内外 20 多位知名专家学者及企业家在百人会论坛和研讨会上的演讲内容，旨在全面阐述中国信息经济发展的现状、趋势、挑战与抉择，为探索信息时代中国实现现代化的新路径贡献智慧。

中国信息化百人会系列丛书的其他著作目前正在筹划中，2016 年将陆续有多本出版上市，敬请期待！

本书的编写过程，也是我们不断学习与提升的过程。由于编写时间较紧，书中难免有所疏漏，欢迎各位读者批评指正！

编者

2016 年 3 月